杨大春　张尧均　主编

梅洛-庞蒂文集

第14卷

关于语言的文学使用研究

〔法〕伯纳戴塔·扎卡里罗
艾玛纽尔·德·圣·奥贝尔　编

王礼平　杨大春　译

商务印书馆
创于1897　The Commercial Press

Maurice Merleau-Ponty
Recherches sur l'usage littéraire du langage
Cours au Collège de France
Notes, 1953

Texte établi par Benedetta Zaccarello et Emmanuel de Saint-Aubert.
本书根据 Métis 出版社 2013 年版译出

国家社会科学基金重大项目成果

总　序

梅洛-庞蒂被称为“哲学家的哲学家”。他非常自然地接受了法国哲学主流传统，其哲学内在地包含了笛卡尔主义和反笛卡尔主义之间、观念主义与精神主义之间的张力；与此同时，他创造性地接受了现代德语哲学传统的影响，含混地将3H(黑格尔、胡塞尔和海德格尔)和3M(马克思、尼采和弗洛伊德三位怀疑大师)的思想综合在一起。这一哲学其实处于现代哲学与当代哲学转折点上，并因此在西方哲学的主流传统中占据着一个非常独特的位置。梅洛-庞蒂对以笛卡尔哲学和康德哲学为代表的早期现代哲学的批判反思、对以身体哲学或实存哲学为核心的后期现代哲学的理论贡献以及对以结构-后结构主义为理论支撑的当代哲学的重大启示，已经毫无争议地把他推入著名哲学家之列。

梅洛-庞蒂哲学在汉语学术界的翻译和研究起步比较晚，尽管在新千年以来取得了较大的进展，新生的研究力量也在不断壮大，但从总体上看仍然难以让人满意。笔者于2014年初提出的“梅洛-庞蒂著作集编译与研究”选题有幸获得国家社会科学基金重大招标项目资助，这里陆续出版的梅洛-庞蒂主要著作就是该重大项目在翻译方面的成果。收入本文集的译作既包括新译，也包括重译和修订。我们希望通过各种努力，为梅洛-庞蒂哲学以及法国哲学的深入研究提供相对可靠的文献。需要说明的是，由于梅洛-庞蒂著作在风格上的含混性，由于一些作品是在他死后经他人整理而成的，翻译难度是非常大的，我们欢迎相关专家和广大读者提出建设性和批评性的意见和建议。此外，由于这些译作是由10多位学者完成的，虽然课题组进行了一些沟通和协调，风格和术语选择上仍然不可能实现一致，这是需要学界和读者们谅解的。

德国学术界在胡塞尔著作、海德格尔著作的整理和出版方面有序推进，成果显著。法国学术界对梅洛-庞蒂著作的整理和出版也取得了相当大的进展，但还没有形成统一规划，至少没有出版全集之类计划。因此，我们在推出《梅洛-庞蒂文集》中文版时不可能参照统一的法文版。《文集》中文版将陆续出版梅洛-庞蒂生前已经出版或死后经整理出版的著述18种，它们基本上反映了这位著名哲学家的思想全貌。梅洛-庞蒂于1961年突然英年早逝，留下了多达4000多页的手稿，它们大多是为他自己的研究和教学工作而作的准备，不是为读者写的，所以整理出版的难度非常大，从而进展缓慢。正因为如此，《文集》始终保持开放，在前述计划之外，未来将视情况翻译出版一些新整理出版的作品。

杨大春

2017年11月11日

目　　录

前言：为了一种文学（一）思想

伯纳戴塔·扎卡里罗[①]

题名为《关于语言的文学使用研究》的各次课程是由梅洛-庞蒂于1953年在法兰西学院第一个教学年度讲授的。因此，这门“周一课程”同最近由艾玛纽尔·德·圣·奥贝尔[②]和斯特芬·克里斯滕森[③]编辑出版的题名为《感性的世界与表达的世界》的各次课程，是平行讲授的。这门迄今为止仅仅发表过其课程摘要的课程，[④]留存有梅洛-庞蒂为构成它的15次课程（关于文学问题的两次导论课，和讨论瓦莱里[⑤]以及斯汤达[⑥]的13次课程）编写的共计145页的备课笔记，以及该哲学家为了更好地阐明所要探讨的那些

---

① 伯纳戴塔·扎卡里罗（Benedetta Zaccarello），法国国家科学研究中心学者，主要研究对象为梅洛-庞蒂和福柯。

② 艾玛纽尔·德·圣·奥贝尔（Emmanuel de Saint Aubert），法国国家科学研究中心和巴黎高师学者，著名的梅洛-庞蒂研究专家。

③ 斯特芬·克里斯滕森（Stefan Kristensen），瑞士日内瓦大学学者，现象学研究专家。

④ 参见《法兰西学院课程摘要：1952-1960》，巴黎，伽利玛出版社，1968年，第22-30页。

⑤ 瓦莱里（P. Valéry，1871-1945），法国诗人和文艺理论家，法兰西学院教授。

⑥ 斯汤达（Stendhal，1783-1842），本名马里-亨利·贝尔（Marie-Henri Beyle），法国作家，代表作为《红与黑》等。

主题和作家所做的涉及多个文本的一系列读书卡片。[①] 尽管它们是片断式的，是为了一次展示（写下来的东西让它不受时间的约束）而编写的，但我们在这里出版的这些材料却表明了一项精心的准备工作：很容易看出，这些稍加草拟而成的稿页构成了一种清晰且前后连贯的叙述，多亏了一些详尽的参考资料、多亏了各种主题的有机展开，它的论证构思了一座框架牢固的建筑。

因此，这些稿页的地位是双重性的，因为如果说它们的变化违背了这些笔记预定的个人使用，由这些相同的文本所展开的那些论证的严格性却见证了它们的作者秉持的对探讨的主题以及承载的教学责任的巨大专注。

再者，如果说这些笔记在这里尚属第一次被编辑，那么重要的是不要忘了，课程事实上已经讲过了，而梅洛-庞蒂的大量文本最终却停留在草稿状态，并因此长期以来一直都被遗忘在了档案故纸堆里。在梅洛-庞蒂刚刚获得的法兰西学院的教席上，这位哲学家由此以第一人称形式作报告，既被研究和学术的最高层次所接受，又面对着理论上比他在索邦大学讲授的那些课程所针对的更为广泛的听众。另外，无法否认的是，课程的**情境**是可以从这里重现的一些笔记的字里行间察觉到的。首当其冲的是与时代的文化背景的关系，这比第一次阅读能够使我们相信的要更为准确。

---

① 这些卡片被国家图书馆保存在《关于语言的文学使用研究》以及我们公开出版的那些课程摘要草稿出现于其中的梅洛-庞蒂捐赠资料的同一卷里面。与之不同，我们选择只发表梅洛-庞蒂所撰写的阅读笔记中最重要的，即关于萨特的“往返”的阅读笔记。梅洛-庞蒂经常仅限于抄录他认为对其讲课有意义的那些段落，而关于“往返”的阅读笔记发展出了一些原创性的观念和一种针对萨特的语言观的批判。

尽管是间接地（正如他在别的地方习惯于做的那样），梅洛-庞蒂针对、回应和对话的是他所处时代的哲学和文学批评的——正像我们将会看到的，整合到了他的讲述中的——一些概念和主题，它们在我们今天看起来是相当普遍的了，但它们为他的听众参照了一些作者和一些非常明确的“争论”。与此同时，很显然的是，这门课程处在从内部对梅洛-庞蒂思想施加影响的一种演变之中。再一次地，在法兰西学院这个大舞台上讲授这件事，可能已经敦促该哲学家与他自己的各种理论对话，它们在那个时候被重复给、被重组给，并且被推荐给想象中极其众多的听众，同时还有他的那些同事的非常尖锐挑剔的目光。因此，被任命到法兰西学院这个位置上这件事，标志着梅洛-庞蒂思想的发生以及被接受的一个关键阶段，而第一个教学年度当时讲授的一门课程的内容，只能对这种既属于理智又符合人情的情境做出回应。与此同时，梅洛-庞蒂自己思想的这样一种“媒体化”，可能已经推动他进一步隐藏他的朴实散文搞模糊了却并没有完全抹去的那些不言明的机敏、那些论战靶子。

对这一由诸多作品的诞生因素和诸多历史情形构成的拼凑复合体，我们在这里只能给出几个要素，尽管试图把它们与各次讲课中的笔记的分布使之更难被抓住的课程整体的论证结构关联起来。但是，甚至在为了给读者指明这里所编辑的各个片断式文本的道路而勾勒一个小小的“指南”之前，一个一般性的问题被提了出来：为什么是一门关于文学的课程？

只需要对我们前面称作《关于语言的文学使用研究》的情境投以一瞥，似乎就能够有助于尝试着对这个问题做出一些回答。

实际上，如果我们考虑到梅洛-庞蒂被任命担任一个被简明地命名为“哲学”的教席，那么这一选择就会显得有些奇怪。然而，如果微调，甚至更改教席的名称在传统上是被允许的，那么梅洛-庞蒂让他的教学成为与该学科的一种直接交锋就显得是正确的决定，因为他的就职课程献给了《哲学赞词》。那么，为什么会在正常计划的第一个教学年度中列入《关于语言的文学使用研究》呢？更何况在这些课次中采纳的语言、视角和各种对象看起来明显地远离了同时期开设的关于《感性的世界与表达的世界》的课程，在后者那里，一些与艺术、与言语联系在一起的问题确实获得了考虑，但其关键的关键在于重拾和超越自《知觉现象学》以来就提出的那些认知问题。因此，如果说关于表达的那些课次的本性和目的完美地表现为哲学的并且是融贯的，那么《关于语言的文学使用研究》看起来更倾向于传统上较少思辨的一种对象，而且采取了其现象学的研究方法更难以理解的一种视角。

另外，引导这些研究的方法本身是非常不专一的[①]：尽管课程摘要的某些段落会让人相信如此，但梅洛-庞蒂实际上将自己既没有定位在美学或语言哲学的领地上，也没有定位在语言学的领地上。相反，他诉诸取自这些领域的一定数量的工具或者问题，以便提出一种既更根本又更跨领域的考问。

如果一种关于语言、关于它与经验和知觉的关系的看法可以在这些关于文学的课次中得出的话，那么这些笔记的目标就不是服务于对言语现象或交流现象的某种理解。这是梅洛-庞蒂透过他

---

① 关于《感性的世界和表达的世界》的课程也可以这样说，尽管交融在一起的那些学科是不同的。

关于文学的考问而采取的既更复杂又更根本的一种提问，显示为 12
和另一提问——在1953年的另一门课中，它同样渴望构思意识概念的一种重铸——同样关键的提问。梅洛-庞蒂的文学分析指向的之所以既不是一种语言哲学，也不是文学批评的哲学奠基的开始，首先是因为他的目标与其说是一般文学，不如说是*写作*。更为特别的是，梅洛-庞蒂是透过写作经验以及经验和写作的关系之棱镜来考问文学的。由此，文学既被理解为一种理智性的和实存性的事业，同时又被理解为对标志着一种文化视域的语言和一些概念持久地提出质疑的实验室。正如我们将要看到的，把与写作的困难交锋当作对象，梅洛-庞蒂不仅打算考问在他看来特别具有启示性的一个精神领域，而且他让文学经验服务于一些在他看来属于哲学目标的目标。而且甚至，明确地让哲学（就如同它在他那个时代被实践和被写作的那样）去检验知道文学似乎把它包含在内了这种特殊的形式。

因此，选择开设一门关于文学的课程，也应该被放到关于各种哲学实践的本性及其诸种目的之争论的视角中去理解，尽管在头脑中要维护这一事实：在该课程被讲授的年代，法国文化目睹了自己的各种批判工具的一种重塑，同时还目睹了知识分子们、因此哲学家们面对文化和历史的关系的一种定位的刻不容缓。在这一意义上，那个时代的各种文献提醒我们，在这门课程讲授的时候，哲学和文学之间的诸边界相互渗漏到了何种程度。[①]

---

① 让人好奇的是，梅洛-庞蒂在法兰西学院的哲学教席的前任路易·拉威勒（L. Lavelle，1883-1951，法国哲学家）已经写过一部名为《言语与写作》的作品（巴黎，图书艺人出版社，1942年），尽管新入选的教授有向先于他们入选的教授表达敬意的义务，这种情况也几乎不可能有助于阐明梅洛-庞蒂做出这一选择的那些理由。

作为哲学家转向文学，从他那方面看，梅洛-庞蒂至少从三个视点针对这一现象进行了考问:(1)他关心一些作品和一些作家，为的是从他们那里得出对作家职业能够就主体和语言之间、经验
13 和言语之间的微妙关系教给我们的东西的分析;(2)他引出了一种语言哲学，它暗含在被加以考察的那些作品中，并且被理解为文学写作尤其在十九世纪和二十世纪期间已经实现的地位变化的标志;(3)他把由那些作家自己，以及由在草拟该课程的时代一定数量的或多或少著名的批评家所阐发的理论话语看作是一种哲学制衡的诸源泉。

尽管如此，梅洛-庞蒂没有着手草拟一种语言哲学，没有着手一种文学理论，也没有着手一种哲学地奠基的批判视角，而是偏向于进一步考问既被理解为个体经验，也被理解为针对或相关于言语的写作问题。如此一来，对于梅洛-庞蒂而言，写作活动只能关联于作为其条件的，赋予文学问题认识论、本体论、实存论的，以及道德上的深度的经验——如果这种经验只能关联于作家职业不言明地担负的责任而获得思考的话——而获得理解。这是相关于他人、相关于他自己的时代、相关于所有作品都将被记录在其中的历史的责任。

1. 文学的观念

1.1 文学的问题

在战争结束的时候，就像整个人类一样受到震撼的哲学，被

呼唤去创制出各种新的分析工具和一张能够在与世界和历史的现实（其力量戏剧性地通过各种事件显示出来）的感性接触中维系抽象思维的概念性的字母表。它似乎在文学中找到了一位重要的对话者，它也在彻底地重新审视它的那些批判参数，甚至还有它的那些自身表象的范式。在战后法国的背景中，这两个精神领域之间的区别越是毫无疑问地并非如我们今天看起来的那样分明，如此一种交流就会越是很自然地产生，这一方面是由于那个时代的知识界相对较小，另一方面是由于当时的各种知识分子职业之间的一种不同的衔接。

我们后面还将回到的《什么是文学？》在 1947 年的出版，号召思想家和作家介入到他们的各种活动之有意识的、受政治引导 14
的训练中，在这一意义上介入到他们的各种能力和各种可能的确定了的发展中，介入到对一种传播、培养和引导的责任的担负中。这一文本在其出版之后紧接着持续数年中能够产生的反响，连同同一个时期萨特[①]致力于一些纯文学主题的其它作品（特别是 1947 年的《波德莱尔》[②]，刚刚出版的如今以《马拉美》[③]为书名汇集的各种随笔，甚或还有《圣日奈：戏子与殉道者》[④]），不可能让当时

---

① 萨特（Jean-Paul Sartre，1905–1980），法国实存主义哲学家，作家。

② 萨特：《波德莱尔》，巴黎，伽利玛出版社，1947，"Folio/Essais 丛书"，1988 年——波德莱尔（C. Baudelaire，1821–1867），法国诗人。

③ 后收入萨特：《马拉美·清醒和他的阴影面》，巴黎，伽利玛出版社，"Arcades 丛书"，1986 年——马拉美（Stéphane Mallarmé，1842–1898），法国诗人。

④ 发表在让·日奈（Jean Genet，1910–1986，法国剧作家）的《作品全集》，第一卷中，巴黎，伽利玛出版社，1952。后收入萨特：《圣日奈：戏子与殉道者》，巴黎，伽利玛出版社，"如是丛书"。

一直与其在巴黎高师时的这位老同学保持着经常交流的梅洛-庞蒂无动于衷。这一方面是因为梅洛-庞蒂对文学和绘画抱有同样的兴趣，另一方面，则是因为他在哲学上的立场与萨特在哲学上的立场之间的各种分歧，只会导向关于文学风景的一种不同的看法。

由此有了这样的事实：在梅洛-庞蒂那里，文学问题一方面作为他自己的研究路线的自然演进，另一方面对比萨特的种种立场而得以展开。在这一意义上，既然《关于语言的文学使用研究》展开了梅洛-庞蒂至少在1951年就感觉到至关重要的一种提问，那么它的整体就可以被解读为针对《恶心》的作者的各种立场，尤其是涉及介入问题（我们会看到，在关于瓦莱里的那些课次的字里行间中是可以觉察到的）、涉及“实存论的精神分析”[①]的批判的运用的可能性（一个相反地尤其在探讨斯汤达的那个部分出现的问题）的立场——的间接回应。被放回到时代的背景中，并且分别从写作者和读者的视角出发参照文学与自己的时代以及与普遍时代的微妙的关系问题，这两个问题实际上都显示出了一些沉重的政治利害关系。那时在这个视角中谈论文学等于谈论政治，但也等于召唤一种历史哲学、一种关于主体性和主体间性的观念、一种关于交流和文化的理论。最终也等于谈论自身，知识分子和
15 哲学家被召唤在同其限度和形式仍然有待于发现的目前时刻的对话中展开他自己的研究。

另一方面，正如各种文献所证实的，梅洛-庞蒂明确地意识到

---

① 参见萨特:《存在与虚无》(1943年)，巴黎，伽利玛出版社，“观念图书馆丛书”，1970年，第616-634页。

了文学问题在他思想中的出现及其对他的思想演变的重要性。在这一意义上，该问题是用与萨特所运用的那些术语相去甚远的一些术语提出来的。对梅洛-庞蒂来说，就像其工作的那些其它的、后来的问题已经表明的那样，萨特使它离开了关于语言和陈述的主体性的理论、关于表达和真理的理论。也是在五十年代的转折时期，在对他来说就是现象学的这一即将来临的哲学之限度内，写作问题在梅洛-庞蒂那里已经成为决定性的方法论要素。[①]

总之，在启动他的那些课次的时候，梅洛-庞蒂已经充分地意识到了关于一种文学考问的问题在他的思想之演变中可能会呈现的重要性。[②] 他当时就自己的理论做了一个公开的报告，同时提醒了他的各种立场和萨特的那些深深地植根于时代的文化全景之中的立场之间存在着的难以调和的距离。

除了某些主要的论文，比如除梅洛-庞蒂在这里涉及的课程摘要的结尾处参考过的“间接的语言和沉默的声音”之外，《世界的散文》[③] 的计划也无可辩驳地证明了不仅是对于文学创造之视域的兴趣，而且还证明了如下事实：被梅洛-庞蒂同时理解为个体经验和文化历史视域的文学问题处在梅洛-庞蒂在其旅程的这一时刻被导向的各种问题的交汇处（说话主体，他说话和对他人说话的各

---

① 参见“关于语言现象学”（1951 年），后收入梅洛-庞蒂：《符号》（1960 年），巴黎，伽利玛出版社，2008 年，第 136 页及以下。

② 参见梅洛-庞蒂：《旅程二》，巴黎，Verdier 出版社，“哲学丛书”，2000 年，第 29-31、44-46 页。

③ 克洛德·勒福尔（Claude Lefort，1924-，法国哲学家）为这些他以《世界的散文》为书名编辑出版材料推定了一个日期（巴黎，伽利玛出版社，“如是丛书”，1969 年，“致读者”第 5 页及以后）。

种可能性，在他的视域与他分享的时代和文化视域之间的种种界线……）。然而，如果说当他在由盖鲁发表的[①]他为候选法兰西学院提供的档案的框架内拟定他的种种研究视角的时候，其作品看起来赋予了《世界的散文》的计划以极大的重要性，那么提醒说这一工地并非专门地或优先地是关于文学的计划显而易见是合适
16 的。相反，梅洛-庞蒂在1951年意识到，“散文”概念能够帮助他透过处在他当时的那些提问之核心的问题网络来辨明方向。[②]

尤其是，正是透过自论文“论语言现象学”起就被提到的“沉淀”概念，梅洛-庞蒂使写作的活动，正像任何创造行为一样成为个体的印迹进入对话状态的环节，恰恰因为它和每一文化不言明地在历史进程中见证的集体冒险一起偏离了对话。[③]在它既不会被兑现为对于他自己时代的一种直接后果，也不能在一种政治

① 盖鲁（M. Gueroult，1891–1976），法国哲学家，哲学史家，时任法兰西学院教授，梅洛-庞蒂申报法兰西学院教授的推荐人之一，相关材料也是提交他汇总整理的。

② 参见梅洛-庞蒂：《旅程二》，同前引，第45页：“所有伟大的散文也是对意指工具的一种再创造，自此以后这种工具将按照一种新的句法被运用。平实的散文局限于借助一些约定的符号来谈论一些已经扎根在文化中的含义。伟大的散文乃是获取一种到现在为止尚未被客观化的意义、并使它能为说同一语言的所有人理解的艺术。当一个作家不再能够构造一种新的普遍性并在危机中进行交流时，他就只是在苟延残喘。”

③ 对于“沉淀”概念，参《世界的散文》，同前引，第155、195页以及多个地方。梅洛-庞蒂同等地谈到了“积累”（第124页）、“获得”（第126页），并且提及这一事实：“作品一旦形成，就用各种符号构成了一些新的符号，因此使一些新的含义成为易于操控的，就像一个添加的器官会增强我们的身体的各种力量一样增强了文化，并因此开启了一个新研究视域。”很容易证明这一观念与《关于语言的文学使用研究》展开的“征服性的语言”概念的类似。紧接着，后者又与梅洛-庞蒂将其解释为感受性的语言器官的瓦莱里式的复合体概念联系在一起。

方案中获得表达的范围内，这样一种个体贡献当然被视为间接的。我们将在关于斯汤达的主题方面重新回到这一点。无论如何，沉淀概念本身使人想到，每一个人相对于他继承的文化体验到的间距、临界边缘、距离的具体化，反过来会突然沉淀在集体的视域中，在一个非线性地进步但连续的进程中产生新陈代谢，成为一份将能够以之为起点保持距离的被分享的遗产。[①]

在《世界的散文》中，文学在总体上说仍然是一种直接相遇的场所：在我阅读福楼拜[②]的时候，我就是福楼拜，而我的经验遇到了包法利夫人[③]的世界。这将不再是在《关于语言的文学使用研究》的视角中的情形：这些研究在几年里承袭了对于这些主题的反复思考（还有一种有教养的回应萨特的意愿），标志着相对于前 17
面最近数年的那些写作的转折点。

尤其是，文学进而将成为一个冒险和怀疑的空间，以及从作者到读者、从读者到作者的一种完全间接的相互致词的场所。它将被一些主体性——它们进一步意识到了它们有待于说出来的那些困难，它们在各种语言陷阱面前的那些必然犹豫，以及它们肯定一种言语的或者、还谈不上把各种观念传播给读者的意愿——赋予生命。

如同课程名称指明的那样，正是《关于语言的文学使用研究》

① 在《世界的散文》中，口音是按照连续性来对待的，而在《关于语言的文学使用研究》中，进一步强调了暗含在一部文学作品所表达的语言的每种新使用中的断裂之影响。

② 福楼拜（Gustav Flaubert，1821–1880），法国文学家。

③ 包法利夫人（Emma Bovary），法国文学家福楼拜小说《包法利夫人》的女主人公。

把文学这一直至那时只不过是诸多其它提问视域中的一个提问视域排到了考问的中心。因此，它揭示了比日常言语地盘远为困难而微妙的一个地盘，同时还有一种极限经验：它是对我们表象我们本身时、表象非常宽泛地说我们对可被称为语言的东西的各种经验时不断突然出现的东西的经验。

然而，如果说梅洛-庞蒂选择了通过分析两位作家的危机来谈论文学，那么这样一些僵局最终得以打破，要求的不是放弃和沉默，而是一种更大的责任，这种责任首先在于不希望通过他自己的见证来持久延续有关个体的、理性的意识能够借助透明而中性的语言向他人交流的一个完全既有的和概念上配置好了的世界的危险幻觉。这样一种责任观念不言明地诉诸于一种关于任何言语行为的道德和政治价值，而且它（在他为了个人的使用而编写的一些文本中）被明确要求比萨特对介入的文学（或哲学）的呼唤要更加深刻，它在 1953 年的这一课程中将以“真诚”这一名称呈现。

尽管没有能够在这里回到《关于语言的文学使用研究》在梅洛-庞蒂思想深处中标记出的，而且其后果超出了文学理论领域的这一转折点的细节，强调如此一种演变是如何被对两位难以分类的、不仅在梅洛-庞蒂写作的时代而且在如今都有争议的作家/思想家的阅读所催化的，这无论如何是合适的。首先是瓦莱里。梅洛-庞蒂在着手其课程时对他已经有了很好的认识，但显然被导向了对他进行更精细的研究，对此他展开了比在《世界的散文》中仍存在的解读不同的、更积极的一种解读，只需把该哲学家在那里展示的那些注解与开启了 1953 年课程中致力于《年轻的命运女

神》的诗人的那些课次的相同注释进行对比就足够了。[1] 18

另一位是莫里斯·布朗肖[2]，尤其是梅洛-庞蒂在课程笔记中引用的标题为“根本的孤独”的论文，而这一文本几个星期之前已经发表了。[3]梅洛-庞蒂似乎奇怪地预期了其将在课程期间发表的“阅读”这一文本[4]的布朗肖，展开了一种关于接受的各种限度和各种赌注的由于其它原因非常瓦莱里式的观念。

同样多的不言明地、不引人注目地有争议的选择必定表明，文学的言语总是有一种意义，哪怕是在政治的层面上，因为它密切地关系到我们。然而，一种总是表现为比我们相信的要更为复杂的意义，其不合时宜的特性有时甚至会间接地培育一种与他人、与历史的既更精妙又更多产的关系。

1.2　一门关于文学的课程

《关于语言的文学使用研究》采用的视角是由一种历时的，甚至是历史的动力学标记出来的。分析力求达到在它们的演变中，与此同时在它们与历史的关系中表述用作例子的各种作品、各种实践和各种概念。如果说关于这些课次的两位头牌作家瓦莱里和斯汤达的研究，将尝试着透过他们的生活的一些插曲来描述他们的作家生涯和他们关于文学的思想的演变，那么梅洛-庞蒂针

---

① 参《关于语言的文学使用研究》，［第 33 页］，《世界的散文》，同前引，第 31 页。

② 布朗肖（Maurice Blanchot，1907–2003），法国作家。

③ 该文发表在《新法兰西杂志》1953 年第 1 期上，是 1955 年出版的《文学空间》的第一章。——译者注

④ 该文本构成《文学空间》的第六章“阅读与交流”第一节的内容。

对文学一般所持的看法——尤其是在开启课程的导论性的两课次中——同样是由强调所分析的现象的演变和进步的一种历史的方法标记出来的。

无疑，这一选择对于一种论证的建构表现为功能性的：这一论证旨在把各种文学"真理"的流动性和生命力对立于一种凝固和简化的抽象思维的（所谓）合理性，它在梅洛-庞蒂看来更多地刻画了在他眼里直至那时被实践的哲学的特征。哲学倾向于把它自己的话语的那些范畴具体化，使它们成为一些绝对参数，而文学承担了一种与它的外部更加决定性的、最终说来更加微妙的，能够倾注思维主体的亲历的关系。

19 由此，文学空间在二十世纪成为内在经验的某一形式的场所，它使一种主体性得以可能，并且揭示出了这种主体性。这种主体性是新的，有着与语言、与知觉和与他人的关系，它是更成问题的，与此同时比那种由建立在被证明为已经过去了的人类学范式之基础上的哲学所产生的人的表象更充满希望。因此，按照梅洛-庞蒂的看法，文学应该已经到达了哲学似乎执拗地要穿过的一个转弯处。[①] 过了这个海角，文学就不再担心调动一些存在并且把它们搬上舞台，关于它们的意识既不依据它本身而封闭，也不依据它本身而成为中心；一种更加类似于短兵相接而不是屈从于表象工具的与语言的关系；一种只可能是成问题的、有差别的，而不是建立在对透过

---

① 关于这一点，我可以参考自己为《从可感者到作品》卷（艾洛亚［Emmnuel Alloa］和杰迪［Adnen Jdey］主编）撰写的部分，布鲁塞尔，"被窃的信"，2012 年，第 161–184 页（"瓦莱里的疑惑;《关于语言的文学使用研究》中的思想、实存和写作"）。

各种语词而直接传播的预设基础上的与他人的关系。

因此，文学至少“百年以来”① 应该已经间接地在致力于建构合理性、真理和意识的一些新样式，同时通过自己的某些实践使一种虚幻的、虚构的语言观逐渐衰弱了。恰恰在这一视角中，最先的两课次承担了为梅洛-庞蒂在文学上面下的各种理论赌注提供广度的繁重任务。它们尽量使听众能够理解后面被当作文学应该（不断地）正在完成的这一困难的革命之象征的例子而被勾画出来的那两幅作家“肖像”。因此，这是以倾注人的历史、以关涉传统上被保留给哲学的一些领地而完成其意义的革命。

在对课程摘要所提出的问题的一般概述中，关键概念当然是这里发表的那些页张几次三番地提及的“征服性的语言”② 的概念。20
梅洛-庞蒂由此使语言成为一种处在持久演变中的动态力量，即一种其练习就是劳动、努力、战争本身的潜力：一个不乐意让自己被言说的世界的生命力为一方面，一种拒绝承认任何意义之谜的所谓透明的、预先给定的言语③ 为另一方面的面对面。因此，语言的“征服性的功能”，即它的不断地创造而不是被动地模仿一个表象视域的能力，对立于关于一种封闭的、通过陈述结构和含义结

---

① 《关于语言的文学使用研究》，[第 9 页]。

② 这一形象已经出现在梅洛-庞蒂前面其它作品中，尤其是在《世界的散文》中，在那里，相同的观念也通过“被言说的语言”/“言说着的语言”（第 17 页及多个地方）的对立，通过“操作性语言”（在《关于语言的文学使用研究》中将重新出现的定义）和“间接的语言”之间的对立（第 123 页）得以传播，而且梅洛-庞蒂在那里使用了“征服性的言语”的表达（第 196 页），而他在描述画家的经验时已经谈到了“世界被个体合并”（第 77 页）。

③ 这一理论和认识论难题还与介入的道德和政治问题联系在一起。如果不确切地知道我介入什么和我自己的言语劝说什么，我如何能够介入？

构完美地组织起来的语言的观念。

这就是为什么，一旦按照它能够承担的，不仅揭示了意义的、各种意义的取之不尽的可塑性，而且还有任何一个说话主体的活动性和创造性方面的这一主要功能来理解，《关于语言的文学使用研究》的对象就只能够是语言。因为说话主体与围绕他的世界维持一种就像他一样只能在不断的转变活动中才能够被给予的关系。从经验的这些极点被梅洛-庞蒂构想为是由它们在它们自己之间维持的各种关系所确定的时候起，（这就是一种）不仅仅在各种事物中的，不仅仅在各个词中的，[①] 也不仅仅在各种主体性中的变动。

梅洛-庞蒂课程的导论性页张中贯穿的两个其它关键概念，大体上相应于最先的两个课次。轮到“现代文学”和“绝对文学”时，它们一个与另一个联系紧密，被召唤来谈论写作的艺术在其间超越其“古典”时代的阶段。仔细看看，梅洛-庞蒂在这里诉诸于他在1948年的《谈话录》[②] 中已经召唤的、他在《符号》[③] 中还将要重新采纳的一种区分。在这里，这两个范畴也平行地被应用到了透过它们各自的历史来观察的、在对于它们而言与语言固有的关系之演变中来理解的绘画和文学中。在两种情形中，现代都产生自这一信念的终结：能够赋予图像或语言的表象一个给定的客

① 在这方面，索绪尔（F. de Saussure，1857-1913，瑞士语言学家，结构语言学的奠基人和主要代表人物）的走向语言是一些区分符号的差异系统的课程乃是根本性的。然而，《关于语言的文学使用研究》似乎超出了梅洛-庞蒂在《世界的散文》中对索绪尔进行的解释和使用。

② 参标题为“古典世界和现代世界”的最后谈话，收入梅洛-庞蒂：《对话录》，巴黎，色伊出版社，“写作的足迹丛书”，2002年，第65-70页。

③ 参《符号》，同前引，第60-61，64，74-75页。

体，这一客体在作品的起源中先于模仿和交流行为而存在。现代 21
开始于艺术家或作家不再相信他们的工作只不过就在于表象：使用第三者，通过一种已经确立的语言（它保证了在被表达的东西与这一对象在作品中留下的形象之间的相符合）。伴随这一新的创造时代，关于语言、主体和真理的一些新的概念确立起来了。

因为“现代”文学（和绘画）是使符号朝向一种非封闭的、非完成的意义的文学，因此暴露了这一事实：主体既不是可以孤立于他所参照的外部的，也不是可以孤立于他当作其内部来观察的东西的，还有也不是可以孤立于他对仔细地看是偶然的、不认识的、在时间中延迟的一个接受者的致词的。

一旦到达这一阶段，文学就回到了它的“绝对”阶段。在该阶段，梅洛-庞蒂的这一显然黑格尔[1]式的专门术语相反地谈论一种艺术：这种艺术不是满足于诉诸一种预先给定的合理性，而是要从任何关于应该先于对世界的意向的世界之观念中解放出来。由此，远不是一种结果阶段和一个宁静阶段的绝对文学，是“困难的并且深受各种悖论之苦”。[2]这使得我们能够理解显然非常有勇气的选择——用那些陈述各种明显的矛盾的术语来分析文学。[3]作为双重的而且不安的对象，文学只可能透过它的那些不同角度的棱镜获得理解。

① 黑格尔（Georg Wilhelm Friedrich Hegel，1770-1831），德国客观观念主义（唯心主义）哲学家。

② 《关于语言的文学使用研究》，[第 18 页]。

③ 梅洛-庞蒂在第一次课中详细地讲述了它们，参《关于语言的文学使用研究》，[第 15-22 页]。

选择用这些术语来对文学进行分析，可能部分地引出了对这些课次的对象的作者的选择：喜欢借助悖论来思考的，将他们的作品之源置于他们在写作训练前的不安中的两位作家。[①] 在一个例子和另一个例子中都将被超越的不安，开启了通向可以说一种第二层次的文学的道路。

从它应该向读者示意的一个给定的世界中解放出来，文学变成了一种语言制度，其"真理"明显不能在与一些对它而言的外
22 在标准的关系中寻找，也不能建立在无论什么样的一种符合观念之上。这使梅洛-庞蒂能够公开地提出文学中的真理的问题，以及它对于观察领域的可能隶属的问题，因为文学的角色从此以后不再是"想象"的角色，即以有别于日常经验中的方式汇集一些"现实的碎片"的能力。[②]

完全相反，现代文学被归入怀疑、疑问和困难之列，它在于创立一种语言而不是使之适应一种预先给定的意指意向，因此改变的不仅是语言和交流的观念，而且还有文学的目标和对象，以及它可能渴望与其理想的接受者建立的关系。语言的媒介变成为不透明的了，现代文学只能拥有自身反思的使命，由此理解依据自己的经验和内心生活写作的主体的反思，还有写作的各种原-文学的实践。这种表达形式的参与者以及文学本身，由此碰巧既是

---

① 注意，梅洛-庞蒂似乎在这里得益于他在课程中三番五次引用的莫里斯·布朗肖的作品（他评论了其中在同一年出版的那些文本），它证实了一种非常生动的趣味。阅读行为的问题无疑会是梅洛-庞蒂受到布朗肖启发的另一个点，部分地扮演了抵制萨特的那些论题之源泉的角色。

② 《关于语言的文学使用研究》，［第 15 页］。

现代文学的主体，又是现代文学的客体。

完全就像“征服性的语言”的观念特别提到了言语拥有的不断地重新协商各种意义视域的能力一样，“现代文学”以及似乎具体化了这一蜕变之实现的“绝对文学”，在梅洛-庞蒂的篇章中扮演了创造新的真理和合理性范式的边缘的角色。一种从此以后摆脱了任何符合原则的范式甚至能够揭示掩藏在抽象思维的这一优先形式下面的幻相。

由于认为语言能在诸事物的世界、命名它们的意识和接受信息的人的理解之间建立往复关联的信心被动摇了，文学交流的这三极的地位也就改变了。因此文学不仅变成了对抽象活动的各种过于肤浅的神话进行批评的边缘，而且也变成了用来理解它自己的意识的各种事件的那些参数的转换的所在地。就像瓦莱里和斯汤达的那些形象很好地把他搬上舞台的那样，作家于是变成了一种始终正在形成的、只能随着它认识到自己才能够演变的主体性的象征。

文学所产生的知识将停留为完全和指数相关的、透视性的， 23
但这样将会瓦解“古典”时代的各种不变的确定性，它将造成在意识、语言、主体性和交流的表象模式的准确性方面的进步。在这方面，文学将使“真理”的问题逐步转变为在课程的那些篇章中长时间地获得探讨的、前面提到过的作家之“真诚”的问题。由此，文学变成了一种第一称哲学，在写作的人在那里始终被召唤透过语言去说明在他自己和他所“说”的东西之间存在的关系。此外，作为形式研究，“现代”文学使语言和主体间交流的一些惯例的角色浮现了，因此揭示了这样的任务：重新回到每一个人都接受自己视点的脆弱性、接受在各种事实和在合理性的各种标准中“客观”锚定的欠缺。因此，根据梅洛-庞蒂的看法，推进了哲学的写作工作，揭示了这一关系的复杂性以及决定去运用语言的人所承担的责任。

然而，如果通过参与到一些形式研究中，文学达到了让暗含在所有措词行为中的透视主义、并由此让所有表象的尝试浮现出来，如果任何“背景”似乎都因此从绝对文学——它碰巧更加把自己奉献给创造它的主体——中被排除，那么文学的言语无论如何不能够摆脱与它的外部的关系，不能摆脱它在上面形成它自己的图形的，而且它在那时相反地使之浮现的这一**背景**。

复杂的“沉默”概念被呼唤去谈论的，我们在致力于我们在梅洛-庞蒂的那些课程之后发表的“往返”的阅读笔记的部分涉及的，正是这一背景。目前足以表达的是，这一没有背景的背景将不会有任何的空虚，也不会有对物质的摆脱。完全相反，这一背景将被描述为具有一种厚度，具有一种存在或具有一种应该通过让它在“它那里活着”而“让它活着”的“动物”。

2. 瓦莱里的选择

2.1 一个现代作家？

如果瓦莱里的形象将依据该作家所做的选择——首先是选择沉默、选择一种根深蒂固地拒绝承认文学的言语，然后是选择作
24 为一种难以忍受的死胡同之出口、作为通向梅洛-庞蒂称为“犬儒

文学”之大门的诗歌——获得梅洛-庞蒂的分析，那么停留在使瓦莱里成为他关于文学的课程的中心作家这一选择上面是合适的。

在梅洛-庞蒂讲授他关于语言的文学使用的那些课次的时候，瓦莱里，这个象征主义运动的事后理论家、布勒东[①]和那些超现实主义革命者突然否定的大师、在战争结束时发现自己的领地在枯竭和关闭的批评运动的创导者，其名字只能作为注明日期的、已经过时的名字响起。更糟的是，不合时宜了。在瓦莱里在法兰西学院这些同样的讲坛上讲授其诗学课程（它无疑标记了他同代人的精神）期间，战争已经爆发了。在停战后不久，当知识分子在一个已经改变了的世界（这个世界进行新的追问，寻求新的意义形式）中突然醒悟时，瓦莱里重回到了他的海滨墓园中。

然后，在1947年，在《现代》的纸页上、在娜塔丽·萨洛特的笔下，[②]瓦莱里被正式罢免了思考文学的大师的角色。萨洛特只不过完成了或说明了萨特的一种潜在的批评：他对《年轻的命运女神》的诗人总是采取一种含混的立场，但他无疑在《什么是文学？》中勾勒了与瓦莱里似乎体现的相对立的一种文学家的范例。

从总体上看，最后几年为国家诗人和美学预言家的瓦莱里，在刚死亡后的时间里显得不再可以利用了，首先是因为他与萨特

---

① 布勒东（André Breton，1896-1966），法国诗人和评论家，超现实主义创始人之一。

② 娜塔丽·萨洛特（Nathalie Sarraute，1900-1999，法国当代新小说派作家及理论家）：《保罗·瓦莱里和大象的儿子，附作为先驱者的福楼拜》，巴黎，伽利玛出版社，“白色丛书”，1986年。

的介入观相距太远的“精神政治学”的观念。然后，是作为已经开始被怀疑地看待的诗歌的理论家。

可是，恰恰是在这一文化背景中，正好被选到法兰西学院哲学教席上的梅洛-庞蒂，决定关注瓦莱里式的关于文学的理论。更准确地说，梅洛-庞蒂投入到对瓦莱里“案例”——也即，在该哲学家眼里包含了一方面是在瓦莱里的文本中已被勾勒了轮廓的文学观念，另一方面是梅洛-庞蒂努力地在《笔记》的作者出版的作品之字里行间中释读出的一些写作和生活实践的“合成”——的理论分析中。

按照其笔记的线索，梅洛-庞蒂自《知觉现象学》开始就非常
25 详细地利用了他所熟知和引用的各种瓦莱里文本，但他为了这一课程勾勒了一幅更加详细的哲学肖像。与此同时，主导着《关于语言的文学使用研究》的瓦莱里形象并不完全与我们在梅洛-庞蒂其它文本中觉察到的相同。正像我们已经尝试着表明的那样，梅洛-庞蒂针对瓦莱里的各种文学理论的视角确实有某种改变。但也可能的是，在《关于语言的文学使用研究》中表现出来的对这位作家的更积极的看法，除了其它因素外，可以通过支持针对萨特的争论立场，并因此相反地表明后者的理论的种种局限的意愿获得说明。

在这样一种视角中，重要的是要想到，在这同一学年结束时，梅洛-庞蒂断绝了与萨特的关系[1]，他只是在三年后才会匆匆地见到后者，而且从来都没有真正地恢复他们的友谊。然而，即使 1953

---

① 参《旅程二》，同前引，第 129 页及以后。

年夏天著名的不和围绕着两位哲学家政治立场的难以消除的分歧爆发了，但难以否认的是，知识分子的介入问题仍然是争议的核心，而且它引起了梅洛-庞蒂在他上课的那几个月中的注意。

如果说各种文献证实梅洛-庞蒂寻求写自己的《什么是文学？》，不容易了解的是，这一意图是否在《世界的散文》[1]中比在《关于语言的文学使用研究》中获得了更多的尝试。一份未发表的笔记甚至为我们提供了梅洛-庞蒂相关于这一计划[2]想要召唤的一些作家（蒙田[3]、斯汤达、普鲁斯特[4]、布勒东、阿尔托[5]）的主题的详情，但另一方面难以否认的是，仍然在为《世界的散文》的计划草拟的东西，远不如几个月后用于瓦莱里和斯汤达的课程那样致力于文学和写作。

另一方面，梅洛-庞蒂针对斯汤达的作品和形象的兴趣可能大大地超出了与萨特的间接争论的范围。在强调几个标志着在这里出版的笔记中提到的瓦莱里的解读的因素，并且表明它们对于梅洛-庞蒂思想的演变的关键作用之前，提到至少两个其它能够引发对《年轻的命运女神》的作者的特殊兴趣的因素是适当的。

首先是后者已经提到的对笛卡尔[6]的解读，梅洛-庞蒂无疑已 26
经提醒过这一解读。此外，瓦莱里把他从斯汤达那里引出的、并在其关于后者的论文中展开的唯我论的观念置于他对我思的解读

① 参勒福尔的"致读者"，《世界的散文》，同前引，第 7-8 页。

② 这一笔记是勒福尔引用的，同前引，第 7 页。

③ 蒙田（Michel Eyquem de Montaigne，1533-1592），法国哲学家，散文家。

④ 普鲁斯特（M. Proust，1871-1922），法国作家。

⑤ 阿尔托（Antonin Artaud，1896-1948），法国戏剧理论家、演员。

⑥ 笛卡尔（René Descartes，1596-1650)，法国哲学家。

的中心，梅洛-庞蒂多次引用过这篇论文[①]。瓦莱里关于斯汤达的论文的重要性也可以证明梅洛-庞蒂所做的另一悖谬的选择，这就是，通过古典文学和现代文学的对立把自己关于写作的看法延伸到历史的视角中之后，他在转向斯汤达之前先探讨瓦莱里。在进入到对当时呈现为现代文学特有的各种提问法之先兆的斯汤达案例的分析前，这种倒置实际上可以在有必要引入瓦莱里的作品提供的一定数量的理论因素中找到说明。

尽管梅洛-庞蒂在斯汤达的主题方面查阅了丰富的传记材料，但瓦莱里的论文对他的叙述之论证提供了一种基础和一个根据。[②]尽管梅洛-庞蒂不能像我们这样熟知那时还没有出版的《笔记》中的我思的各种变化，但他可以解读《一种笛卡尔的视野》，或者《从荷兰归来》，或者其它展示这位伟大的哲学家的各种特异性肖像的文本，与此同时还有瓦莱里理论特有的方法的形象。总体上说，瓦莱里在他关于笛卡尔的文本中运用了一种梅洛-庞蒂不可能对之无动于衷的剧情逻辑。[③]

另一方面，公然宣称的“反哲学家”的瓦莱里，希望使文学成为抽象的和理论的训练的作家，充分准备好了扮演梅洛-庞蒂在其时代的哲学的相同年份中展开的批评中的英雄角色。在这一意义上，我们甚至倾向于认为在《关于语言的文学使用研究》中提

① 参《关于语言的文学使用研究》，[第 75 页]。

② 同样，瓦莱里关于斯汤达的论文是梅洛-庞蒂重新开始的批评工作（费尔南德斯[Ramon Fernandez，1894–1944，法国作家、文学评论家]，伯格勒[Edmund Bergler，美国精神分析学家]）的源头之一。

③ 关于这一主题，参圣·奥贝尔：《笛卡尔式的剧情》，巴黎，弗林出版社。

出的解读是一种“瓦莱里剧情”，体现了梅洛-庞蒂就他的同事们实践的各种方法和抱负不得不说的东西。做如下的提醒是适宜的：这些批评连同能够意识到它的媒介和它各种写作得失的哲学的心愿，在以《哲学赞词》为题目的法兰西学院就职演讲中是非常明显的——这与其说为这一训练要求一种理性方法的可靠性，不如 27
说重视它的创造性力量“直至它的各种弱点”[①]的赞词。在这一意义上，哲学的明显缺陷，它的偏离，它的各种错误应被理解为是出自于学科的本性的，其使命是对可能进行提问，而不是依赖于一些已经很好地确立的、并因此被文化或各种认识体系征服的材料。

于是，哲学将会比它拥有的还要更加珍视它开启的各种可能之脆弱性，以及语言在被呼唤去面对一种“生成着的意义”[②]的涌现时特有的结结巴巴：

> [……]否认哲学在跛足而行是毫无用处的。它寓于历史和生活之中，但它希望安顿在它们的核心之中，即它们在那里是降临、是初始的意义的那个点上。它厌倦于已经被构成。作为表达，它只有通过放弃与被表达者相一致、通过远离以便看到其意义的方式来实现自己[……]。他自己的那些行动就是见证。[③]

---

① 《哲学赞词》，巴黎，伽利玛出版社，1953年，“Folio/essais丛书”，1989年，第59页。

② 同前引，第26页。

③ 同前引，第59页。

然而，如果说梅洛-庞蒂在这些相同的笔记中引用了瓦莱里的断言、瓦莱里据之“由于懦弱”[1]而写作的断言，他当然也认识到了塞特诗人[2]的另一条著名的原则，他希望哲学是一种“形式的事情”，因为这一表达重新出现在梅洛-庞蒂在《关于语言的文学使用研究》中以及其它地方多次引用的论列奥纳多的论著[3]中。在这里，撇开表达的得失，梅洛-庞蒂相对于瓦莱里的确有意识地实现了后来的一步，这无疑暗含了一种比瓦莱里提出的提问法更宽泛的提问法。而这与其说是在它隶属于以语言传达各种心理动力的意义上，不如说是在言语与思想之间、诞生状态的语言与它的沉淀使用之间的持久的商谈的意义上。

因为，从梅洛-庞蒂的视角看，从事哲学首先回到了发明的问题：现代哲学家之所以首先是一位作家，是因为他被召唤去寻找各种词以便言说经常地逃避观察和理解的东西。假如说话并不像
28 我们通常相信的那样是向着某种预先存在着的东西示意，那么这不仅仅适用于总体上说的日常经验，而且更适用于诸如文学和哲学话语之类的人工语言制度。换言之，完全就像思想不会是对预先存在的概念实在的语词表达一样，哲学应当被理解为不可分割地倾向于语言和感受性的活动。

---

① 参《关于语言的文学使用研究》，[第 11 页、第 22 页、第 56 页及多个地方]。这一瓦莱里式的表达似乎在《可见者与不可见者》(巴黎，伽利玛出版社，1964 年，第 166-167 页) 中有着反响：“哲学家说话，但这在他那里是一种懦弱，并且是一种无法说明的懦弱。他应该保持缄默，沉默地符合，并且在已存在的哲学中与存在相汇合。”

② 瓦莱里出生于法国地中海岸的小镇塞特 (Sète)。——译者

③ 列奥纳多・达・芬奇 (Léonard da Vinci，1452-1519)，意大利著名画家。瓦莱里写有专著《列奥纳多・达・芬奇的方法导论》。

尽管如此，在列奥纳多那里看出一位哲学家，在写作中寻找一种语言以便摆脱语言，在精神中看出意义的创造的始终重新开始之力量的瓦莱里，只有在梅洛-庞蒂眼里才能够变成为他尝试着予以赞颂的这同一种既脆弱又强大的哲学之标志和英雄。[①] 因为梅洛-庞蒂所构想的哲学，就在于“转化各种自动性”，[②] 他因此变成了“那个是他自己的研究，即自己的内在混乱的见证者的人”。[③] 这是一种困难的尝试，它要求比它要去整个地“亲自”[④] 承担的还要多的勇气。

尽管是这样的，对笔记的分析证明了对瓦莱里作品的一种非常明确的认识，以及对他的文学理论的各种得失的一种深刻理解，这从多个方面预示了针对瓦莱里的评论文献。尤其是，在对这一作家的梅洛-庞蒂式的研究方法中，有三个问题作为中心问题出现了。首先，瓦莱里在梅洛-庞蒂眼里是不能把文学的理论和实践分开的作家的典范。瓦莱里对于梅洛-庞蒂来说更多地在文学舞台上出场而不是似乎想要从那里退出，即便这看起来是悖谬的，因为他所谓的“沉默”实际上是采取一种方法论立场的结果，因此可以说是将一种文学观付诸实践。第二，瓦莱里是其作品和生活比任何其他作家更能体现文学现象的悖谬本性的作家，这一本性使得这一艺术能够超越无矛盾原则的各种最终说来的严格限度。此

---

① “瓦莱里说，这是因为存在着凝结在纸上或空间中的作为不连续的元素的语言，——还有思想的活的、同等的、对等的言语。”（同前引，第 34 页）

② 同上。

③ 同前引，第 13 页。

④ 同上。

29 外，选择只出版自己的一部分作品，并且让《笔记》的笔记至少直至他死时都不发表，瓦莱里不言明地呼唤他自己的后世，由此表明了在作家和他的理想读者之间存在的对话的复杂性。这一瓦莱里式的选择扎根在文学特有的与其时间和历史的关系中，这一关系对于哲学来说始终是成问题的，就像哲学那样被理解，它处于欲求不变的永恒性和迫切呼唤事实世界之间。

大体上涉及作者、文学作品的本性和接受视域的三点：瓦莱里在别处表达的文学观的同样多的关键方面。

2.2 《关于语言的文学使用研究》中的瓦莱里

完全就像关于文学的一般课次已经草拟了（“古典”时代和“现代”时代）两大阶段的文学史——后一阶段超越了前一阶段并使之演变——的年代学分布一样，占据课程核心部分的两幅作家的肖像是梅洛-庞蒂依据一种二元结构建立起来的。实际上，瓦莱里的文学生活和斯汤达的文学生活都是被一前一后地标记的，可以说是被一个呈现出一场*危机*的特征的关键过渡环节同时连接和分开的。[1] 因此，完全就像斯汤达被一场爱情的、实存的危机导向正视他的作品和生活之间的关系的微妙问题一样，瓦莱里遭遇了一种涉及所有言语行为、更不必说文学本身的条件的死路的经验：语言的荒诞。

---

① 正像我们预计看到的那样，尤其是在瓦莱里的案例中，梅洛-庞蒂选择了让作家的思想演变向着一个视域延伸——它在那时就像哲学家本人希望的视域那样具体化自己。仿佛梅洛-庞蒂修正了直到那时对瓦莱里的判断，并且最终树立起他的一幅更被颂扬的肖像，最后希望改正这位作家的作品的所有缺陷，使他成为“现代”作家的形象。

在“荒诞”面前的这种不安在瓦莱里的案例中获得了“沉默”的名称，这种沉默被梅洛-庞蒂理解为达到标志着一个新阶段——意识到了它自己和它的各种不言明的责任，能够向一劳永逸地被说出的真理示意——的一种新言语的必要的过渡，确实能够让我们追踪梅洛-庞蒂的分析所运用的这一图式的多重得失的足迹。因为这一危机时刻是标记瓦莱里（然后是斯汤达）作品的美学演变 30
的关键之处，也是向现代的困难过渡的形象，最后是文学（和哲学）——它们只能够抓住战后法国文化——的混乱的形象。瓦莱里在这一意义上变成了被重新思考文学、它的可能性、它的角色，甚至它的必要性（以它从前所是的东西只不过停留为一些丧失了意义的、无法使用的残余为起点）的困难任务所召唤的作家的形象。

另一方面，这一表面上最不介入的、最不合时宜的人物体现了与萨特所勾勒的知识分子之形象正相反的一种形象。正如被梅洛-庞蒂描述成的那样，瓦莱里从他严格地、真诚地、诚实地认识到他首先对自己，然后对他借助语言和天使做的斗争的重要性，得出了他关于作家的责任和使命的各种看法。正是从面对他自己的诺言承担的这种责任出发，瓦莱里将成功地发展出自己的关于作为训练的文学的观念和实践。这是在走向写作职业，梅洛-庞蒂没有忘记在尊重读者之自由的层面上强调其含意。瓦莱里把整个解释权传给和留给的正是后者，因此不言明地是即将来临的（文化）历史所归属的读者共同体。

与此同时，依据梅洛-庞蒂关于瓦莱里对语言的，更不用说对文学的“怀疑态度”的解读，这一既是实存的又是文学的严格要求，使得瓦莱里能够不仅间接地阐明了文学的各种缺陷和幻觉，而且还阐明了语言的各种**权力**。在这样一种视角中，这些课次非常强调的，甚至将其当作瓦莱里作品的可能性之条件的瓦莱里的“沉默”，将悖谬地成为突然发生的觉醒的一种象征，成为违背作家去承担自己的责任的意愿的、理解他控制的**媒介**之力量的举动。如果文学在这样一块白板之外还能继续存在，那么它已朝着关于它自己与生活、与世界的关联的新概念跨出了关键的一步。它将实现这一转向，在那些一般课次中，这一转向获得了“现代的”或绝对的文学的名称。

不可否认的是，正像公众所认识到的那样，瓦莱里的形象完美地准备好了给梅洛-庞蒂提供一部**传记**，它依据他已经运用到文学史上的相同的图式获得表述。这是因为，瓦莱里本人已经神话化了从他年轻时的作品向他成熟期的作品的过渡，这是通过创作
31 关于这一深层的、根本的危机——他已经给予它以“痛苦的黑夜”的名称——的叙事。梅洛-庞蒂在自己的笔记中反复暗示的这一非回归的点，被描述为一场同时是爱的、实存的和据《圣经》的地震，在此之后，瓦莱里停止了写诗，并且与一般文学界保持着一段沉默的距离。此外，瓦莱里成功地回归写作、发表和诗歌的建设性部分（pars construens）是一种时机，当瓦莱里在最辉煌的声誉中停止其作家的生活和职业的时候，这一时机的各种后果在梅洛-庞蒂同时代人的公众的眼里是显而易见的。恰恰是在他作为诗人和文学艺术理论家获得承认的时刻，瓦莱里回顾性地重建了他的沉默的神话。

在做他的《关于语言的文学使用研究》的工作时，除了瓦莱

里在世时出版的节录和选集外，梅洛-庞蒂没能使用巨量的《笔记》。然而，即便没有进入理解瓦莱里理论的这一基本的文本场所，并且进行细致的解读工作，梅洛-庞蒂还是在致力于这位作家的那些课次中至少开启了三种（对于当时来说，甚至对于当今来说）新颖而勇敢的解释学运作，我们很容易理解它们相关于他透过课程笔记展开的关于文学的话语的功能。

（1）正像我们前面已经提及的，梅洛-庞蒂把瓦莱里的死胡同和他所保持的与文学、更确定地与诗歌艺术的距离，读解为这位作家根本不信任语言的后果——这位作家的作品无疑证实了的不信任，即便它没有像梅洛-庞蒂相反地所做的那样明显地处于与痛苦的黑夜的关系中。言语在瓦莱里写作的时代不再能够被视为一种在说话主体的意向和他所参照的世界之间——或者此外在读者和处于自己思想领域之深处的自己之间——建立直接关系的媒介，没有什么客观标准可以被召唤来保证语言的真实，它因此恰好在其潜在的错误中被揭示，并且被暴露给怀疑和猜测。与此同时，这种语言意识被证明是与其通常的使用不相容的，其通常的使用，则是建立在获得表达的东西有正当根据的预设之上。因此，揭示一种言语行为和其各种可能的含义间的关系之复杂性的文学表明，恰恰就其奢求真理而言，语言乃是谎言。由此，文学更不用说被呼唤去接受其地位，并且利用与更复杂的真实性的一种有意识的、有担当的关系了。因此，从瓦莱里对自己的文学命运的怀疑，梅 32
洛-庞蒂追问随后的系列课程将要命名为“真诚性”的东西。

在揭示了瓦莱里作品的某些主要得失的同时，梅洛-庞蒂把它们推向了他自己的论证的各种目标。从这一视点看，关于瓦莱里的课程实质上承担着《关于语言的文学使用研究》的作者对之感兴趣的文学理论的各种角度中的两个。一方面，瓦莱里的例子有助于梅洛-庞蒂让人们明白文学如何能够揭示语言的本性，尤其是经验的“征服性的”可塑性，它成为意义之焦点的能力；另一方面，这一作家的形象显示了作家的自我的复杂地位，而作家的自我又可以简单地变成文学让我们抓住的那样的生活主体的形象。

从这一视点看，对可以在最初时刻被理解为语言的、更不用说文学（特别虚构的体系）的虚假和虚幻之特征的东西的意识，行使了怀疑和悬置的功能，并因此使我们可以动摇我们根据彼此独立和外在的两极之间的一致向自己表象自己与世界、甚至与自己的意识之关系的各种习惯方式。瓦莱里的这种怀疑最终之所以被克服了，是因为语言的文学使用示意了一种经验的和分析的视域——它从此以后摆脱了所有符合的真理，但它无论如何不会被归结为荒诞：各种意义的不定的多样性并不是对意义的绝对的漠不关心，完全相反。因为，以我们刚才提到的术语来陈述，语言的“虚假”本性立刻引起了这一言语的接受者、因此一般他人的责任的问题，以及受到言语的拐弯抹角不言明地妨碍的自身意识的问题。

（2）通过借助出版《年轻的命运女神》——它将使他成为一位著名的诗人，甚至一个公众人物——重新回到文学，瓦莱里将从这一死胡同中走出来。尽管在 1953 年对相关迹象所知甚少，梅洛-庞蒂还是意识到了这一事实：瓦莱里实际上在其所谓的“沉默”时期仍在写作。尽管如此，梅洛-庞蒂仍同等强调了瓦莱里经由诗歌向文学回归的象征的重要性和理论的整体倾向。在他提出的对瓦莱里理论的解释中，诗歌是一种什么都不说的、并不渴求承载一种预先确定的信息的语言制度。与此同时，它不可否认地是有含义的，表达的，并且是能够包含与那种存在于词与物的相符合的原则中的真理在本性上有别的一种真理的。语言的这一边 33
缘的实存——它幸免于真理的已经过去了的一种范式的危机——表明了语言的一种（文学）使用的生命力和言语具有的幸免于荒诞性的诱惑的可能性。

如下这样的提醒是适宜的：在那个时代，瓦莱里的出名与他的诗歌理论联系在一起，更甚过与他的诗歌和大量借自他的散文作品的路径联系在一起。正是作为诗歌理论家，瓦莱里被征召到法兰西学院去教书，梅洛-庞蒂的课程几年后也将在那里讲授。然而，正是在瓦莱里的诗歌理论层面，梅洛-庞蒂对瓦莱里思想做了后来者的扭曲，这一扭曲在揭示这一作者的作品的潜力的时候，使得哲学家能够在建构自己的论证和走向自己的理论目标中跨出后来的一步。

实际上，这里涉及的该课程的那些课次，恢复了瓦莱里理论化了的在日常的、功能的和不能自主的的语言（它打算说真话，它消失在它自己的使用中）和多产的、敏感的和夸夸其谈的语言（它摆脱了任何的直接含义，只要我们为了赋予它一些含义而重新把它占为己有，它就能够不定地重新诞生）之间的对立。为了阐明这一二分法，瓦莱里经常运用行走和舞蹈的双重形象：这里也一样，材料是相同的，但由于两种不同的使用而变了样。散文和诗歌无论如何都是以语言的相同砖块为起点创作出来的，但它们在瓦莱里的眼里却是两种其功能完全对立的制度。

梅洛-庞蒂对瓦莱里的理论的这一原理实施的扭曲，就在于使（散文 / 诗歌）这对反题对不是成为或多或少有根据的或值得被实践的文学类型之间的对立，而是成为语言的两种语式之间的区分。为了理解这一解释活动的重要性，有必要提醒道：萨特在《什么是文学？》中已经把诗歌降级为相对于散文的从属的角色，除了其它的，这还向我们说出了某种东西，因为在那个时代，文学类型之间的等级的问题仍然可以被思考，不像它如今在我们看来的那样显得是过时的。完全就像他为了第（1）点所做的那样，他把对瓦莱里的沉默的超越解释为文学具有的直面语言的表面荒诞
34 性的能力，然而，通过对语言的各种可能，尤其是对它的各种非日常的，因此不服从于直接说出经验世界的虚幻意志的使用的考问，梅洛-庞蒂开始探讨诗歌和散文之间的实质差异的显然美学的问题。

在他那里，这样一个问题不言明地，但直接地与接受的问题联系在一起：读者被召唤去接受文学言语的整体倾向，以及一般语言的多种意义。把日常话语描述为由于被理解这一事实而自我消除的话语（“把火给我”通过取消了这相同的说的姿势获得表达）的瓦莱里，也理论化了诗歌拥有“我们给予它们的意义”[①]这一事实，因此把任何现在的或将来的读者都召唤向了有利于创作的行动，召唤向了意义创造中的主动参与。

在梅洛-庞蒂提出的对瓦莱里的这一二分法的解释中，**散文**

---

① 瓦莱里：《作品集》，第一卷，巴黎，伽利玛出版社，“七星文库”，1957 年，第 1509 页。

的概念只不过就是“日常语言”的同义词，归根结底是语言**坏的**使用，这种语言作为受限制的，建立在它的透明性、它的真实性、它的客观功能的幻觉之上。这是一种自此以后不被文学所承认的幻觉——明白这一点的文学于是不仅走在哲学的前面，而且也走在文化史的前面。相反，依据梅洛-庞蒂的看法，瓦莱里的**诗歌**概念要谈论的与其说是诗歌艺术，不如说是语言的**好的**使用，通向这种使用的道路已被诗歌展示，其各种可能已被文学探索，但其一般言语可以渴求自己成为代表。因此，在梅洛-庞蒂的视角中，能够给予作为文学类型的诗歌唯一优势角色的是特洛伊木马的角色，正像瓦莱里的例子很好地证明的，一旦语言的那些非工具的使用在文学中被揭示为是可能的，那么这一角色就会使我们能够整个地赎回语言。

由此，诗歌的经验开启了通向是一条第二层次的文学的道路，从此意识到了它自己的各种悖谬，但也意识到了这一事实：这些相同的悖谬对于比“古典”时代所谓的真理的更现代、更真实的真诚而言是必要的。因此，瓦莱里的犬儒文学完全可以延伸到超出该作者所达到的那些限度之外，就像梅洛-庞蒂在致力于写《海滨墓园》的诗人的后面那些课次中示意想要做的那样。相应于这一延伸的正好是梅洛-庞蒂的看法：语言的诗歌使用就言语的各种潜能告诉我们的东西可以适用了任何语言活动。

任何言语总体上说都可能被“诗歌地”宣布出来，而这意味着我们自由地（并且被召唤去）探索它的可塑性，以便使它成为 35
能够改变我们维持的与我们自己的经验关系的“严格性”和“真诚性”的工具，瓦莱里和斯汤达乃是其生动的**实例**。然而，这与此同时意味着，我们不能以任何借口想引导（并因此限定）他人以他自己亲历的经验、他自己的“复杂体”（如我们将要看到的那样）[①] 允许或建议他使用的术语去解释这相同的言语的自由。很显然这种论据，除了勾勒关于语言的潜能的一种非常丰富多产的概念外，还严格地限定了呼唤介入的可能性，在那里，一旦语言在这种意义上获得理解，我就不可能使它成为确定一种给定的信息的工具，因为我不能确定这相同的信息能够被接受的方式。

> 他不应该希望“写作”［……］他不应该希望通过写作而行动/介入的文学：不是有意识地应用于某些问题，——而是作为在我们看的东西内部那里形成的运动的文学。——写作不是目，不是手段（就像身体-就像语言）。

就像我们前面已经强调过的，作者和其读者之间必然间接的交流的观念是与梅洛-庞蒂在《世界的散文》——它就像我们认为的那样，已经间接地回应了萨特的看法——中采取的那些立场的主要差异之一。

（3）从这种认为诗歌是一种多产的、征服性的和敏感的语言（它抵制所有直接交流的意愿，由此具有使它成为有丰富的和多重的意义的厚度）的形象的看法中引出了梅洛-庞蒂在这一课程中给予瓦莱里的“复杂体”概念的重要性。

---

① 《关于语言的文学使用研究》，［第 81 页］。

瓦莱里的这一新词同时具备褶子形象和拥抱形象，它将通过其交织的变体极大地启示梅洛-庞蒂，在它在一个预定的，从1936年出版以来就注定要获得某种成功的文本，即《不变的观念》中被提供给公众之前，它首先在《笔记》的笔记中起作用。尽管如此，还是可以令人惊讶地看到这一概念在梅洛-庞蒂的解读中将扮演的关键角色，而它在今天仍然很少获得研究，除了德里达[①]的几页篇幅，要阅读关于这一主题的专论，需要等到2006年。[②]

正是在他对复杂体概念的解释中，梅洛-庞蒂对瓦莱里的理 36
论进行了第三次扭曲，把这一概念移植到了语言理论的几乎排他的层面上。在瓦莱里那里，复杂体概念相反地更多地涉及各个感受性领地，而且尤其将要谈论感受性维持的与时间和记忆某种关系的形式。复杂体在瓦莱里那里大体上是一种习惯的沉淀，它尽管没有出现在意识中，却引导主体的感受性去选择所接受的刺激，赋予主体依据时间进程中相对同质的行为图式做出反应的趋势。复杂体同时是记忆的能力及其器官、这种滞留的潜在性，以及它给予主体的抄近路对一段经验做出反应的能力。因此，复杂体维护主体的经验，与此同时赋予它以形式；这样一种肌肉，它可以自己培养自己，但它更和一个神经元网络一样，最终将与感受性的一个难以消除的领域相一致。总之，复杂体在瓦莱里是一种记忆，它不会沉积在任何地方，它只有通过自己的引导后来的各种行动和各种认识的能力才能够被揭示出来。

---

① 德里达（J. Derrida，1930-2004），法国哲学家。

② 参克雷希曼诺（Emanuele Crescimanno）：《复杂体，做，看》，意大利，巴勒莫：美学预印本，收入《增刊》，2006年，第167-204页。

在名为“表达性”的段落的开始，梅洛-庞蒂阐明了他在这一（瓦莱里研究得不多的）概念和语言问题之间建立的联系：

> 那在前面的东西＝表达性＝语言的如此褶子具有的标记，即交流思想领域的如此凸起的能力/**复杂体**。[①]

我们还要指出，梅洛-庞蒂把瓦莱里的复杂体的问题从知觉主体性层面移到了语言媒介的层面，在此阐明了在这一概念和交流问题之间存在的联系。我们还要指出，除了复杂体的形象外，梅洛-庞蒂被引向利用与前者非常接近的，而且真正说来在瓦莱里那里非常罕见的另一种形象：把语言表达为“字词动物”的形象。这种对语言的动物性，也即它的有机性，还有它特有的生命的强调，与几乎生理学地接受梅洛-庞蒂在星期四的课程中平行探索的表达产生了共鸣。这里，从一开始，分析仍被导向从作为所有可能的经验之主体间视域和背景的语言出发，而且这一论证的
37 结构可以说是颠倒的：“应该让语言活着，并且让自己在它那里活着”，[②] 并且在这一栖所中，走向与他人的主体性的相遇。因为被其在语言中的沉淀所澄明的感受性的这一面变得能够唤醒他人的感受性的一（另一）面，尽管是间接地。

言语的音质——诗歌使我们能够发现其重要性——总体上说呈现为语言的一种肉身的、活的物质性的形式。完全就像身体，

---

① 《关于语言的文学使用研究》，［第 67 页］。

② 同上书，［第 21 页］。

这种“字词动物”是一种神秘，[1]一个奇迹，一个谜，因为它的厚度和它的重量来自于如下事实：它是一个褶子的结果、是能够在掩饰这一相同的潜在性的一部分的同时揭示某种东西的复杂体。在这一意义上，语言的“动物性”就在于各种可能，它们在它那里停留为被掩盖的、潜在的状态，然而，一旦被一个将要从它那里引出其它潜在性的说话主体所观察、考问、寓居，语言无论如何就能够展开。这一字词动物，即由各种复杂体的重叠、由各种既是经验的又是表达的场域的沉淀形成的怪物，于是成了一个集体造物，每个人都被召唤去驯服它，而它给予将要来临的无限生命以生机。它是一，它属于所有人，它从来不让自己作为整体被看到，它既是肉又是言语，而我们通过我们的身体、通过我们的话语重新进入它那里。因此，它是一种存在，或它至少和一个存在一样复杂，正像梅洛-庞蒂在他致力于瓦莱里的那些课次的一开始就借助瓦莱里的话说的那样。[2]

因此，《关于语言的文学使用研究》让人们觉察到了文学本体论的问题，与在开启该课程的那些一般课次中所陈述的文学认识论问题同样关键的问题。在这一视角中，梅洛-庞蒂对瓦莱里关于身体及其与精神的关系的理论进行的大量的参照，找到了它们的辩护和它们的意义：

这一身体的、精神的、自我-他人的领域作为非事物的领

① 我们要注意到谜、奇迹和神秘的同位反复出现，尤其是在第六次课中，它对立于青年瓦莱里最初遇到的认为语言为幻觉和欺骗的看法。

② 《关于语言的文学使用研究》，[第 33 页]。

域出现。/ 因此，不存在关于它的认识、知识。它是文学的，更确切地说诗歌的领地。/ 只能在瞬间中被抓住对于它来说是本质性的。[①]

38 从这一视点看，文学——另外还有哲学——通过使语言混乱和不安，使语言成为一种成问题的工具搅乱了语言，从而让言语的肉体本性、并因此让一个人保持的与自己的语言的关系和与他人确立的关系之间的深层相似涌现出来了。

什么是实在？哲学家在寻思；[……] 对于他来说，不应该借助穿越各个时代的一个单词的简单历史，借助各种误解、各种转义使用、各种独特词组的细节来了结自己的问题，——由于数量和各种不一致，一个贫乏的词变得和一个存在一样复杂和神秘，就像一个存在那样激起一种近乎焦虑的好奇，避开了依据那些完善的术语进行的任何分析，而各种简单需要的意外造物，即各种市俗交易和直接交换的权宜之计，被提升为激发一个奇迹般专注的精灵的整个考问力量和全部回应潜力的非常崇高的天命。这个词、这个乌有、这一匿名地被无论什么东西创造和改变的临时方法，被某几个人的沉思和辩证法变换成了一个适于折磨各种思想群体的整个群体的离奇工具，转换成了为一个强大的头脑上紧全部发条、为构想一切的欲求开启期待的深渊的某种钥匙。[②]

---

① 《关于语言的文学使用研究》，[第 46 页]。

② 同上书，[第 33 页]。

由此，语言在每一时刻与每个人对抗的抗力（他在这一时刻寻求他的那些最真实的词）使得它在同一时刻能够在这一媒介中*有机地*演变，既在各个个体的实存的层次上，也在各种语言和文化的历史层面上。

3. 一个像斯汤达这样的人的赌注

瓦莱里的名字缓慢地在他关于文学的计划的层面上涌现出来，[①] 而斯汤达的名字，就像《世界的散文》的准备性手稿所证实的，从一开始就与梅洛-庞蒂的这一工地联系在一起，扎营在被指示出来的那些主要的参照的营地中。

实际上，在大部分都在法兰西领地上进行的对于文学的研究的背景中，诉诸于斯汤达是没有什么让人惊讶的。此外，批评自五十年代开始对这一作者的注意比起实际创作所证实的注意，仍然是更加重要的：就像被保存在法国国家图书馆中的那些读书卡片证实的那样，梅洛-庞蒂在自己的那些课次的准备中所利用的大 39
量论著在他草拟自己的笔记时刚刚问世。

相反，注意到关于斯汤达的那些课次是在关于瓦莱里的课次之后发生的，就更让人惊讶了（我们前面已经暗示过）。一方面，实际上，梅洛-庞蒂对瓦莱里的审慎地被冠以“斯汤达”标题的随笔的兴趣可以部分地说明这样一种颠倒。因为，梅洛-庞蒂关于这一主题的大量考虑，正是直接地或间接地依赖于瓦莱里在其对斯

---

① 参前面 1 页。

汤达的解释中开展出来的自我中心的概念。

瓦莱里已经使斯汤达成为那种将其作品看作关于自身的（间接）认识之场所的作家，那种透过创造一种复杂的装置——它在使其作者的人格在他向之说话的那些人物的镜像游戏中得以折射的时候，同时创造了与其读者的间接对话——达到了其各种目的的作家。然后轮到这一读者的同一性在斯汤达眼里不可能被认为不如作者的棱镜似的同一性复杂，因为，正像我们知道的，斯汤达没有打算“为自己的时代写作”，而是为还没有到来的后辈写作。我们于是明白了，在梅洛-庞蒂后来重复的对斯汤达的瓦莱里式的解读中，自我中心如何唯独不是一种唯我论。完全相反，这种最高层次的人工装置，即各种复杂化构成的这一齿轮，最终会给予作家发现自己的“真诚”，并重新进入到与读者——并因此与历史——的关系中的可能性，它远比自我中心这个词能够让人们相信的东西要深刻。

在这一意义上，注意到梅洛-庞蒂致力于斯汤达的课次的很大部分探讨的是后者与梅拉妮·吉尔贝的激情史，是很有趣的。以爱或征服的对象的形式，依据欲望和诱惑，他人的观念突然闯入了作品的发生中。由此，闯入了梅洛-庞蒂透过斯汤达的形象力求描绘的文学活动的范式中。以读者为目标可以说被斯汤达的散文的这一起源色情化了——依据此外可以在“间接语言与沉默的声音”中找到其补充部分的看法，梅洛-庞蒂在那里把“读者对待作家的立场”说成是与“思恋不在场的女人的恋人”的立场相似的。[①]

---

① 《符号》，同前引，第 93 页。

斯汤达与女人的关系问题①也有助于梅洛-庞蒂引入斯汤达是 40
潜在的同性恋的假说，致力于他的那些课次实际上就是依据这一假说而开启的，反过来，这同一个提问使得哲学家能够考问建立在对作家的心理分析基础上的批评的可能性，甚至及时性。即便这一方法论问题在课程中似乎没有找到一种确定的回应，梅洛-庞蒂仍被带向多次对如下事实提出怀疑：那些作品能够提供可以说进入他们的作者之人格的直接通道。从这一视点看，梅洛-庞蒂又一次地似乎更加倾向于瓦莱里关于作者是读者将被引导去创造的神话这一看法，而不是倾向于萨特式的“实存的精神分析”。

无论如何，关联于斯汤达的（有争论的）潜在的同性恋问题来解读他与异性的关系，这一事实让各种利害关系更加复杂化了。因此，女性的存在不再是整个地处在主体之外的他性的形象，她不再是爱情关系让我们在由爱情实现的、由一对夫妇确保的占为己有中可以抓住的，一个既有差异又是补全的他人。完全相反，女人在这种情形中是一面镜子，最好说是一面被打碎的镜子，它不仅向我们谈论与他人的所有关系的困难和复杂性，而且与此同时也谈论通过任何活的主体被宣布出来的同一性。一种绽开：传奇故事式的写作被呼唤回到连续性、回到各种目标、回到处在对自身的可能的理解的诸限度之内。于是，在梅洛-庞蒂的解

---

① 一方面，从斯汤达与女人的关系出发来分析他的形象，梅洛-庞蒂的这一选择似乎见证了西蒙娜·德·波伏瓦（Simone de Beauvoir，1908–1986，法国作家）的某些文本，尤其是《第二性》在梅洛-庞蒂那里的反响。我们也要注意到，正好是在这一文本中，波伏瓦将要把斯汤达说成可以说是比那些现代作家更现代的一个古典作家，它于是实现了将在梅洛-庞蒂的那些课次中进行的相同的倒置。

读中，斯汤达的作品告诉我们，那个在一部小说中说“我”的人，既不是作者，也不是（他的）人物，而是写作的主体和他创作的形象构成的一丛。只是在语言，即犯错的能力中，这样一种主体性——它只有通过异化在它为自己创造的各种形象中，才能够被认识——才最终能够被宣布出来。在这一意义上，这是斯汤达安排的一个巨大的镜像游戏，他使自己的那些人物成为他的自我的一个未定系列的化身。

然而，斯汤达的“自我”只有透过它在他的那些虚拟地无限
41 数量的人物那里的投射，才能认识自己，这样他获得的自由什么都不是，除非有能力（它同样是作家固有的）透过写作把自己提供给读者，并且通过同样的办法让读者能够自由地以自己的方式获得它，让读者相信为了反思它们的作者而重新出现在了这些诞生的形象中。因此，作家只能在（关于自身的）写作中才能认识自己，但是，他为此需要他对之没有任何认识的、他将永远不会碰到的、但透过阅读的经验自己认识自己的一个读者的目光。

因此，在斯汤达、被爱的女人和她们在他的小说的女性人物中的体现之间建立起来的情爱张力，应该是一个第三方闯入者的不言明的在场的可能性的条件，投射的真正对象和欲望的结点。这个第三方显而易见是读者。在梅洛-庞蒂的解释中，如果没有其写作在成熟期的小说中得到的结果，《日记》的编纂不会是斯汤达事业的一个充分的工具。

从《世界的散文》开始，由于在他的实存和他的写作之间、在他的“自我”与他的人物的各种声音之间确立的复杂关系，斯汤达成了那种使文学成为与后辈的对话空间的人的形象：

利用关于斯汤达的一个段落

［……］斯汤达如何已经以贝尔主义或自我中心的名义创造了其作品对于他人而言的意义，他如何看待死后的自己，并且研究在这一依据他人的关于他自己的看法，和一方面是自发的他自己、另一方面是其他那些人已经对他采取的看法之间的关系。

证明作品如何散发出它的意义，创造出自己的公众。它的意义如何溢出于其创造者。研究在它退还的东西和它“容纳”的东西之间的关系。存在着斯汤达的真实意义吗？它确实不在斯汤达已经亲历过和思考过的东西中，确实不局限在他论题性地说过的东西中（他同等地通过他没有说过的东西和通过他说过的东西进行表达，就像我们既借助白色也借助黑色作画一样），我们拥有他的时代对他进行过的思考。凭借语言或表达，在斯汤达和就像我们所说的其他人“添补”给斯汤达本人的东西之间的各种界限被取消了，我们不外乎是在这一对话中的一个，听，已经就是在说，说，也是在听，在这一瞬间我已经成了你。

理解斯汤达，恰恰就是和他一道进入这一关系中：在这里，我们不再知道属于我的和属于你的，在这里，词偏离中心了。[1]

---

① 未刊笔记，《世界的散文》的准备手稿。

这样一种证明可以再一次被解读为对萨特关于介入文学的看法的一种不言明的批评，这种看法忠实于与他自己的时代的占优
42 势的对话。再一次地，正是《世界的散文》的手稿显明了一种批评，它在《关于语言的文学使用研究》的页张中停留在潜在状态。① 因此，斯汤达向一位遥远而难以想象的后辈说话的明确选择，并不是取消自己作为作家的责任，而是完全相反，是选择在写作中认识到真理之场所（作者并不掌握其全部的元素，其意义不可能被一个单一的个体孤离出来），认识到他是那个在写的人，或那个在读但逐渐地、并总是部分地随着历史出现的人。

再一次地，梅洛-庞蒂使一个反政治的人物、一部更倾向于一些内在的和个人的问题的作品，成为有复杂的公民和道德利害关系的某种文学的形象，但这种文学对于历史的责任被表达在它的训练的严格中，在使写作成为一种真诚性（它不是直接的自发性，而是通过训练获得的真理）的场所的尝试中，在被留给读者的解释的自由中。

“正是通过语言的训练，斯汤达和瓦莱里超越了一种让他们归于沉默、并且改造他们在言语中存在之困境的作为起点的处境。”② 也是在斯汤达的案例中，散文的困境对应于生活的困境；在人为的写作与通过写作达到“自然”语言的意愿之间的摇摆，回应的

---

① “文化行动不仅仅对于片刻的说服，而且对于书本属于其一部分的各种文化机器或各种建制的建构具有重要性。一位政治地采取行动的作家从来都不是作为一位职业政客采取行动的。从蒙田、斯汤达出发证明这一切。/ 这并不是作家释放出的‘信息’。它们是一些有待沉思的作品。”（未刊笔记，《世界的散文》的准备手稿）

② 《关于语言的文学使用研究》，[第 93 页]。这一稿页包含了关于瓦莱里的一份阅读笔记，没有被翻印在我们的版本中。

是在犬儒和温情之间的摇摆。就算自我中心实际上是一种适合于创造一种言语（它不再隶属于主体，它超出于他并且亲历自己的生命，透过几个世纪的线索去与自己的读者相遇）的人为机巧，它无论如何仍保持为在写作之人的尽管难以确定的一个痕迹、一个署名、一种特性的场所，而且它使他在其作品超越他、使他感到惊讶的时候能够在他写出的东西中认识自己。再一次地在斯汤达那里，就像在瓦莱里那里一样，对于理解获得的、第二层次的自发性的可能性而言，训练的问题是关键。

> 斯达汤特有的对全部语言机器的难以觉察的歪曲，即那 43
> 个由多年的训练和生活构成的、成为了斯汤达本人的系统，使他最终能够即兴创作，而我们不能说它是思想系统，因为斯汤达很少觉察到它，而毋宁是言语系统。因此，语言是一独特的机器，它就像我们的身体，给予我们的东西要多过我们置于其中的东西。①

完全就像这一角度在瓦莱里那里是在说话主体性的层次透过复杂体概念被理解的那样，那些关于斯汤达的课次，使这一问题回到了典型的斯汤达的风格问题。

总之，斯汤达的努力最终导致了第二次序的“真实”，即由他的作品提供的开放的含义。因为在这一意义上作品并非不如一张面孔、一个东西、一具身体更真实。完全就像在一张面孔背后，

---

①《符号》，同前引，第383页。

在作品所是的这一表面开放的、被提供给接受的事物背后，隐蔽着“自我”的迷宫。悖谬性地，在斯汤达那里，画有一条线的那些书面文本是最不即兴而成的，因为是动脑子调整过的，而有大量画杠的那些文本则是最即兴而成的。这是可能的，因为通过写作训练获得的自发性，能够表达的与其说是作者想要给出的自身的形象、与其说是他打算通过他自己的写作传达的概念，不如说是这一超个体的维度：在这里，主体的经验任由自己活在语言中，并因此准备好了与读者的可能相遇。由此，文学达到了一种更深层的真理，它是语言让它在历史及它的历史的进程中显现的真理，它是各种存在的接触面，并且放弃了让自己成为写作活动的一种预先给定的真理的形象。

因此，自愿的风格建构和语言的文学使用并不对立于真诚，它们相反是一种更真实、更深层的自我形象涌现的条件——这样一种形象：它的作者无法控制它，但它可以把他亲历的某种东西还给他，与此同时，它澄明了通过阅读而把它占为己有的人的经验。

正是在这种意义上，梅洛-庞蒂把斯汤达的主体说成是一首“间接的抒情诗”，即他有借助一些细节来让人们想到一些氛围、一些观念的能力，甚或一首关于“真实的小事情”[①]的诗，即他有
44 让“各种事物说话”的才能，[②]他将能够达到在空间和时间中如此遥远的公众，以至这些相同的事实对于他不再有任何意义。因此，**真实**不是文学的**条件**，而是它的**结果**。这一结果并非不要求作家

① 参《关于语言的文学使用研究》，[第 8 页、第 16 页和第 126-130 页]。
② 同上书，[第 128 页]。

方面做许多努力，他碰巧应该确立他的语言机器，与此同时他通过训练在如此一种剥夺中发现自己："斯汤达的自然的东西不是一种预先确定的自然。关于圣的经验将超越于个人角色的精致的虚荣。"① 它相反地是作家体现的超越"他寻求成为、并因此他并不是的自己的迷宫"② 的能力。

在梅洛-庞蒂的视角中，依据这一让文学受神经支配的悖谬逻辑，可能真实的或真诚的并非是"自我"。相反，正是风格的超个人的视域能够最终达到真诚：真实的风格不是完全可支配的，它变成了作家的逐渐使他接受的第二自然。

同样，内心独白，斯汤达的典型风格，标志他的文学自我中心的特征，除了嗡嗡声外，完全出自一种封闭在它自身那里的意识。掌控了这种技巧，梅洛-庞蒂的斯汤达到达了对于自身的见习期的终点，它教会他了他自己的面对世界、他者、时间的存在的多孔性。

> 在内心独白中展示真实的言语：它吸收沉默，而且它没有假定相对于一个给定的自我的真诚，但既没有假定在快镜前的挫折，也没有假定如他期望自己的那样被他人听到的、他让自己在他人面前那样实存的虚荣心。斯汤达处于这一切的学徒期：这就是为什么他会是一个作为作家的人而不是一个文人。③

---

① 《关于语言的文学使用研究》，［第 114 页］。

② 同上。

③ 同上书，［第 137 页］。内心独白问题在"间接语言与沉默的声音"中已经被提到，同前引，第 84 页。

完全就像内心独白让位于对于各种事实和各种事物的描述一样，对只不过处在其与世界之关系中的意识的见证，很自然地延伸到了斯汤达的对各种小事情的描述中；完全就像斯汤达的这种同样的散文工具，通过既反映人物的本性也反映写者自我的诸特征，谈论一个只出现在他与他人对话的能力中的主体一样，按照
45 梅洛-庞蒂的看法，内心独白通过延伸到一些沉默的区间，表达文学具有的经常展示事物的厚度和语言的肉所是的谜和神秘的边缘的能力。

由此，斯汤达达到了“半沉默的文学”，[①] 它与现代文学相反，似乎是尚待形成的一种理想，完全有待实现的一首诗歌。

4. 沉默的概念：对萨特和帕兰[②] 的一种间接回应

白瑞斯·帕兰的《关于语言的本性和多重功能的研究》于 1942 年末问世。与帕兰关系非常紧密的萨特——以至把《恶心》的手稿以及波伏瓦《女宾》的手稿托付给他，让他为出版做各种必要的改正——，以“往返”为题发表了一篇对这部著作充满批评的书评。在战争结束之际，萨特能够希望与帕兰保持距离，后者是斯大林的苏联的激烈批评者，而且他可能还是占领期间伽利玛出版社的社长。

尽管如此，还是适宜于提醒说——只引用最著名的例子——，

---

① 参《关于语言的文学使用研究》，[第 123 页]。

② 帕兰（Brice Parain，1897-1971），法国哲学家，散文作家，曾任伽利玛出版社编辑。

除萨特外，帕兰的这本书在布朗肖、加缪[①]和克洛索斯基[②]那里找到了同样的编年史作者，而他对于语言的立场以及他在哲学地分析言语问题时所隐含地维持的政治赌注，为他赢得了大量的赞美。

我们决定了在梅洛-庞蒂1953年的那些课次的后面发表一篇长的阅读笔记，梅洛-庞蒂在那里评论了萨特对这本书所做的批评，同时与《什么是文学？》的作者的立场和白瑞斯·帕兰的理论保持了距离。

用打字机打在有《现代》杂志笺头的纸上、只有15页的这一笔记，实际上显得比法国国家图书馆保存在梅洛-庞蒂藏品同一卷中的其它工作材料更加重要。在我们看来，它也使我们能够理解梅洛-庞蒂课程题目的源起——通过选择把他的那些课次题名为“关于语言的文学使用研究”，他总是能有意识地在自己的公众那里唤醒对于一本书，对于帕兰的《关于语言的本性和它的各种功 46
能的研究》的记忆，它使他有很多话要说，而且它在1953年，在它出版11年后的批评全景中仍然是热门的。

在长年致力于研究这一文本的所有编年史中，我们透过梅洛-庞蒂课程的课次反复重新发现的“沉默”这一概念，明显地获得了一种一方面是理论的（或许美学的），另一方面是道德的和政治的价值。此外，帕兰使自己成为一部关于语言哲学的非常讲究、非常挑剔的著作的作者，他的人物被他所有的读者承认是一个其道德地位不容置疑的人物。总之，所有这些著名的读者都强调，

① 加缪（Albert Camus，1913-1960），法国作家、哲学家。

② 克洛索斯基（Pierre Klossowski，1905-2001），法国哲学家、评论家、艺术家。

正是在一种道德的和政治的关怀中，帕兰转向了语言的悖谬。

帕兰的批评强调的这一角度，可能很容易启示梅洛-庞蒂在准备星期一的课程中利用这一文本。这是因为，正像我们已经例证的那样，这一课程希望自己是关于写作——被理解为经验、实存和语言之间的连接点——的研究。实际上，从这一视点看，帕兰的贡献似乎是重大的。

有意思的是，我们注意到梅洛-庞蒂围绕两个作家形象设计课程，完全就像帕兰由于有关语言和沉默的关系之争论，不仅被接受为知识分子，而且尤其因为其道德境界被接受为高贵的人。这样，帕兰在这一语境中是那个在一场危机后“重回”到语言的人，渡过了这场危机，正像一个人穿过了沉默的沙漠一样。然而，帕兰的这一回归——与他从苏联的归来和他抛弃他在那时认识到的社会主义相一致——，在时代的文化全景中总能有一种非常强烈的政治含义。

梅洛-庞蒂没有完全为帕兰的立场背书，他似乎更多地批评了萨特对他所做的评论，并因此把阅读帕兰的《关于语言的本性和各种功能的研究》作为后来确定将他的立场和《现代》杂志主编的立场分开的难以调和的差异的契机。因此，帕兰之所以能够在1953年依据其形象和经验被用来反对萨特，不可否认的是因为，《关于语言的本性和各种功能的研究》的某些因素自1942年起就能够让梅洛-庞蒂感兴趣。

从其著作的导言开始，帕兰就让读者注意他对语言的反思（他在著作的后面展开的反思）和哲学的历史之间存在着的相关
47 性。在谈论了以数学为基础的真理语言的笛卡尔幻觉后，他确认：

> 在帕斯卡尔[1]之后，黑格尔已经瓦解了这一确信，我们习惯于总是担心表达和本真思想之间的不一致。在我看来，任何哲学体系都能够相关于这种不确定性而获得界定。或多或少被清楚地知觉到［……］但总是被感觉到［……］它只能够是整个形而上学的共同源泉。从这一角度被考虑，目前的著作同样可以被题名为哲学史导论。[2]

总之，帕兰提出了哲学言语的真诚性的问题，同时触及了学科中的语词和它们被要求去表达的东西之间不相符的潜在“复杂”。

在著作的后续中，帕兰集中关注于命名——可以说是语言的被强制的行为——的重要性和含混性，把自然而然地给予一个指称和参照事物的系统以形象作为结束，而这个形象无疑不是作者眼中的形象。根据他的看法，语言首先是构成客观性的要求，如果它能够做到这一点，与其说是因为它指示对象，不如说是因为它强制我参与到一种将要来临的行为中。由此有了在语言和帕兰所说的“我们的条件”——既个体的又历史的条件——之间编织成的不言明的、非常内在的关系：

> 不止于历史，我们关心的正是我们的条件本身。我已经想到过，这种根本的不确定性，应该——在我们调节我

① 帕斯卡尔（Blaise Pascal，1623–1662），法国哲学家。

② 帕兰：《关于语言的本性和各种功能研究》，巴黎，伽利玛出版社，1942 年，第 15 页。

> 们与自己、与我们发现自己被置于其中的世界之关系的愿望中——在己地包含我们被引导去向自己提出的全部问题。[……] 结论是：应该决定在语言中寻找客观性的基础，它不在我们这里的任何地方，并因此认识到它的超越性。就算语言是外在于我们的（尽管它最初看起来只不过是我们的实存的一种显示），这也是当它呈现出一本正经的面孔时，它借以向我们显现的形式——即书本——已经表明了的东西。①

无论如何，语言的这种外在性是通过对语言和言语所悬置的东西之间的关系的一种观察才获得帕兰理解的。用帕兰的那些被萨特和梅洛-庞蒂所重复的话来说，尽管是客观性的构成成分，语言既不是客体也不是主体，它是对我们的全部行为借以获得表达
48 的各种判断的悬置，它是对给予发声以含义的敦促，而这一发声是通过它的把它与它的根基联系起来的实施方面被认识的。

> 每当我们处在苦恼中时，正是语言带给我们一种必要的解决。在孩子去世的时候，母亲感到悲伤，而她通过语言获得救助。②

因此，一方面，正像萨特会强烈地强调的那样，语言从这一视角看是一种通过即将来临的行动唤起其意义充实的**在先的东西**；

---

① 帕兰：《关于语言的本性和各种功能研究》，巴黎，伽利玛出版社，1942 年，第 15 页。

② 同前引，第 16 页。

另一方面，它本身只能在与它自己的既是沉默，又是帕兰所说的肉[①]的在先的东西的关系中获得界定。准确地说，随着梅洛-庞蒂对这一作品所做的间接解读，关于肉的主题变得更加重要了——如果我们考虑到如下这一事实的话：帕兰在其中追忆母亲面对孩子死亡的悲伤之形象的那一页结束于这一断定：

> 荒诞的东西获得了命名，绝望的事情获得了颂扬。一切都丧失在那些词里，并在那里复活。我们只有通过我们在它们那里留下的痕迹才能够在此存在下去。然而，它们就是整个存在吗？我们从来都不会这样断定。该书正是在这个问题上结束的。它停在本体论的边缘。[②]

总之，语言不会满足于既不是主体也不是客体；它尤其不会是对各种存在和各种概念之间所谓的衔接的模仿。我们在帕兰那里已经看到了结构主义的预兆，而且他无疑反复强调了梅洛-庞蒂从索绪尔那里借鉴的语言和表达的原本的统一。正像“间接语言和沉默的声音”提到的那样，说短语“我爱的那个男人”（the man

---

① 关于肉的概念，我借用克洛索斯基的话，他在发表于《批评》上的评论帕兰的书的书评中写道：“实际上，帕兰对个体之人的层面的关心，直接通向肉，不是直接通向心灵，而是直接通向肉——它因此向突然出现在言语和肉的联合中的全部变迁说话，尤其是在心灵倾向于把语言与肉分开，忘记了言语恰恰应该通过肉来承认真理的时候。”（克洛索斯基：“语言、沉默和共产主义”，载《批评》，1949 年 6 月第 37 期，后来收于《一种如此令人沮丧的欲望》，巴黎，伽利玛出版社，1963 年，第 133-157 页。）

② 同前引，第 16 页。

I love）的英语暗示了一个相关者乃是不恰当的。真实的毋宁是，两个词之间的沉默说出了某种东西。

49 然而，萨特的解读所围绕的关键问题正好一方面是语言与沉默、另一方面是与主体性之间的衔接问题。只是关联于“沉默的我思”的概念，萨特才针对他人在他的语言哲学中的在场问题，提出了帕兰为此负有责任的不重要的问题。我们已经说过，萨特相反地把帕兰提出的沉默的问题，解读为后者的个人经验的反映，在那里看出了他反复提到的帕兰对所来自的乡村世界的怀念。另一方面，他强调了帕兰对于语言的不信任，在那里既读出了怀念，也读出了把语言归于他的各种实际得失的意愿：在帕兰那里，“词成了口令”。对于萨特来说，这种关于语言的行动主义的概念是表达主义的残余。由此产生了一种理论，在这一理论中，语言只能是欲望和行动之间的中间环节，并因此是它所表达的阶级或社会的形象……于是沉默出现了，语言重新回到沉默，这一次是完全另一本性的沉默：

> 他目前达致的沉默延伸到整个语言领域，它与语言本身同一，它是低语、命令和呼唤的沙沙声。他这一次不是通过词的不可能的摧毁，而是通过它们的彻底贬值达到的。[①]

然而，如果我们认为这种文化和历史的贬值，对于帕兰来说实际上是身份的起点而不是“回归”的话，我们就不再能够明白

---

① 《关于语言的文学使用研究》，[第 162 页背面]。

对词的这种不信任是属于帕兰本人还是萨特。后者无疑以激烈的方式拒绝了帕兰实际上给予语言的优先性，一方面是在客观性的构成成分的范围内，另一方面是在一些即将来临的行为要对之忠诚的介入的范围内。

无疑正是萨特在帕兰的理论中看出了他所理解的自由的限定。因为既构造了客观性的世界，又构造了我后来的活动的世界的语言，只不过将萨特保留给意识和“沉默的我思”的空间占为己有了。服从于他人的解释，一旦被说出就立即消失，语言似乎已经是他律的一个场所。但是，如果这一点被引入到意识的根基，如果就像萨特说的那样，帕兰在其解读中没有给予这种逻辑上先于语言的、他称为“底层沉默”[①]的这一沉默以充分的地位，那么这些理论就会更加危险。

梅洛-庞蒂至少是这样解释萨特对帕兰的立场的解读的。这是 50
因为，对于梅洛-庞蒂来说，在萨特的解读中，这一底层沉默会是一种如果不是论题性的，我们就几乎不能理解的意识。依据萨特，“对立于帕兰，应该坚持我思、普遍化的综合、对于他人的直接经验的在先性。因此，让我们把语言放回到它的真实位置上”。[②]

依据萨特的一段笔记（萨特在这里明确指出，或许不应把这些综合理解为康德式的综合，而应理解为以胡塞尔[③]的术语说的“被动综合”），梅洛-庞蒂让我们看到萨特的解读的问题如何寓于

① 参《关于语言的文学使用研究》，［第162页］。

② 萨特：“往返”，收入《境况种种》，第一卷，新扩充版，巴黎，伽利玛出版社，2010年，第261页。

③ 胡塞尔（Edmund Husserl，1859-1938），德国哲学家，现象学创始人。

这一事实：后者没有看到，“如果语言是一种已被综合的复合体，那么这就意味着它只能被个体意识所重-构，而这要求一种主体间性的理论”。从这样一种确认——依据它，最终说来，语言只不过处在我对它的潜能的重新占为己有这一事实中——出发，梅洛-庞蒂表明了萨特如何不能够说明存在着语言的不同**使用**的事实。

> 51 萨特关于意识贯穿地是意识的看法，在这里被援引来驳难一个论题：依据它，意识从语言出发来知道自身。但存在着含混性。萨特先于语言提出的东西是一种论题意识吗？那么，语言不可能告知我我自己任何东西，我的独特性对于它自己是透明的，换言之，我没有在那里被处境化，任何处境都假定我没有包含围绕着我的东西。因此先于语言的乃是一种非论题意识，一种并不拥有它自己的各种含义并且局限于让自己被含义投向这些或那些区域的意识。①

这恰恰因为萨特就像语言在其日常言语中所是的那样考虑语言，帕兰通常也这样做。② 话说，就是萨特没有、帕兰没有充分考虑语言的**文学**使用，它的征服性的功能，用1953年课程的：

---

① 《关于语言的文学使用研究》，[第167]页。

② “萨特没有表现出看到了，如果含义确实不是由语言添加的，如果我们应该在欲望本身中觉察到它的意向性，那么对于意识的同样的忠实迫使我们还承认，语言没有作为一个补充的、非强制的层次被添加给对于欲望的知觉。存在着一种前客观的语言，它处在我这边，它似乎是我的身体的延伸，它首先在知觉而不是被知觉。”（《关于语言的文学使用研究》，[第168页]）

萨特或许没有充分地看出：在关于心理“状态”系列的整个经验主义之外，还存在着语言意义之产生的难题，知道我的亲历如何变成为可交流的意义的问题；总而言之，只有我完全同等地是语言和他人经验，只有我是说话的他人的经验并且最终说来我自己是说话的经验，这才是可理解的。[①]

意义的初生状态在其间获得实现的这一语言阶段，首先在写作中成形，而不是在日常语言的言语中。由此有了转向文学以便理解语言的功能本身的必要性，即《关于语言的文学使用研究》的课程摘要向之开放的必要性。

应该感谢艾玛纽尔·德·圣·奥贝尔！

---

① 《关于语言的文学使用研究》，［第 165 页背面］。

53 # 编 者 按

我们非常感谢玛丽安娜·梅洛-庞蒂①授权我们出版这些未刊的文献。

此处编订的手稿是从“苏珊娜·梅洛-庞蒂②捐赠物 92-21”的第十一卷中抽取出来的，这一捐赠物藏在法国国家图书馆西方手稿部。我们感谢洛维萨·哈坎松，他认真地帮助我们誊写了[第 53 页]到[第 78 页]以及[第 80 页]到[第 81 页]。

我们将法国国家图书馆编定的页码放在方括号内。梅洛-庞蒂的手写页码（存在这种情况的时候）紧随它放在括号内。一页纸的数字之后的字母“v”表示该页的背面。

被线划掉的词或段落对应于涂改画的杠子。增补的部分用〈……〉标明，在增补中的再增补部分用《……》标示。另外，在打印页面增补的手写内容写为斜体。③

一些罕见的词语，抄写时不明确，用大括号表示。“{ ill }”表示一个难辨认的词语。

---

① 玛丽安娜·梅洛-庞蒂（Marianne Merleau-Ponty），莫里斯·梅洛-庞蒂的女儿。

② 苏珊娜·梅洛-庞蒂（Suzanne Merleau-Ponty），莫里斯·梅洛-庞蒂夫人。

③ 中文译本用着重号来表示。——译者注

在页面中放置这些标志是为了想更接近梅洛-庞蒂写作的样子，同时为读者保持充足的可读性。

那些以划线强调的段落是梅洛-庞蒂自己做的。我们没有把它们排成斜体，是为了将它们与别处的外来术语、作品标题等传统斜体相区分。

在该哲学家所做的引文中，我们保留了梅洛-庞蒂翻译的文本——在一些情况中，他誊写的文本与原文有差异，已在注释中标明。

法国国家图书馆编定的页码并不总是遵照梅洛-庞蒂课程的实际时间顺序：因此，它并不总是连贯的。基于实属多余且在课程准备中已经实际引用过了，我们没有出版这卷中的某些页张，它 54
们是关于瓦莱里或斯汤达的简易的阅读卡片。

备 课 目 录①

① 所标的页码是法国国家图书馆编制的页码。

第二次课［23-30］

第三次课［31-46］

第六次课［63-81］

第七次课［82-84］

第八次课［85-90］

第九次课［94-98］

第十次课［99–106］

第十一次课［107–119］

第十二或十三次课［120–124］

第十三次课［136–139］

课程摘要草稿 61

/[第9页](8)/

[我们在课程的准备稿的开头，刊行已经发表在法兰西学院年鉴上的课程摘要草稿。[1] 这份由梅洛-庞蒂用打字机打出的文本（第9-14页）是一份手写的初稿（第2-7页）的改写，其不同版本在我们看来并不能证明为复制。至于涉及斯汤达的第8页：我们将它挪到专门讨论他的那部分的开头。]

周一的课程：关于语言的文学使用研究。[2]

语言理论最经常地依赖于它的各种精确的形式，即依赖于涉及在说者那里已经成熟的，或至少在听者那里临近成熟的一些思想的各种陈述；由此可以得出，它没有认识到语言的启发性价值，即其征服性的功能，相反，这在正写作的作家那里是很显然的。或许我们应该~~反过来~~把给定的语言，看成是~~语言的~~一种次级的、

① “关于语言的文学使用研究”，收入《法兰西学院年鉴》，第53年度卷，第150-155页，并被重新收入《法兰西学院课程摘要：1952-1960》，巴黎，伽利玛出版社，1968年，第22-30页。

② 第9-14页是由打字机打出来的，其中的手写插入我们用斜体（译按：中文用着重号）来标示。梅洛-庞蒂标注的页码（从第8页到第13页）还附有手写的第二种页码（第148页到第153页），这或许与对已出版的摘要的校订不无关系。

派生自将新的含义安放到由旧的符号构造出来的一部语言机器中的初始动作的形式，因而只能指明它，把读者和作者本人带向它。

文学从它自己方面来说将走到语言哲学提供给它的兴趣前面。近百年来，作家们总是更加意识到了在他们的事业中存在着的独特性的，甚至疑难性的东西。写作，不再仅仅只是（如果过去曾经是）陈述我们已经构思好的东西。它乃是敢手借助一个时而给出多于、时而给出少于我们置于其中之物的装置而劳作，而这只不过是使作家这门职业成为一个使人精疲力竭而且是无穷无尽的任务的
62 一系列悖论的后果而已。真实物与比真实物更真实的想象物的悖论，——各种意图与常常始料不及并且总是有别的实现的悖论，——言语与沉默的悖论（表达会因为深思熟虑而失败，相反地它在保持为间接的范围内会获得成功），——主观与客观的悖论（作家最秘密地拥有的、在作家本人那里几乎没有获得表达的东西，有时以闪电般的方式被强加给了他的作品所制造出来的公众，而他更有意识地拥有的东西相反地停留为 /[第 10 页]（9）/ 一纸空文），——最后，作家与人的悖论，人所亲历的东西显然构成为其作品的内容，然而，为了成为真实的，需要一种明确地让作家脱离众生的准备，——所有这些惊奇、所有这些陷阱使文学向自身显现为一个问题，使作家会寻思："什么是文学？"[①]，并且不仅有必要依据他的实践，而且还依据他的语言理论来考问它。我们尝试向瓦莱里的作品和斯汤达的作品提出的正是这种类型的问题。

---

① 在这里很难看不出暗指萨特在1946至1952年间致力于文学的大量著作（其中著名的和受赞美的《什么是文学？》正好是在 1947 年首次发表的）。

只有把瓦莱里在其间保持沉默[1]——或者他只为自己写作的那一长时期考虑在内，他对语言所做的使用才能被理解。我们通过1900至1910年的笔记（它们应该后来构成了《如是》，第一卷、第二卷两本文集[2]）发现，他对语言的不信任，只不过是他对一种只能借助一些难以理解的奇迹才能够维系的生活的不信任的一个 63
特例。难以理解的是，身体既可以是标记在睡眠时我们的位置的一团惰性物，也可以是例如服务于画家的，能比意识更好地做它想做之事的灵活的工具。难以理解的是，精神是使我们成为“难以让渡的”和“难以领会的”的怀疑、考问、保存和抽取的能力，而且它同时参与并投身到任何发生的事情之中，~~它建构〈并且，通过一种〉~~〈它甚至建构〉并且恰恰通过它的“对成为无论什么东西的不确定的拒绝”[3]变成某种东西。难以理解的是，作为不可避免地局外于自己的各种角色的我，我感觉到自己受到我在其他人的目光之中辨识出的我的显象的影响，反过来我从他们那里窃取

---

① 梅洛-庞蒂在这里暗示的是瓦莱里为了撰写后来取名为《笔记》的东西而停止写诗的时期。这些笔记为梅洛-庞蒂在本课程中运用的文集《杂著集》以及《糟糕的思想》和《杂文集》提供了材料。至于这些“笔记”，它们只是以遗稿的名义被出版，成了有助于维持在《达・芬奇方法引论》和《年轻的命运女神》之间的长期的出版“沉默”的神话之时机。的确，瓦莱里在1894-1917年这段时期发表得非常少，而且直至1914年他完全放弃了诗歌实践，因此放弃了他认为在导致他如此脱离所有公众的危机的时刻是其主要活动的东西。

② 在梅洛-庞蒂写作的时代，《笔记》只不过是一些笔记：它们的整体尚未获得作品的地位，它们的首次发表（以复制品的形式）的时间为1957-1961年。然而，哲学家太懂得瓦莱里的在为公众所写的作品和可以说是他的那些晨起思考的私人工地之间的辩证法了。他也知道《如是》系列的材料构成为我们今天称为《笔记》的汇编的一部分。

③ 瓦莱里:《作品集》，第一卷，巴黎，伽利玛出版社，1957年，第1225页。

了他们借以 /［第 11 页］(10)/ 感觉到他们自己被牵涉到了的他们本身的形象，因此在他人与我之间，产生了“交换”，“两个‘被指定者’的交织［……］”[1]——我们在这里从来都不完全是两个，可是我们在这里也不再是单独一个。这些悖谬在语言中、在文学中达到了最高的程度。[2] 当我们非常快速地从语词上经过时，语言是清楚的，但这种“基本的可靠性”[3] 在严格的意识面前崩塌了。文学也是靠欺骗而存活下来：作家说的是他的语言所期望的东西，并且将其看作是深刻的，在他那里的每一欠缺，一旦被付诸于言语便显示为有力量的样子，而协作成书的那些巧合之总和被视为作者的意图。[4] 在一开始，瓦莱里只可能“由于懦弱”[5] 或者犬儒而写作，他把自己不信任词的所有理由都置于词中，并且把一部作品建立在对整个作品的否定之上。

可是，文学训练~~本身~~〈在事实上和法理上〉超越了这种虚无主义。就算它是完全不可能的，语言也都存在着。此外，至少有一种不可以质疑的语言形式，这恰恰因为它没有声称要说某种东西：这就是诗。然而，在研究中显示的是，诗之所以不像一个在其说出的东西面前被抹去了的陈述那样是有意义的，诗之所以没
64 有与词相分离，不仅仅是~~因为它是~~〈它之所是〉语言的一种歌曲

① 瓦莱里：《作品集》，第二卷，巴黎，伽利玛出版社，1960 年，第 490 页。

② 梅洛-庞蒂在本课程最初那些课次中透过它们来分析文学的悖论，在这里被置入与瓦莱里哲学特有的悖谬态度的关系中，以及后者面对语言而采取的显然矛盾的立场的关系之中。

③ 参［第 48 页］(IV2)。

④ 参瓦莱里：《作品集》，第一卷，同前引，第 1347 页及其它一些地方。

⑤ 瓦莱里对您为什么写作？的超现实主义调查的著名回应。参瓦莱里：《作品集》，第一卷，同前引，第 1487 页。

或舞曲（这不是没有意义），而是因为它总是不只有一种意义。因此，至少就诗而言，应该承认语音和意义的“神秘的结合”的“奇迹”，无视我们从形成每一语言的那些历史巧合中知道的一切东西。① 然而，一旦这一奇迹在严格意义上的诗中被发现，我们就会在“这种持久地产生作用的诗——它曲解确定的词汇表，使那些② 词的意义扩大或缩小，借助对称或借助换位对它们进行操作，每 / 一③//［第 12 页］（11）时刻都改变这一‘信用’④ 货币的价值”——中再次发现它。语言的各种变化（它们〈最初〉看起来是支持〈怀疑派的〉怀疑主义的论据）最终成为其意义的证明，这是因为，如果语词不打算说任何东西，它们就不会改变意义；所以，相对于语言的某种状态，而且~~表达的努力~~它即使总是要求世世代代重新开始，表达的努力也要么是成功的要么是失败的，要么说出了某种东西要么什么都没说。因此，为诗进行的辩护整个地恢复了语言，⑤ 瓦莱里最终承认~~我不是〈他不是〉~~“甚至有精神

① 梅洛-庞蒂在这里概述了瓦莱里的诗论的主要论证。

② 猜测性的合并（页面被撕掉了）。

③ 同上。

④ 瓦莱里:《作品集》，第二卷，同前引，第 1289-1290 页。典型地属于瓦莱里的“信托”和“信用”的概念大体上包含了更通常的“价值”概念。与此同时，它为之提供了一种更动态的变式，其实质性的东西与其说要在道德领域中不如说要在文化哲学中去探求。实际上，“信用”在瓦莱里看来是相互信任的系统，通过一个社会或一种文明得以具体化的文化系统以此为基础建立起来。这一出现在瓦莱里于 1910 年的作品中的概念尤其从 1925 年开始获得了精雕细琢。

⑤ 与前面那些形象地表现一些本质上借自于瓦莱里著作的理论要素的段落相反，梅洛-庞蒂在这里用几句话陈述了课程将要对这位作家，尤其是瓦莱里面对文学所采取的复杂立场进行的解释的关键。在梅洛-庞蒂的视角中，瓦莱里的“诗”的概念并不仅仅指诗歌艺术，而且更一般地指一种并不直接与交流相联的语言制度。

65 的人也不是”纯粹的意识，比它拒绝成为无论什么东西更清楚的是，我们的清晰性来自于我们与其他人的世界的交往，我们逐渐地为自己构建了一个他称为“复合体”[①] 或“字词动物”[②] 的力量系

从如此一种视点看，瓦莱里在其长久的“沉默”时期后回到写作，只能够被读解成对这种面对语言的彻底怀疑主义——这在梅洛-庞蒂看来刻画了青年瓦莱里的表达方式——的超越之象征。抵制后者对日常语言的尖刻批评，诗（在该术语的技巧意义上）更一般地表明了语言的诗歌功能的存在——即根据梅洛-庞蒂的看法，瓦莱里给予该术语意义上的“诗”：通过其“感性的”价值、通过其对含义和思想的各种传统形式的潜在动摇而获得标记的一种言语。因此，在梅洛-庞蒂眼里，“瓦莱里的例子”的兴趣似乎正好寓于这种双重运动之中。参［第 32 页及以下］。

① 瓦莱里的新词，指通过经验获得的记忆的作用在各种反应和各种图式中的沉淀。作为虚拟的器官，即有生命之物动用的缩短反应时间的系统，复合体似乎也在集体的范围内起作用，完全就像信托一样建立了文化（和文学）的机制。出现在《笔记》中的复合体的概念，处在 1932 年出版的《不变的观念》这一对话的核心中。

② 这一表达反复出现在梅洛-庞蒂的课程中。在所出版的作品中，瓦莱里更明确地谈论“语言动物”。参瓦莱里:《作品集》，第二卷，同前引，第 1530 页:“对我来说，在诗歌方面训练语言动物，并且把它带到它不习惯去的地方乃是伟大的艺术，但不是带着最无拘束的自由的表面现象把它带到那里。问题是要征服这一自由，把它一直推进到圣宠；不仅朝向这一完善的整个努力有利于作品的美和内在绵延，而且这一完善反过来把作者转变为更加独立于语词的，也即更是其思想的主人的某个人。”梅洛-庞蒂重新采用“字词动物”这一表达，在他后面的课程中总是把它归于瓦莱里（参《自然》，巴黎，色伊出版社，“写作的足迹丛书”，1995 年，第 219 页；同时参《符号》，巴黎，伽利玛出版社，1960 年，第 26 页；参后面［第 71 页］。）梅洛-庞蒂可能是从皮斯·塞尔维安（Pius Servien，1902-1953，罗马尼亚作家，科学家和语言学家），其名字真实地出现在［第 71 页］那里知道这个词的。后者参加了瓦莱里在法兰西学院的课程，他恰好用了这一表达来叙述课程:“在他的那些课程中，他经常谈论一个关于他的精神的概念，即复合体：这一生活在我们这里的神秘动物，形成一些与我们不相干的词（因为刚刚出生的儿童逐步从社会那里获得它们）；然而，它们就是在我们这里比较深层地存在着的东西，是我们的思想本身。在瓦莱里那里，遵循爱伦·坡（Edgar Allan Poe，1809-1849，19 世纪美国诗人、小说家和文学评论家）和马拉美的各种教训来克制自己的这一复合体，这一字词动物，从前的幼小野兽，在我看来在某种方式上胜过他的那些导师。”参塞尔维安:“在法兰西学院”，收入《保罗·瓦莱里永生》，没有地点，《南方笔记》，1946 年，第 169 页。感谢米歇尔·贾雷蒂（Michel Jarrety，1953-，法国文学教授，瓦莱里研究专家）帮助我找到了这一引用。

统，而正是这种混合或这种杂交在我们的意欲之内，确保了我们之所为和我们之所欲之间的关系。我们从蔑视作为文学主题的文学过渡到一种自觉的、被接受的文学。从不确定地拒绝成为不管什么到说话和生活的意愿。“我处在自己的艺术的巅峰吗？我生活着”（《我的浮士德》）。[1] 人是精神与身体的“混合物”，[2] 然而我们称为的精神的东西与他们不稳定地拥有的东西是不可分割的，而如果没有任何东西构成光的屏障物，那么光就不会照亮任何东西。一种（这种）对于语言和生活的批判，唯有在是彻底的时，才能完全地进入到语言和生活的实践之中。

最后时期的作品真正回应了在 1892 年将瓦莱里带向沉默规则 66
的危机，语言在它自身中包含着其目的、其德性和其辩护。

斯汤达的经历也是一段说话见习期的经历。他的生活困境，就像 1804 和 1805 年的日记让我们认识到的那样，用他自己的话来说，就在于他不 /［第 13 页］（12）/ 能同时“感受”和“知觉”：他要么是有意识的，而且采取行动，但这在那时是犬儒地，似乎依据一个角色才如此的，而我们理所当然地回应他说，他并不“确信”他所说的东西；他要么沉湎于幸运之中，但在那里一种“梦幻”或陶醉从他那里夺去了选择的力量并且让他保持沉默。他最初的那些文学随笔表明了他对自己的同样的误解：他从事写作以便发迹，而且~~这一没有放弃的打算〈不会有重要性〉~~“这一雄心具有重要性”，以便依据观察、差不多依据一门生活科学来自我

---

① 瓦莱里：《作品集》，第二卷，同前引，第 321 页。

② 参瓦莱里：《作品集》，第二卷，同前引，第 337 页：“不存在天使和野兽外的纯粹者……所有这些人都是混合物……”

实现。但是，~~似乎~~在不知不觉中，在把《民法典》[1]作为范例期间，他在日记中进行内心独白的见习。当他后来放弃~~慎重考虑~~〈慎重对待〉其爱情和文学的事业时，当他后来让自己的生活和写作向他一开始避免使自己陷入其中的梦幻开放时，他突然就表现出能够即兴创作、能够让人信服，能够赋予客观实在性，他觉察到在真实和虚构之间、在孤独和爱情之间、在生活和写作之间并不存在~~竞争~~〈对抗〉；他将从第一人称、从悄悄溜入所有角色并且顺从他们的自我的角度来造就一种全新的艺术的手段。斯汤达~~认可~~〈将会认可〉他自己，但这是因为通过生活和风格的训练，他~~已经~~〈将会〉变得能够摆脱自己的分离。

问题仍然在于知道，这种解决办法是否并不只是作家的一种有益于作品的解决办法，——面对任何能够被说出的东西的说话之人，是否由于这一事实本身对于生活的严肃性是不在场的。看到比如说斯汤达面对各种政治选择似乎几乎不是坚定不移的，我
67 们就会相信这一点。[2]无论如何，透过从犬儒到坦诚的很多摇摆不定，存在着一条斯汤达路线：他没有改变的是，他完全拒绝接受无知和贫苦，没有改变的是如下这一想法［14］(13)，一个人只

---

① 这是斯汤达在于 1840 年 10 月 30 号寄给巴尔扎克，后来收入其《普通通信集》的著名信件中所确认的东西。参维克多·戴尔·李托（V. Del Litto，法国斯汤达研究专家）编，第五卷，巴黎，荣冠出版社，1999 年，第 410 页："在写《帕尔马修道院》的时候，我不时地读几页民法典，以便用这种口气说话。"

② 斯汤达与"政治"的关系问题将逐渐出现在致力于这位作家的那些稿页中，而且它从［第 134 页］开始将明确地被主题化。尽管如此，更普遍地说，斯汤达的形象似乎反复地帮助梅洛-庞蒂例证写作、介入和历史之间关系的复杂性。再一次地，对萨特的立场的不言明的针对，似乎尤其被在别处被精心加工过的［第 83-84 页］证实了。

要没有“与现实作斗争”，他只要没有摆脱其阶级为其安排的各种客套关系，他就没有被培养出来。这些否定仍然保证了一种赞同。斯汤达大体上说过，成为人也是成为一个党派。[1]或许这种批判功能就是作家的介入。如果任何权力确实就像斯汤达认为的那样都在撒谎，那么也许应当认为在所有人中这样一些作家是严肃的：任何偏见都被置于一边，而且向着未来开放，他们更知道他们不期望的东西而不是他们期望的东西。最终说来，也许人和文人一样，只有通过语言才能够让自己面对世界和面对他人在场，也许语言~~本身是~~在~~一个人就像在另一个人~~〈所有人〉那里都是中心功能，它就像构建一部作品那样构建一种生活，它直至把我们的各种存在困难使转换为~~活下去~~〈生活〉的动机。

① 暗指稿页［第 130 页］所论的《红与白》的时期。

69 # 备课笔记

/[第1页]/

1952-1953学年

课程II

/[第1页]背面/

关于语言的文学使用研究

[总导论]

[第一次课]

/[第15页](I1)/

语言的文学使用

研究：也就是对各种例证的分析——

今天：给出这些分析的指南，列表表明研究的目标。

I 问题：什么是文学

——首先提出作家的职业问题：作家的工作是什么？

以其明确的形式提出的现代问题（波朗[①]，杜博[②]，布朗肖，萨特）：什么是文学？文学如何是可能的？

之前当然存在过，但却被掩盖了。 70

被什么掩盖了呢？

(1)“古典的”态度

认为它是某种自然而然的东西的文学语言观

即

1）文学与真实

虚构，“想象”= 不一样地结合起来的一些实在片断。想象的功能就在于全新地对所有再生的知觉进行归类——“才华”、“天赋”就是我们在某些人那里发现的神秘的组织功能。

除此之外，非-虚构：遵循自然，描述自然——真理。

文学 = 快感与真理的混合。

2）相应地，并非交流问题——

作为真理的表达，文学语言是与它相似的、预先在各种事物中获得规定的陈述。

拉·布吕耶尔[③]：“在所有那些能够描绘我们一系列思

---

① 波朗（Jean Paulhan，1884–1968），法国著名小说家、评论家。

② 杜博（Charles Du Bos，1882–1939），法国作家。

③ 拉·布吕耶尔（Jean de La Bruyère，1645–1696），法国作家。

想的不同表达之中，只有一个表达是好的。我们并不总是能够在说话或者写作的时候遇到它 /[第 16 页](I2)/：然而它确实存在着。”(《塔布之花》，第 128 页)[1]

并非交流问题：它事先从一种关于事物的语言中被创造出来。

3 ）相应地：并非作家干预的问题[2]：它被看作是清楚的概念，准科学或客观的态度。

(2)“现代的”态度：蒙田，普鲁斯特。

71 ~~属于法国古典主义（以及还有）的方案。~~

该方案尤其属于修辞学。

蒙田已经如此，完全不同的文学观念：

“自我写生的孤僻而荒诞的意图”，“我从我里面看我，我只与我打交道，我不停地自我思量，我控制自己，我欣赏自己［……］我蜷缩在我自己这里。”[3]

“我渴望推销自己，而只要真的是这样，就与我没有多少关系”[4]——我为了一人而写作，我并非为了一人而写作。[5]

---

① 波朗：《塔布之花》，巴黎，伽利玛出版社，1941 年，第 128 页。

② 这三点与（“现代”）文学主题中获得陈述的悖论中的三个相对应：请参阅［第 18 页及第 21-23 页］。

③ 蒙田：《随笔》，第二卷，第 17 页。

④ 蒙田：《随笔》，第三卷，第 5 页。

⑤ 我们相信，在这句话里可以读出一种暗示，涉及在作家和他从其读者那里发现或者将会发现的“他我”（alter ego）之间的关系的看法。就像斯汤达的例子将会典型地表明的那样，正是透过（在空间中和在时间中的）这一有距离的交流装置，文学一方面可以类似于恋爱关系（个体在这一关系中因为投射到他人那里而认识自己），另一方面可以类似于个体不言明地形成的和历史关系。参梅洛-庞蒂：

一些相比于修辞学的新要素：

1）自我（我蜷缩在我自己这里），写生=亲历，处于野性状态。

2）这个自我推销自己，向谁？说到底无人——他想要写自己——语言成为存在、对话者。

3）他想要谈自己的真相。但这是将成为有多面的真相的亲历的真相（我确实自己反驳自己，但是，我实际上并不反驳）[①]

因此，作为其非常特别的、神秘的文学事业的目标的观念：作为矛盾和怪物的自我的记录——表达的方法呢？各种轶闻趣事，斯汤达将会称作“真实的小事情”[②]的东西——就作为亲历这一方面而言，一切都变得有趣起来。

关于亲历的知识的类别：它看来是文学的特性 /[第 17 页]（I3）/，不排斥作为亲历的对象的特性。

普鲁斯特：关于任何被提出的作为有待于表达的、有待于被 72
表达所掌握的亲历的东西的观念：那些“有待于深挖”的时刻（《让·桑德伊[③]》，第 193 页）[④]

与卢斯丁诺[⑤]相遇（《让·桑德伊》，第二卷，第 29 页）——

“间接的语言和沉默的声音”，载《符号》，同前引，第 92-93 页：“对历史评判的呼唤［……］与已经说出在事物中期待着被说出的，因此不会不被 X 听到的东西的内在确定性相混在一起……我将在一百年后被人阅读，斯汤达如此认为。［……］”

① 在这里，蒙田是与既具严格性又具复杂性的文学的实存关系的首创者：文学之所以只能由诸多悖论构成，是因为在其根基中隐藏着与各种矛盾的艰难的面对面，其中经验表现为是被构织而成的。瓦莱里和斯汤达都具体化了这一相同的态度。

② 参下文，［第 124-137 页］。

③ 让·桑德伊（Jeans Santeuil），普鲁斯特同名小说中的主人公。

④ 普鲁斯特:《让·桑德伊》，第二卷，巴黎，伽利玛出版社,1952 年，第 193 页。

⑤ 卢斯丁诺（Rustinlor），普鲁斯特自传体小说《让·桑德伊》中的人物。

（普鲁斯特运用了我们会再次见到的诗意这个词）——不知道如何进行的恢复的使命。缓慢。

~~这种文学观引起了一系列的悖论（特别是在文学语言中）：~~

~~（3）现代的态度：关于文学中的真理的各种悖论。~~

~~a）言语与沉默：~~

（3）这一革命的普遍意义：参绘画

作为“表象”或“美化”的绘画

模仿或歌剧

—合理性：完美的真实

非个人的技巧，被俯视的而不是被寓居的透视视点：人们表象在他人那里可以直接传达的一个“视角”的平面投射。

—交流的办法：绝对令人信服的各种意义，

—自我的审慎：它并不是那些被表象的东西之一。它是没有处境的。

现代绘画（莫奈[①]）

—不完美的、并非超越个体视角而被拥有的真实：各种空间变形，各种滴血的色彩，[②]不是在俯视而是被倾注的目光

—交流的办法：草图也一样。完成了的事情并非必然/

① 莫奈（Claude Monet，1840-1926），法国印象派画家。

② 对于这个形象，参梅洛-庞蒂于1948年做的、迪马（J.-L. Dumas）主编的《讲座集》做概要重述的未刊讲座“人与物”，载《舟》杂志，第5年，第45期，1948年8月，第150页。转引自伊·德·圣·奥贝尔:《从诸存在的关系到存在的诸要素》，巴黎，弗林出版社，2004年，第215页：“相反，在一副现代绘画中，那些物体在滴血、是富有侵略性的[……]”

[第 18 页](I4)/是结束了的(波德莱尔[①])

自我并非不在场，而是共同-在场。 73

因此，绝对的绘画，即并不是没有对象，而是不是模仿对象。

绘画语言和语言本身(它不是被看作对可分离的平实的散文般的含义的表达，而是被看作无法分离的意义之降临)。

~~在文学中也一样~~

同样，绝对文学不是奠基在合理性之上，而是使合理性呈现为困难的且深受各种悖论之苦。

参莱里斯[②]：

“以亲历为基础、以语言为工具，由此去创造出某些逼近的真理(某些人将它们接受为自己的真理，而且正由于这一分有的事实，它们不再是单个人的幻觉和一些虚妄的表面)，这难道不是文学活动(在这方面写作区别于其它的思维方式)的天然目标之一。”[③]

让我们来考察一下由此带来的悖论中的某几个

涉及 真实

交流

作者的~~干预~~

---

① “勇敢的人们啊！谁会无视[……]在完成的作品和结束的作品之间存在着巨大的差异——一般来说，完成的作品并非结束了，而完全结束了的事情可能根本没有完成[……]”(参波德莱尔:《全集》，巴黎，伽利玛出版社，“七星文库”，第二卷，1976 年，第 390 页)。

② 米歇尔·莱里斯(Michel Leiris，1901–1990)，20 世纪法国人类学家、艺术批评家和作家。

③ 米歇尔·莱里斯:“马衔”，收入《游戏规则卷二：Fourbis》，巴黎，伽利玛出版社，2003 年，第 346 页，“用作工具的语言”这个表达确实出现在莱里斯的文本中。

（4）文学中的真实之悖论

a）想象物与真实物的悖论（已经被斯汤达认识到）

文学中的真实能够由观察所通达吗？——例如，关于自身的真理。我是谁？（《亨利·布吕拉传》[1]）——为描绘各种事实所做的努力改变了他报告的东西。存在着一种叙述方式，它隐匿了亲身经历。斯汤达在他的《日记》里并没有讲述最富于激情的事情。他只通过他的作品，即以想象物去表达它。想象物的真理＝投射的真理。他没有观察自己，/[第19页](I5)/，他形成自己，他创造自己，为了描绘生活，需要描绘对自身的这种想象。

74 这预期了不是作为第二位的或次要的功能，~~而是作为惯性~~（“各种形象”的再生），而是作为意识的本质属性的想象物的现代观念[2]——如果意识不一定是直接面向各种事物的话：环绕着我们的整个知觉的想象物的套筒。（萨特[3]）

[1] 《亨利·布吕拉传》是斯汤达的自传作品，亨利·布吕拉（Henry Brulard）系该作品的主人公。

[2] 再一次地，文学看起来走在了哲学前面，运用了理论还没能使之发生新陈代谢的东西。在梅洛-庞蒂在此给出的解读中，斯汤达确实可能已经预期了想象物的“现代”概念，它与其说对立于所谓的观察的客观性，还不如说要整合或者补全知觉。认识和投射、创造和经验之间的这种相互作用，使梅洛-庞蒂能够达至关于“想象物的真理”的观念，这一观念对立于关于主体的传统理论，尤其对立于几年前萨特所阐述的主体理论（他在后面的几行中被明确地引用了）。参萨特：《想象物：关于想象的现象学心理学》，巴黎，伽利玛出版社，1940年。

[3] 暗示的是著名的“包围和规定世界的虚无的套筒”（萨特：《存在与虚无》，巴黎，伽利玛出版社，1943年，第247页）。

~~b)~~ 因此对自己的转化在其中得以显露出来的痕迹（词、姿势、行动）进行的研究。斯汤达对事实的喜好是对标志的喜好，这些标志只是对于一种独特的在世存在，即作者的在世存在，才是显而易见的。对整个文学的偏护。超客观性。

b）技巧与内容、意愿与结果的悖论

不是被创作出来的东西的秘诀——而是展示视角的多样性——对小说技巧的各种研究；~~叙事，小说~~从根本上说是对作家和他所写的东西之间的各种新关系（原文如此[①]）的研究：以第一人称讲述一件已经过去了的事情（叙事），以及随后进行评价（“哲学地讲述”斯汤达）的可能性；要么认同于诸多人物中的一个（或是在他那里看，或是把作者的话语，即作者的各种干预提供给他），——要么或是从多个视点，或是从对剧情的绝对无偏私的陌生的旁观者的视点、从外部（而这意味着：也是评价，{可怕}）进行讲述。

~~c)~~ 因此，什么是内容呢？论题和显示出来的东西的不一致（参巴尔扎克的《三十岁的女人》）

意图以及造就作家的东西（斯汤达：打算写《民法典》并写诗——~~普鲁斯特：打算写《追忆逝水年华》，准永恒，并表现时间的实在~~

① 编者显然在提醒法语读者，梅洛-庞蒂手稿中的“de nouveau rapports”有语法错误。——译者

75 /[第 20 页](I6)/

c）言语与沉默的悖论

表达原则上是间接的：在马拉美那里，语言不是各种事物的临时代替物，相反，是把它们改变成它们的意义的东西。因此，并不存在命名事物的直接表达（在斯汤达那里已经如此：性无能是作为被隐瞒的东西显现给阿尔芒斯①的②）。因此，瓦莱里说，创作者是“那个使人创作的人”，③即，他所说的不是在被说出的事物中通向静息，而是通向需要更多地说。参马尔罗④：一个画家是在作为他人画画中学会作为自己画画的。侧面的普遍性，不是蕴含的，而是综合的，在画家的传承中和在作家的传承中是一样的。因此：我们也总是有什么都没有被说出来的印象，因为被说出来的只是一种风格，它包含着有别于它所是的可能性的其它的可能性。由此有了每一个读者的不满意（普鲁斯特：“拼贴与混合”，第 248–249–250 页）。⑤普

---

① 阿尔芒斯（Armance）是斯汤达作品《阿尔芒斯》中的人物，没落贵族小姐。

② 参梅洛-庞蒂在同一年讲授的另一门课程中给出的表达概念的定义：“我们在这里把表达理解为……一个现象因其内在构成而具有的能让它认识没有，甚或从来没有被给出的另一个现象的特性。”（《感性的世界和表达的世界：法兰西学院 1953 年课程笔记》，艾·德·圣·奥贝尔和和斯特芬·克里斯滕森整理和注释的版本，日内瓦：梅蒂斯出版社，2011 年，第 48 页）

③ 瓦莱里：《作品集》，第二卷，同前引，第 820 页。参海蒂尔（Jean Hytier）：《瓦莱里的诗歌》，巴黎，A. Colin 出版社，1953 年，第 242 页。

④ 马尔罗（André Malraux，1901–1976），法国作家、评论家、政治家。

⑤ 普鲁斯特：“拼贴与混合”，收入《驳圣-伯夫》，巴黎，伽利玛出版社，“七星文库”，1971 年，第 177–178 页。

鲁斯特这个读者要求的、每一个读者要求的乃是不可能的东西：变成了事物的、被当作一个事物给出的风格，就是一个想象物之等价物的实在物，一个充分的形象。

（5）**交流与语言的悖论**

既然交流不再建立在客观真实的基础之上，所以质疑作为各种公共含义之标记的语言。语言必定包含主体间性，形成它，强制规定它。

语言不再仅仅只是工具或手段。什么是语言、什么是思想？波朗：当存在一个还没找到 /[第 21 页]（I7）/ 自己的词的思想时，我们就说出一些词。[1] 在这些词运作时，我们就会有思想在场的印象。语言反抗想让它驯从的人， 76
反抗不思考它的人。

因此，应该让语言活着。让它活在它自己那里。对散文式的语言（它为一些含义寻找一些词）和词的生命提出质疑。有些时候，这是纯粹的混乱。但是，布勒东甚至在谈论自动写作时，他想到的也是与“自由的词”[2] 的简单的未来主义、与在己的词的简单联结不同的另一回事。

他想到了与含义功能没有区别的，就是完全整体的人，而不仅仅是一种风格的言语功能。

---

① 参波朗:《塔布之花》，同前引，第 65-66 页。

② 参意大利未来主义奠基者菲利波 · 托马索 · 马利内特（Filippo Tommaso Marinetti，1876-1944，意大利文艺理论家，作家，未来主义者）所践行和理论化的“自由的言语”的实验诗歌技巧。

“再重复一遍，我们知道的一切就是：我们在某种程度上具有言语，通过它，某种重大而费解的东西，倾向于通过我们而专横地得到了表达，我们中的每一个都在成千上万人中被选择和指派给自己，以便去表述在我们的有生之年应该被表述的东西。这是我们已经一劳永逸地接收到的、我们从来都没有空闲去讨论的命令。可能向我们呈现（而且甚至相当悖谬）的是，我们说出的东西并不是更有必要说出的东西，而且或许存在着更好地说出的方式。但是，我们仿佛从来都是为此而受到指责的。

写作，即我打算如此艰难地说话，不是为了引诱，不是为了在我们通常所理解的意义上求活命，而似乎是为了在道义上满足自己的需要；由于无法总是对一种绝望的、不知疲倦的呼唤充耳不闻，写作因此既不打赌也不假装我知道。”

（《正当防卫》，1926 年）①

文学语言在作家那里是整全的存在，它在自己那里有它的财产，它并不从作家的意志那里获得它们。

〈第一次课结束部分〉

77 因此：“重要交流”的各种途径也是最不珍贵的。作

---

① 布勒东：《正当防卫》，巴黎，超现实主义出版社，1926 年，第 18 页。布勒东的文本有所不同：“由于无法总是对一种独特的、不知疲倦的呼唤充耳不闻”（强调是编者加的）。

家与读者的关系 /[第 22 页](I8)/=“诗意的”综合的强烈关系。作家创造的公众。[1] 潜在的公众和现实的公众。选择一件要讲述的事情也是在选择一类公众，如果没有给定的普遍性，那就需要把它创造出来。

由此要对作家-读者关系进行细心的分析（普鲁斯特-萨特[2]）。作家的不平衡（他看不出他需要读者来让他的自己不看的书得以实存）：他不阅读自己，他不期待自己，只是由于读者，它最终才会作为一个事物而实存，他本人才会存在于书中，这把火才会被点燃。换句话说，只存在着点燃火的材料。因此，不仅诗歌，而且整个文学—〉杂糅，都把实存转化成存在，恶毒的言行，[3]——这样一种倾向：它是言语的所有天职的对等物、一种承受一切的文学的观念的对等物（超现实主义）

（6）自我的悖论：作者与人，写作与生活

~~谁写？~~

他写什么？（真理）

他为谁写、怎么写？（交流）

---

① 瓦莱里在他的法兰西学院的课程中（1937-1945）曾用很长时间处理这些主题，在这些课程中，梅洛-庞蒂至少熟知其就职的课程（参瓦莱里：《作品集》，第一卷，同前引，第 1442 页）。另外，梅洛-庞蒂也曾经通过阅读《如是》而熟知这些观念。参瓦莱里：《作品集》，第一卷，同前引，第 478 页：“某些作品是由它们的公众创造出来的。其它作品创造出了它们的公众。”

② 梅洛-庞蒂在这里分别地在暗示《驳圣-伯夫》和《什么是文学？》（特别是第三章）。参 [第 26 页]。

③ 参 [第 25 页和第 104 页]。

谁在写？[①]作者和人。现在，他当然知道存在着一种关系，

~~所有人都回答说：整个人~~

各种各样的解决办法：但全部都是由冲突的处境、由生活和写作之间的张力激发的：

~~1）生活就是写作 2）~~1）生活等于写作 2）写作等于生活

3）瓦莱里：写作 = 在就是沉默的严峻和就是愚
78 蠢[②]的生活之间的妥协。他“由于软弱”而写作。[③]无论如何，从来不借由他亲身经历的东西来写作。借由拒绝写作和生活来写作。另外，也不再阅读。——作者是一种虚构——文学是一种欺骗——*

/[页边注]* 参对斯汤达的批评：作家无法自己看自己并且是自然而然的/

4）布勒东：通过在任何分化之前恢复整全的语言而写作，它拥抱生活的全部领域。生活侵入文学，或者，文学和生活通过超现实而同时得以升华。萨特的解决办法区别不大：生活的失败也是诗歌的失败。一个筹划就包含了作品和~~诗歌，~~生活、艺术和道德。

① 这些问题可以被解读为对《什么是文学？》后来的参照，该书的三章分别以“写什么？”“为什么写？”“为谁写？”为标题。

② 暗示著名的《德斯特先生》的开头语：“愚蠢不是我的强项”，该小说后来收入瓦莱里：《作品集》，第二卷，同前引，第 15 页。

③ 参上文［第 9 页］。

写作 = 创作的真诚（参斯汤达）

7）**当前的处境：文学被撕裂，经历了自己的否定，因为语言对自身来说是谜。**

II 透过这一点：文学对关于语言和象征表示的一般理论的贡献（社会学）

［第二次课］

/［第 23 页］（II1）/

问题：什么是文学？

通过对一种理所当然似乎是客观真实的表达的文学的质疑

通过一种语言（它在各种事物之中，因此它被强加给每个在作者那里意味着为了普遍性而被忘却的人）而被提出来

由此产生了各种悖论：

1）**写什么？关于真实的问题 真实物与想象物**

技巧与内容，揭示与论题（巴尔扎克[①]：《三十岁的女人》）

言语与沉默：说不是说，因为他不再说某种东西 79

① 巴尔扎克（Honoré de Balzac，1799–1850），法国作家。

“我们想去看看米勒[1]（因为画家们以诗人们的方式教诲我们）在其《春天》里展示给我们的那片田野，我们想让克洛德·莫奈先生把我们带到吉维尼，带到塞纳河边，带到他让我们透过晨雾勉强辨认出来的那个河湾。然而，实际上，正是一些有关系的或相似的简单巧合［……］使他们选择去画这条道路、这座花园、这片田野、这个河湾，而不是其它东西。使它们显得与世上其余事物有别的和更美的东西，乃是他们对它们的犹如一种难以捕捉的映像的印象，它们把它提供给天才，我们看到它同样独特和同样专横地游移在画家所描绘的全部故乡的无动于衷和顺从的面孔上。这种它们用以让我们陶醉、让我们沮丧的，我们想要超越的显象，正是这种在某种程度上没有厚度的东西的本质——凝固在一张画布上的幻景——它是一个幻象。我们热切的眼睛想要穿越的这层薄雾，乃是绘画艺术的精华［……］。它那时对我们说：‘看，看，看［……］，看！要学会看！’而它在这一时刻消失了。”（《拼贴与混合》，第 249-250 页）[2]

画、书让我们期待由此得出的，并且和它们相似、完成了我们的探究的一个世界。但并不存在这个世界，甚至在画家或作家的思想里面也不存在。

2）如何为什么和

怎么写？交流的，即语言的悖论

它不再是关于各种事物的语言——它形成普遍性。

① 米勒（Jean-François Millet，1814-1875），法国画家。

② 普鲁斯特：“拼贴与混合”，同前引，第 177-178 页。

它不再是含义的手段，即陈述。在它那里，我们想说的和如何说同时起动了。自动写作 = 为在自身中承载着自己的目标、而不是从理智〈从意志〉那里接受目标的言语松绑的训练

/[第24页](II2)/ 80

言语形成了作家和他自己、和其他人的统一，跨越各种~~内在的~~障碍，不顾文学界的各种小技巧而形成这种双重的统一，呼唤与生活共外延的伟大文学：超现实主义，超越"现实"——超越"宏大交流"的各种途径——

实际上，这种崇高的文学和语言观念{失落了}：

a）阅读的缺陷：普鲁斯特已经指出："这是把一个过于重要的角色给予了只不过是使阅读成为一门学科的入门的东西。阅读处于精神生活的入口处，它可以把我们领入其中，它并不构成它"（《拼贴与混合》，第250页）。[①] 为什么？"阅读与交谈相反，（在于）我们中的每个人都接收另一种思想的交流，但同时保持为独自的，也即是说，继续发挥一个人在孤独中拥有的、而交谈将使之立刻消失的理智力量"（第245页）。[②]"一种在孤独深处的交流的富有成果的奇迹"[③]——~~对某些精灵来说是必要的~~。因此，可以让某些精灵动起来。但停留在我们上面谈到的阅读幻觉，即消

① 普鲁斯特："拼贴与混合"，同前引，第178页。

② 同上，第174页。

③ 同上。

费者（他相信存在着被赐予某些人的艺术国度）幻觉中的那些人，因此阅读 = 停顿。“[……] 当阅读不是为我们唤醒个体的精神生活，而是试图去取而代之时；当真理不再向我们显现为我们只能通过我们思想的内在进步和我们内心的努力才能实现的一种理想，而是显现为放置在各书页之间的物质的东西，就像完全由其他人准备的蜜糖那样的东西，我们只需要想方设法从书架上取下它，然后被动地在身体和精神都完全放松中品读它时，阅读的角色就变得危险了”（254）。[①]“……关于一种对反思的各种呼唤充耳不闻并服从各种影响的作用的真理、一种通过事实上持有真理而不只是认识真理的人交到我们手中的推荐信所获得的真理、一种任由人抄写在记事本上的真理的概念……”（256-257）[②]

81 这是缺陷，因为对于作家和艺术家来说，这是羡慕，好奇，甚至是仇恨（恨-爱）。

/[第 25 页]（II3）/

从普鲁斯特起，这一缺陷的进展。正是他阐明了公众-作家的关系中存在着不可替代的东西：公众对作家的依赖关系，作家已经给出的东西使他总是更多地给出。公众把关心真理之中的存在托付给他。非人性：在他活在他的国度之中的意义上，他并非和我们不一样。

① 普鲁斯特：“拼贴与混合”，同前引，第 180-181 页。

② 同上，第 182-183 页。

b）写作的缺陷[1]

如果作家不根据一种普遍的东西来写作，那么他就根本无法知道他在写什么，他只能通过阅读自己才能知道它。然而他既不能阅读自己，也不能论题地知道自己的声音或自己的步伐。他将它们差别化，却没有将它们占为己有。同样，他能够认出自己的句子，却不能阅读自己，也就是说，不能将自己当作一个他者来接纳，[2]就像读者所做的那样依据各种其它的可能来阅读自己的作品，而他就是那种可能。他创作出一些书，他没有创作出自己的作品。[3]因此，他倾向于的自我重视既多于又少于本来应该的那样。少于，因为他的书是由于他而被使用的，但是，就像他确认其他人对它感兴趣一样，他最终会认为所有出自他的东西都让他们感兴趣，最终会通过他永远都看不到的其作品

---

① “缺陷”的形象尤其经常被瓦莱里用来描绘《笔记》的撰写活动。参瓦莱里:《笔记》，巴黎，伽利玛出版社，“七星文库”，1973-1974 年，第一卷，第 11-12 页。

② 这个主题可以被类比于眼睛不可能看见自己的主题。瓦莱里对这个主题做过很多讨论，它似乎是萨特（参他的《波德莱尔》，巴黎，伽利玛出版社，1975 年，第 26 页）、然后是梅洛-庞蒂（参［第 41 页］）的很多评论的对象。

③ 参瓦莱里关于作者与其作品之间的关系问题的很多断言:“我不知道我将要创作的东西；然而我的精神相信能够认识自己；我把我所说的**我**建立在这一认识之上，我依靠这一认识。但我会产生一种惊讶［……］。我对我指出的某种意外满怀希望，我需要我已知的和我未知的东西”（瓦莱里:《笔记》，第一卷，同前引，第 483 页）。“在书出版之后，其作者对它的解释不再具有权威性，不管他是谁。［……］我的意图只是我的意图，而作品是作品”（瓦莱里:《笔记》，第二卷，同前引，第 1191 页）。然而，梅洛-庞蒂似乎激进化了瓦莱里的这一立场：根据它，作者“无法阅读自己”。

> 的这一面（但正是根据这一理由，他对于它无论什么都会相信）证明他所是的一切。由此就有了对各种书、他的书的信仰，文学的拜物教。将他的生活转化成为他的作品服务，将实存转化成存在，恶毒的言行。[①]

82 阅读是不可替代的，作者也一样。

阅读的缺陷和写作的缺陷＝对一个让人着魔的文学的绝对的虚构和拜物教，它产生于一种一下子就洞察到了不再有人际间的普遍物的文学。

萨特对于作家-公众的关系的看法，应被理解为走出这一死胡同和重建作家-读者的人类关系的努力。作家~~和读者~~需要读者：他无法阅读自己，他只能创作出一些书、一些天书、一些符号，它们只是在读者那里才能获得生机。只是由于读者，他才会存在于书中。书＝质料。正是通过读者，火才被点燃了。写就是想要被读。读者从自己的角度看需要作家。但是，这种双重需要不应该被表达为双重的盲目崇拜和双重的奴役愿望。作家被读者，读者被作家。在作家方面是诱惑和 /［第 26 页］（II4）/ 暴力。在公众方面则是被动性。应该消除这种张力，因为作家只“寻找”自由的读者，读者则只会自由地热爱作家，而不陷入依附关系中。“召唤读者的自由”，[②] 自由对自由的召唤。借助“自我净化”的自由之努力，无视文学生活的荆棘丛林。

---

① 参［第 22 页和第 104 页］。

② 萨特:《什么是文学？》，收入《境况种种》，第二卷，巴黎，伽利玛出版社，1948 年，第 58 页。另外，（这是）一种非常近似于瓦莱里的接受理论的看法。

根据他解救的办法是：一种谈论我们亲历的事情，对诗歌进行批判的纯粹散文——因为诗歌是文学欺骗的主要情形，它让我们相信，它超越了生活的散文，可是它体验着生活：波德莱尔，诗歌的绝对沉浸在为生活服务中，它因此没有脱离生活：恶之花，而不是说："恶"并非恶。——相反，布勒东的解救办法是诗：但在超现实主义时代，它不是被设想为对生活的超越，分离的领域，而是被设想为更带劲的生活。——但他们所思考的问题是相同的：这就是作者-读者的张力，关系在他们之间重建一种积极关系的、超越被诅咒的或孤独的作家的必要性。

萨特的解决办法——通过将文学，即作为言语的书放回到生活中来拯救文学——的困难。——这是因为，文学从来都不像生活那样说话，书从来都不是和其它行为一样的行为：它不是"善恶二元论的"，它从来都不和生活一样从相同的我出发、一样通达相同的你：

~~3）谁写？作者与人的悖论，写作与生活的悖论~~ 83

"写作，就是编织关系，这一关系把言语和作为开端的我连结在 起，它在我之外让我向'你'说话，它通过这一言语从你那里获得的理解为我提供保证；因为言语招呼你，它是由于在你那里结束而在我这里开始的招呼。写作就是要中断这种关系。另外，这是要把语言从世界进程中收回来，使它摆脱把它变成为一种权力的东西——通过这种权力，当我说话的时候，是世界在自说自话，是日子通过劳作、活动和时间获得了构建［……］那个在写作的人，已经不再能够通过行动的通常的坚定、通过职业的共同体、通过内在言语的单纯性、通过未经反思的力量隶属于时间。

他已经不再真实地是历史的……”（布朗肖：“根本的孤独”，《新法兰西杂志》，第81页和第85页）[①] 作家为之而写作的他人，是一个通过写作行为被重新创造的、或者通过接触书自我重新创造的他人。然而，如果他不愿意呢？——这已经是布勒东的解决办法的失败［第27页］（II5）：生活未曾愿意让自己被“改变”——同样，如果各种自由不愿意让自己被清理掉呢？只要问题尚无答案，危机就保持敞开。只要在这种情况下，只能继续下去，但不能像那些被诅咒的诗人那样，以荣耀之名转化失败。这并不是反对S[②]和B[③] 的论据，而仅仅是强调问题的严重性的方式。

3）谁写？作者与人的悖论。写作与生活。

这是已在前面部分出现过的问题：存在着不是一门脱离生活的专业和一种非常特殊的生活方式就像｛例如｝的或每一职业方式〈连同它的那些变了形的缺陷〉，不是事关为他[④] 的技巧的一种特殊变种，而是一种生活意识的文学吗？作者保持为（和读者、文人）保持为人呢？还是变成怪物？

但是，为了说明这个问题无处不在，让我们相关于他人提出它来。如果文学≠通向普遍，那么它就从亲身经历中获得营养，这一关系确切地说又是什么呢？不是平静的共存。

84 斯汤达：写作与生活。他曾经说过，1）追寻幸福曾经是他

① 参在这里没有发表的国家图书馆藏品同一卷中的阅读笔记，［第156–157页］。布朗肖的这一作品后来收在《文学空间》，巴黎，伽利玛出版社，1955年，第13–32页。

② 这无疑指的是萨特。

③ 指布朗肖或更可能指布勒东。参上文［第22页］。

④ 又一次在暗示萨特，《存在与虚无》，同前引。

的主要目标。以几个星期或几个月为期，伴随随着生活的各个阶段的交替，他写作过，剩下的［大部分］时间，亲历过，即爱过2）最终说来，他更喜欢梦想一切，在一间屋顶阁楼里做梦和写作——他通过“他爱过，他写过”[①]的交替，通过自己的解决办法而得以幸免：写作活动和生活活动相交流，因为他在梦想自己和想象自己时在亲历，他在梦想或者想象自己的生活时仍然在写作。他的生活方式变成了文学风格，即贝尔主义。

但……所提出的问题他牺牲的难道不是生活吗？他所提出的问题：难道他不是被安置在了妨碍这位爱的梦想家之自我成长的梦想领域中吗？难道他不是停留在孤独之中吗？正是在他长大、变老、告别青春的时候，他写成了《巴马修道院》——瓦莱里所提出的问题：对自发性和真诚的赞成难道不也是一种建构/［第28页］（II6）/[②]？在他想象出来的、因而剥夺了第一个斯汤达的坦诚的第二个斯汤达面前，难道他是不真诚的吗？比自然还要自然吗？作家不会接受一切，他不会由于这一事实而变化——这难道只不过是作为生活的专家，即依然是一个专家，但与一个人不是

① 暗示由斯汤达本人用意大利语撰写，由其侄子刻在其位于蒙马特公墓的墓碑上的墓志铭：“阿里戈·贝尔/米兰人/他写过/爱过/活过”（Arrigo Beyle/Milanese/Scrisse/Amò/Visse）。

② 参瓦莱里：《作品集》，第一卷，同前引，第573页：“总之，斯汤达自己的真诚，——就如同一切有意识的真诚，毫无例外，——与他自己扮演的一出真诚的喜剧混合在一起。成为真诚的等于无视或排除观察者，即评判者。斯汤达通过这一点和通过自己的内心来衡量他人的伪装，他在某种程度上对于我们可以归属于任何人的，且任何人都会将它提供给充分地退回到其反思意识里的见证人的次要方面之‘真理’极为敏感。”瓦莱里的《斯汤达》实际上是围绕关于“真诚”的文学实践的观念展开的。

一回事？抑或斯汤达已经在写作的自然中找到了一种解决办法？

瓦莱里~~反面~~

——写作和生活的问题对他来说几乎不存在，首先是因为，写作 / 生活并不存在。他只知道一种总是在持续的精神训练，它天然地既不通向生活，也不通向作品：正是情势阻止了他[①]，而他在别的地方继续进行，目的在于拥有自身。

85 ——后来，自己决定出版这些被随意地中止了的习作。作品，但总是以这种形式：~~|关于一种|要么|散文|关于拒绝写作或生活的作品，并且按照如此等等的形式。——不再阅读（在他受到他阅读的作品的支配的意义上）~~〈成为一确定系列的困难的支配者〉

因此，〈写作，在发表的意义上，成为作者，〉是懦弱的，是在生活的严酷和愚蠢之间做出的妥协。作者就是一种虚构，一种欺骗，真诚是不可能的。至少，他不是由于亲历了什么，而是由于拒绝生活、拒绝写作才写作。在被迷惑的意义上不再阅读（《吕西安·娄万》[②]）——因此，既不是读者的缺陷，也不是作家的缺陷。玩这局游戏的犬儒决定。

——问题：他将这一态度坚持到底了吗？那些“破碎的故事”——《我的浮士德》和《离群索居者》。他难道最终不是承认生活

---

① 梅洛-庞蒂在这里参照了瓦莱里美学的另一条“原理”：作为过程的作品的观念。对于瓦莱里来说，作品借以广为人知的确定形式，只不过是各种偶然性和种种外在于其构思的因素的结果。

② 《吕西安·娄万》是斯汤达《红与黑》的姊妹篇《红与白》的原名，其主人公为银行家之子吕西安·娄万（Lucien Leuwen）。

的行动只有根据一种合理的（实为神秘的）观念才能够被理解吗？那么，既作为理性又作为非理性的条件，自发性不能被称作是荒诞的？

——无论如何，谁写？这个问题的强有力的例子。不是人，而是生活的对立面——在它是某种东西的整个范围内。但是，写作者处在超出于自我的普遍之中，根本就不属于古典的确定性。它乃是这样的看法：写作者不外乎就是担忧自己落入俗套。非常现代的、非常反古典的观念，乃是关于生活和理解之间的张力的、关于生活被理解的努力所消解的观念。不存在生活与理解之间的平静的共存。对于古典的东西，瓦莱里能有的只是对于灵感、对于“活的”文学的拒绝。

/［第 29 页］（II7）/

4 摘要

~~（总体说来悖论无处不在；文学体验到的支离破碎；写作活动对自身和他人来说是神秘的）~~

——我们看到当代批评中那些如此常见的主题之间的｛联系｝：〈（而且当我们在被研究的那些作者之一中找到这些主题时，我们就会看到这一联系）〉

~~关系~~ 散文与诗歌——与他人的综合关系

想象物与真理：生活只能在〈创作者的独白〉他应该说 86
出的东西和技巧中以第一人称方式获得理解

写作与真诚：不是出自巧合的真诚。

写作在何种程度上是构思他的作品，他的作品在何种程

度上被遗忘了，而作者在做同他本来想做的事情不一样的事情[①]

文学之内的反-文学[②]

文学的信仰[③]

写作与生活：写作证实了生活还是避开了生活？

抑或为了写作而活着？

从他不再相信他处于其中的真理或普遍开始，

这一切都围绕如下问题转：真实

他者

自身

文学

~~—— 当我们在这样的作家那里发现这些问题里的某几个的时候，这将让我们能够看到诸多关系~~

〈——我们将会研究这个问题，文学意识的这一危机，在某些作家那里哪怕没有年代的次序〉

以及他们如何在他们的作品和他们的生活的展开中，在他们的文学言语的训练中把它作为奠基的言语予以消解。

5）课程的目标

~~研究某些作家那里这一文学意识的危机——没有次序——首先~~

---

① 再一次参照瓦莱里的各种诗学和美学理论。

② 我们想到布勒东的《反文学》，但也想到瓦莱里的“反哲学”。

③ 在课程的那些篇幅中，依据梅洛-庞蒂可能从对让·普雷沃（Jean Prévost，1901-1944，法国散文作家，抵抗运动成员）的解读中得出的表达，斯汤达或瓦莱里的“犬儒的文学”通常对立于（由福楼拜体现的）“文学的信仰”。参［第 138 页背面和多处地方］。

研究瓦莱里那里——（写作的、文学语言的理论与实践）

但我们的目标并不是作家的职业问题。它对我们

这是语言理论。在这方面〈对我们〉有用的是，他本人已经形成了关于文学语言的理论。

但我们的目标是 1）认识文学语言本身，2）因此并不执着于他的理论，而是把它与他的实践相对照。

超越他的理论，透过他的作品，尝试定义文学的意义， 87
文学的表达，它们是由什么构成的。

〈为什么？为了关于语言并且一般地关于象征表示的理论。〉

1）为什么为了构思一种语言理论要求助于文学？

{2} 为了超越客观的，即建立在关于符号-含义和对它们的占有的预先约定基础上的语言的情形。

研究征服性的语言的情形在语言理论中，语言的种种客观形式的主宰地位掩盖了它的本质。理解征服性的语言——以及向他人学习的真正的交流语言，——说话者真的在那里存在的、他与之混同的语言。对立于皮亚杰，比如《儿童的语言/[第30页（II8）/与思维》①。为我们保留了到达超含义、超客观、无概念的普遍性的可能性。

2）对于文学语言的分析能够给予关于象征表示的一般理论什么呢？

没有任何理由从关于象征表示和社会的理论中推演语言理论。语言学给予社会学的，和它从社会学中吸收的一样多*。例如，没

---

① 参皮亚杰：《儿童的语言与思想》，诺伊查特尔-巴黎，德拉乔和涅斯特莱出版社，1923年。

有任何东西可以证明，它需要从社会学那里获得语言学范畴（交换或集体意识）——情形或许要反过来：散文和诗歌的范畴概念可以有在社会学和历史学中的价值。

世界的散文。

/［页边注］*关系 各种同心的研究，我们将通过内在的深入探究重新发现社会，——不是各种等级化的研究 /

[第一部分：瓦莱里]

[第三次课]

/[第 33 页](III1)/

语言的文学使用

瓦莱里

导言[①]。

“什么是实在？哲学家在寻思；还有，什么是自由？他进入同时忽视这些词的隐喻的、社会的、统计学的起源的状态中，而它们向一些无法界定的意义的滑移将使他能够在头脑中产生各种最深刻和最精妙的组合。对于他来说，不应该借助穿越各个时代的一个单词的简单历史，借助各种误解、各种转义使用、各种独特词组的细节来了结自己的问题——由于数量和各种不一致，一个贫乏的词变得和一个存在一样复杂和神秘，就像一个存在那样激起一种近乎焦虑的好奇，避开了依据那些完善的术语进行的任何

① 我们恢复了我们认为构成梅洛-庞蒂致力于保罗·瓦莱里的课程部分的导言阶段的四页手稿之实际次序。

分析，而各种简单需要的意外造物，即各种市俗交易和直接交换的权宜之计，被提升为激发一个奇迹般专注的精灵的整个考问力量和全部回应潜力的非常崇高的天命。这个词、这个乌有、这一匿名地被无论什么东西创造和改变的临时方法，被某几个人的沉思和辩证法变换成了一个适于折磨各种思想群体的整个群体的离奇工具，转换成了能上紧一个强大的头脑的所有发条、能为构想一切的欲求开启期待的深渊的某种钥匙。

然而，一个艺术家的整个操作，都是要从乌有中创造出某种东西来。而且，当哲学家把无数的困难塞进那些创造公共表达的人对这一表达丝毫没有怀疑的时候，当他制造出一些怀疑和麻烦、发现一些矛盾，并通过支配它们并且把自己强加给它们的替换游戏使一些精灵产生困惑的时候，[1] 与他的这一工作相比，另外还存
90 在着一个人及其个体差异的真正更个人的、更有意义的东西。……在普遍物的显象下面，有什么更个人的东西呢？”（《杂文集》，第三卷，第 176-177 页——《列奥纳多与哲学家们》）[2]

事实 = 那些词是从语义史中产生出来的；这一历史在它们那里积累了一些不一致的含义。哲学家接受了这一混乱的遗产，并且费尽心力寻找它们之间的关系。他从一些偶然的东西、某种不重要的东西出发去建构体系。以理解一切为借口，他是有艺术鉴赏力的（任意的、个人的）。但 /［第 34 页］（III2）/ 不为自己所知地是有艺术鉴赏力的。只能承认这是建构。

① 瓦莱里的原文有所不同：“发现一些矛盾，借助于支配它们并且把自己强加给它们的替换游戏而动摇那些精灵的各种习惯……”

② 后来收入保罗 · 瓦莱里的《作品集》，第一卷，同前引，第 1256-1257 页。

瓦莱里的典型表达方式：在一个词的历史中实际上存在着对偶然的欲望。但是，在这种偶然之中，仍然存在着意义，否则我们就无法讲话。语言学家：词的现时意义并不是全部过去意义的累积。它是一个现在的意义透过它们而涌现出来。既然事实就是人们在说话，那么考问这一意义就是合法的，就不是毫无希望的建构。这一点是瓦莱里不愿看到的：他不想和现时的言语活动保持联系，承认言语不管多么不可能都存在着。他不厌其烦地指出，谈论和思考言语是不可能的。他不想采取我思的表达方式，他满意于感觉自己受到了语言、生活和各种激情之变化的包围和愚弄，被包围在语言之中 受到了语言史的碾压。在这种情况下，个人的东西必然是绝对任意的东西，而不是一种不管多么费力地勾勒出来的意义在我们的混乱之中的出场。

逐步地，在很后来的时候，他将使障碍成为手段，他将懂得荒诞主义不存在荒诞主义：这是因为，关于荒诞，人们至少可以谈论，而且在那一时段里，对哲学或文学的否定会变成哲学和文学。在这种情况下，〈对生活的否定变成了生活〉他最终将会承认，自发性可能并不是毫无意义的，因为人们仍然以一种被证明为有意义的方式论述了无意义的东西。[①]

---

① 梅洛-庞蒂在这里对瓦莱里的语言立场做的综合性的解释是完全原创性的，可能超越了瓦莱里对《年轻的命运女神》的明确论断。关于自发性问题，这一课程是立足于对瓦莱里后期的作品《我的浮士德》的极其敏锐的解读，并且与此同时对照着瓦莱里本人在他的《斯汤达》里面所探索的理论来进行的。（参［第 81-83 页、第 85 页 及其它地方］。）

91 由此而来的方案

I）绝对的严谨，沉默，自身、他者、语言和文学的荒诞，——训练——

II）但这一切还是变成了语言，关于非文学的文学，甚至诗篇——以这种犬儒为基础的职业发展：这一切什么都不是，但这样说的时候，我们做了某件事情。

III）超越内在冲突——还有犬儒——的诸要素。自发性对抗荒诞。

/[第31页](III1)/

语言的文学使用

瓦莱里

对他的各种观念的非编年学的划分：他没有抛弃它们中的任何一个，而且我们从开端就可以发现结束的那些主题。[1]

他拒绝演变的观念。1941。《杂著集》前言：

> “这样的东西几乎50年前就写成了。另外的东西则是在前天写成的。[……]这种时间数量在精神的生产方面并不意味任何东西。但是，在修订我论文中的两篇以便把它们放入这本文集中时，我要问自己，人们凭什么可以认出这两篇论文出自同一个作者，它们中的哪一篇先于另一篇被写成呢？我承认，如果我不知道答案，这两个问题毫无疑问会让我感到局促不安。这就是老人的一个难题：他知道自己是同一个人，

---

① 尽管如此，梅洛-庞蒂的课程仍然描绘了瓦莱里面对语言和文学的态度的演变。

但是，他会很难说明和论证这个无关紧要的命题”[1]——

他并不会为了相信演变和超越而去充分地相信同一性。并不存在人们至少提供了部分地转化它们的解决办法的各种难题。存在着持续的不一致。

在这方面我们并非必须遵循他。他只是不由自主地、不情愿地成 92
熟起来了。但他不知不觉地标出了一条轨迹，这一轨迹是由塑造他的那些活动，~~违背其意愿~~不顾其意愿地，根据它们的内部逻辑建立起来的。~~由于这是不顾其意愿的，由于这是过去保留的逻辑~~他倒退着前行，[2] 并且总是注视着开端的各种不可能性，他在自己的存在中克服这些不可能性，尽管他并没有觉得自己在克服它们。

I 沉默与力量

“在如许的自傲后面、在如许的奇特闲散后面，却是充实的力量。”[3]

拒绝去生活、拒绝去成为无论什么，特别是拒绝文学

（自 1894 年至 1917 年的沉默《年轻的命运女神》

（23 岁[4]）1919《〈方法导论……〉的笔记和题外话》[5]……）

---

① 瓦莱里:《作品集》，第一卷，同前引，第 285 页。

② 典型的瓦莱里形象，这一形象必定要启发本雅明（Walter Benjamin，1992-1940，德国哲学家）。参瓦莱里:《笔记》，第二卷，同前引，第 1542 页。

③ 瓦莱里:《作品集》，第一卷，同前引，第 148 页。

④ 梅洛-庞蒂在这里提到的是瓦莱里停止写诗以便致力于撰写后来命名为《笔记》的东西的这段时期。参上文［第 10 页注］。

⑤ 参瓦莱里:《作品集》，第一卷，同前引，第 1199 页。

无论如何已经开始写作了（1894《列奥纳多·达·芬奇的方法导论》[①]）并且继续自 ~~1900 至 19~~ 没有出版〈（或部分刊印）〉的、他将在后来出版的文本

只把文学作为训练接受：解决各种问题，掌控各种难解之谜，获得一种力量，“我感觉这位自己的方法的主人，这位图画、各种形象、计算的拥有者，已经找到了核心的态度，以这一态度为起点，各种知识事业和各种艺术憧憬都是同等可能的；在分析和各门艺术之间的令人愉悦的各种交换是非常可能的……”（《杂文集》，第 171 页）[②]

由于缺乏这样一种普遍力量，通过严格要求而拒绝文学，列奥纳多·达·芬奇的神话

93 ~~但已经在写——作为无意义的诗歌，{开辟道路}（1917）~~

~~〈表达〉~~

II　~~作为“懦弱”、诡计或欺骗的文学——人们从这些不可能性中犬儒地创作出文学。院士作家的角色——文学理论~~

II　~~文学作为~~“

/［第 32 页］（III2）/

II　然而：这一切都被写下来了（1894 年的《导论》——他将从中抽出一些来出版的笔记）。文学在反-文学之中开始

——〈《那喀索斯》、《塞米勒米斯》、《年轻的命运女神》正好要谈论拒绝去实存。〉

---

① 出版于 1894 年的作品。

② 瓦莱里：《作品集》，第一卷，同前引，第 1201 页。

诗歌透过这一沉默而被接受，因为：

1）训练＝解决各种任意的难题

2）诗歌并非含义、交流，文本并不在其意义背后被抹去，它是一种沉默，与首先被确证的荒诞相类似：作者并不在文本那里，读者也不在它那里与他碰面。参绘画[①]

因此，由于“懦弱”[②]而通向文学：它（作为已经出版的文学）是欺骗、诡计、犬儒地被实践，因为瓦莱里正是通过说出这些变成了作家。作家的角色。~~精神风格~~〈作为散文家，“文体的”风格。〉

III 但是，以这一角色为幌子，瓦莱里是不是并没有成为犬儒式的作家之外的别的东西呢？他并没有把写作（以及任何作为）的最初荒诞性~~作为条件~~作为意义的条件予以接受吗？灵感和交流的种种“偶然”是只是偶然的吗？语言的种种偶然只是偶然的吗？……《我的浮士德》、《破碎的故事》否认，《海滨墓园》已经否认，——1919年的《笔记与题外话》已经否认，在~~列奥纳的思想中~~列奥纳多的神话中存在着“直接的东西”。

因此研究　他的沉默或写作（以及生活）的责任

他关于文学和作为不可能者的语言的理论

他的作为超越的语言实践

---

① 我们在第一次课程中碰到的文学与绘画的这种平行，也出现在瓦莱里的美学之中。

② 参［第9页，第22页，第28页以及其它地方］。

94 **I　沉默**

瓦莱里 1900–1910 年间的思想主题

1900 至 1910 年期间作品里的，将重新出现在诗词中的对于身体、对于面对身体的精神、对于与我的身体及与他人的所有前语言关系以及语言关系的描述。

~~通过~~由于区分和统一、由于统一中的区分，这一组关系被认为是“神秘的”——并且被认为是在构造瓦莱里所致力于的一种独特认识的对象——却不知道这就是哲学，或者不知道这变成了哲学。[①]

有必要探索这个沉默的领域，——因为瓦莱里正好要把这一领域作为对象提供给诗歌语言：“诗歌是这样的尝试，它借助于分音节语言，表象或复原那些呐喊、/[第 32 页]背面（III2）/那些眼泪、那些爱抚、那些亲吻、那些叹息等等试图隐晦地表达的这些东西或这种东西，那些客体似乎想要表达的这些东西或这种东西（在它们表面上拥有的生命或假定的意图方面）。

这种东西是无法以其它方式获得界定的。它按本性出自不遗余力地响应那存在着的东西的能量……”（《如是》，第一卷，第 144 页）[②]

因此，在语言面前对这一世界的描述首先为瓦莱里的

---

① 在接下来的稿页里，梅洛-庞蒂展现了瓦莱里的在诗歌中获得实现的声音与意义的“神秘统一”的理论与某些尤其在《笔记》中展开的对身体和精神关系的具有认识论特征的提问间的平行。

② 瓦莱里:《作品集》，第二卷，同前引，第 547 页。这是瓦莱里在强调。

沉默提供了理由，——还为继这一沉默而来的言语类别提供了理由。

/[第35页](III3)/

1）身体与苏醒

存在着两种身体。1）作为重物、无定形的团块，却悖谬地为我的精神指定我的位置的身体——特别是：当我做梦并且处于无论什么地方的时候，我的身体保持警觉并且标记出我将要重新出现在世界之中的那个位置：

——他做梦。一声巨响“从高处向我袭来。我被劈成两 95
半。我感觉自己坠落到了我身体的位置上）(《如是》，第二卷，第107页）[1]

在如梦之我和我的岗位之间松弛了却没有被取消的这一位置是什么呢？

不应该简单地说精神下降到身体之中并且赋予它以活力：因为精神对于这一团块似乎是毫无力量的。这一团块应该希望真正苏醒过来。

“摆脱你所是的这一以消沉的、懒散的人的形式躺在你床上织品之凌乱中的有生命的淤泥[……]重生吧！是时候了。黑夜变了样。它快速地使它的星星迷失，而突然来临的白昼的毒药渗透了它。光慢慢进入黑暗的深层物质中，构筑它那盛大的统一体[……]”

---

① 瓦莱里：《作品集》，第二卷，同前引，第651页。

“发发慈悲吧，我不能够［……］你怎么希望我直立着，希望我同时托起密切融合在我这里的整个存在和整个非存在呢？”（《杂著集》，第138页）[1]

苏醒：身体-淤泥的集合，它直立着，与此同时，它使一种明确的精神得以可能。人就是被动的身体得以在那里转化的接合处。

2）苏醒的认知身体

苏醒的身体完全趋向于世界和能指[2]

——考问与回答（没有考问，就没有回答：盲人）。脸“因而有双重功能：它既是发送者又是接收者。”（《杂著集》，第111页）[3]

而我们观众通过重新开始从面孔的这种“含义”[4]/［第36
96 页］（III4）/中获得认识：我们看那个在看的人，而且，如果我是画家的话，我的目光进入与这一面孔——因为它在看——的交流中：“在创作一副肖像画的时候，谁将表达这一点呢？谁会回想起一张脸的复杂活动呢？应该有这样一位艺术家，对他来说进行活动的各种局部困难不再存在，他看着自己的绘画依据模特的面孔而诞生，这种注视秘密地在他那里决定了他将要画出的那一部分、他将要绘出的各种线条，从注视着模特的

① 瓦莱里：《作品集》，第一卷，同前引，第360页。

② 梅洛-庞蒂所确立的声音与意义的诗意统一和精神与身体的关系之间的平行，在这里似乎延伸到了关于身体的表达性的理论中。此外，在身体和语言之间不言明地被建立起来的类比，通过梅洛-庞蒂标注在后面页码边上的引用获得了强调。

③ 瓦莱里：《作品集》，第一卷，同前引，第348页。

④ 参同前引，第347页。

那双眼睛里潜在地创作出、制作出了它们*……”（《杂著集》，第 111 页）①

/［页边注］*“习惯于一张新的面孔，就像是学习一门新的语言。我们慢慢地停止知觉它是什么，以便不再从它那里接受它在这种情况下显示东西。”（《错误的想法》，第 77 页）/②

正是我们的身体在认识身体，它通过表达身体而认识身体。

我们的身体与我们注视的东西相一致，它依据对象调整自己，~~通过一种展开~~趋向一种最大程度的可见性（这种可见性只能在显微镜中被认识）：它从它想看的东西中看到一些轮廓（这种东西只能在这些轮廓中被提供给它自己，并且不能以表象的形式）。这假设了我的身体-事物**-并非完全精神性的他人身体之间的电路接通，假设了一个认知的身体：

“艺术家提供自己的身体，他回撤、安置和夺走某种东西，表现得他的整个存在都像其眼睛似的，并且他整个地变成了一个自身协调、自身变形和在寻找那个点——那个独一无二的点（它潜在地隶属于被深层次地寻找的，但并非始终都是他要寻找的那个作品的作品）——的器官。”

（《错误的想法》，第 200 页）③

/［页边注］** 身体-事物：它被联接在各种事物之上，如此

---

① 瓦莱里：《作品集》，第一卷，同前引，第 349 页。

② 瓦莱里：《作品集》，第二卷，同前引，第 825 页。

③ 同前引，第 895-896 页。梅洛-庞蒂在《眼与心》（巴黎，伽利玛出版社，1964 年，“Folio essais 丛书”，1985 年，第 16 页）中提到了这同一段文字。

一来，哪怕是事物的缺席也肯定地向它显示出来："倾听这不绝于耳、实为沉默的细微之声。[……]倾听这如此单纯、如此孤零、如此幽远的振鸣，空间的创造者，仿佛在深远之处，仿佛孤独地存在着。

97 一无所剩的乌有。这一无边的乌有充塞于耳。

振鸣依旧。这阴沉、单纯、不绝、自身不变的振鸣；永恒的涓涓时间细流，它消弭在听觉的宇宙中，与空间同体，流淌在无尽的期待感中，填满了越来越大的球体[①]/

~~我们如何过渡~~从第一种身体向第二种身体的〈过渡〉，怎~~么会有苏醒呢?~~苏醒，表明了我和我的身体之间/[第37页](III5)/的一种独特的关系：我的身体并不在我面前，我无法靠近它、无法远离它、无法观察它，我无法看自己的眼睛。这一切都是因为我就是我的身体，因为我正是通过我的身体才能够观察，因此，我无法观察它。这一关系的神秘。但并不是在一个将我们拒之于外的秘密的意义上的神秘。例如在这里，我-我的身体的关联的某种表象让这种关系获得了理解。"神秘"源自于我在原则上将所有物体都表象为完整的，并且随后寻思为什么我的（此外还有被看见的物体，如月亮）却并非如此。我假定自己在纯粹客体的面前，并且尝试着推断出视角：为了引入客体，需要我通过一个视点采取立场。可能需要走相反的道路=以视点、以已经被给出的肉身化的存在为起点。同样，当我问人如何露面时，先于他的世界之

① 瓦莱里:《作品集》，第二卷，同前引，第656页。

表象牵连到了他。用对奇特（它就是有待于去直接思考的认知身体）的确认来取代神秘-秘密。

"人们所谓的世界之神秘、生活之神秘，本身并不比眼睛无力看见拥有这双眼睛之人的背部更深奥。

颈背对眼睛来说就是一种神秘。

[……]（各种）器官（的）[1]活动的密切关系逃离了我们[……]。不是密切关系在逃避：它并没有在我们面前退缩；是我们不能够靠近它。

但是，通过"神秘"这个术语，我们引入了关于一个将我们拒之于外的秘密、一种意向、一种对立于我们的求知欲的思想的模糊观念。我不认为月亮会自得自乐并且竭力地把其自转和公转配合起来，以便我们永远不能看到它的另一面。 98

唯一的神秘可能是我们的使自己进入到一些问题里的好奇心/[第38页]（III6）/的神秘——这些问题的陈述包含了我们的实存和我们的精神，可是，由于其诸多结果中的某一个，这些问题的答案就应该是这种实存本身。每一个为什么确实都假定了一些应该避免将其置于它后面的东西。"（《错误的想法》，第29-30页）[2]

同样，我-我的身体与未完成的身体、因此与这一身体的自我的关系，应该被当作第一位的。正因为这种独特的关联实存着，身体才能够苏醒过来，才能够成为认知的身体，才能够表达。

---

① 在瓦莱里的文本中是"这些……的"。

② 瓦莱里：《作品集》，第二卷，同前引，第797-798页。

2）精神

正像存在着“有生命的淤泥”的身体〈或事物〉，也存在着精神，它绝对地退隐到自身那里——逼近

“精神。纯粹的期待，永恒的悬置，我所欲求的一切的威胁。会从一片云中涌出的剑，我感觉到了多么地逼近！一个未知的想法仍然蛰伏在我前额的皱纹和忧虑之中。我仍然同所有思想区别开来；同样疏远了就在我这里的所有的词、所有的形式。我的凝视的眼睛映照着一个毫无生机的物体；我的耳朵根本就没有听见它在听的东西。啊，我的没有面孔的在场！你那目中无物、目中无人的注视是何等的注视！这难以表达的力量是何等的力量，就像狂风暴雨来临之前弥漫在天空中的力量！我不知道到底是什么在酝酿着。我就是爱，就是饥渴，没有任何名声。[……]但是，将会存在一个没有存在的行动、一个没有原因的结果、一个就是我的实体的偶性。既没有形状也没有绵延的事件侵蚀了所有形状和所有绵延。它使那些不可见者可见，使那些可见者不可见。/[第39页]（III7）/它消耗掉吸引它的东西，它照亮它破坏的东西……我来了，我准备好了。攻击。我来了，秘密之眼凝视着我的期待之盲点……正是在那里，一个最重要的事件才会偶尔突然发生并且把我创造出来。”（《如是》，第二卷，第128页）[①]

这就是期待的、闲散的、尚未采取任何行动的精神。应该重新认识它。我们马上要说：身体在表达、在勾画各种事物，而且

---

① 瓦莱里：《作品集》，第二卷，同前引，第662页。

这是真的。但是，这是他人的身体。在我这里，知觉归根结底不 99
是身体与事物之间的这种关系，它从人进入到各种事物（它们似乎“在说话”）之中，而且它使我们与对象｛结合｝——这本身在场景中被提供给那个不再是一个人，那个没有名字、没有面孔、就是精神之整体的观看者。

“在共和广场上，一个舒服地坐着的男人在向鸽子投喂谷物或者面包［……］一个撑着拐杖的男人专注地看着这一场景。他说：‘我嘲笑那些鸽子。我观察那个观察者。我听向我说的话，或者听我看见的东西在自言自语些什么。’‘谷物吸引着那些鸽子。那些鸽子吸引着目光。这一目光在扎、在啄、在撮。这一目光在低语、在勾画、在表达——模模糊糊地、隐隐约约地。’

‘这形成了第二个场景，这第二个场景使自己成了第二个观察者。它引发我成为一个二阶的目击者；这个目击者是最后的目击者。不存在三阶的目击者，我不再能够想出某个在这边在看的某某——他在看那个在看那个在看鸽子者在做什么和看什么。’

‘因此，我到了某种力量的尽头；我的精神里再也没有稍多一点的精神的位置了。’”（《如是》，第二卷，第 178～179 页）①

~~但这种绝对的精神，我们并不绝对地是它：我们既不能“思考”又不能“遗忘”的东西~~

~~哲学家们“弟兄们，让我们不懈地进行［……］这个伟大的/［第 40 页］（III8）/看那个在看~~和表达

① 瓦莱里：《作品集》，第二卷，同前引，第 688-689 页。

那个表达者的永恒而荒诞的尝试吧”（《如是》，第二卷，第192页）[1]

“无法通达的和难以抓住的：

因此，在我们这里到底有什么东西如此珍贵，以至于我们是不能将之交付给神甫、蛇、福音的甜蜜、众先知的戒律、闪电、基督的受难的？是谁在抵抗各种最严重的威胁、各种最宽泛的诺言、各种奇迹，甚至各种诱惑？——因为我们并不仍然期望最精微的、最令人陶醉的罪孽，我们并不愿意它总是纠缠着我们。在享乐中，我们渴望不要失去我们的受难能力。在恐惧中，我们深深地隐藏了什么都不担心的说不上来的东西。

100 存在着这种我们没有放弃，而且永远不会放弃的说不上来的东西，因为没有什么东西可以取代、赢得、取消、等于那个使我们是自己之所是的东西，以及那个不会因为任何东西而改变自己的东西，尽管它可以让自己变成什么都不是。”（《如是》，第二卷，第350页）[2]

这就是最根本的**自我**。

然而，我们并不绝对地就是最根本的**自我**。这个最后的见证者，我们既不能“遗忘”它，也不能“思考”它。进行“这个伟大的看那个在看和表达那个表达者的永恒而荒诞的尝试”（《如是》，第二卷，第192页）[3]的哲学家。没有什么意识不停留在这上

① 瓦莱里：《作品集》，第二卷，同前引，第696页。
② 同前引，第77页。
③ 同前引，第696页。

面。我们知道，“绝不存在人内之人，我中之我”（笛卡尔 = 不是眼睛在看，而是心灵在看）。但是，我们不会意识到这一绝对的抵抗，除非在它下降到相对中的时候——

“噢，意识！［……］你为了被充实才存在，这就足够了。你总是偏好偶然甚过空虚，偏好混乱甚过乌有。你是为了所有事物而被创造出来的，而且你为了你的无限替换使自己成为无论何种事物。”（《杂著集》，第 118 页）[①]

/［第 41 页］（III9）/

存在着对意识的一种辱没：它完全投入到一切东西中。它始终向着世界（沉默）敞开。——空虚的意识，即厌倦，毋宁是一种反-我思，我们在它那里丧失了实存的感受。

悖谬的顶点：意识完全投入到各种事物中，但却带着冷漠：各种事物的界定就是成为可替代的、可交换的，而意识的界定则是不能进入这一交换中、是引进这一交换：正是意识自身的空虚造成了意识的充实，这是因为，除了能够成为一切外，意识从来什么都不是。[②]

因此，出现了进行自己的积极活动的意识的虚无主义[③]；意识摧毁自己所思考的东西，但不是以力的方式：通过理解它。而这样做，意识建构了它：

“吞噬，耗尽，总括，一劳永逸地表达，了结，最终消化各种 101

① 瓦莱里：《作品集》，第一卷，同前引，第 352 页。

② 这一段页边有双划线。

③ 从此处到本段末有页边双划线。

事物、时间、各种梦幻，通过预见来毁灭一切，由此寻找有别于各种事物、时间和各种梦幻的东西之本能，乃是精神的怪诞而神秘的本能……

总是卡拉卡拉[1]在期待只有一个头颅要砍。

勤勉的虚无主义，它只认为完全摧毁了它已经深入理解的东西，但它只是在它懂得建构的范围内才能够很好地理解。奇怪的建构的虚无主义。”（《杂著集》，第 119 页）[2]*

> /[页边注]* 给出和接受在思维中的同一，作用和承受：作为通向意义的虚无化，解构-建构，意识既完全是向心的又完全是离心的。“那偶然发生的东西，就它被给出它的东西接受、被产生它的东西吸收、被引起它的东西承受而言，乃是精神。”[3]（《错误的想法》，第 22 页）[4]/

因此，意识的充实与空虚，作为空虚的充实（萨特[5]）——我们~~自己~~正是因为融入到世界之中，运转了一个身体，所以是绝对的精神，不受限制的精神（参上文），“我们看不出一个神能够思考什么东西。”（《错误的想法》，第 22 页）[6]

在瓦莱里那里，正是从这里有了重新界定逻辑的和心理的所有常用概念的尝试 /[第 42 页]（III10）/= 这些概念总是假定了一种封

---

① 卡拉卡拉（Caracalla，188-217），罗马暴君。

② 瓦莱里：《作品集》，第一卷，同前引，第 352 页。

③ 页边双划线强调了该引文。

④ 瓦莱里：《作品集》，第二卷，同前引，第 793 页。

⑤ 参萨特：《想象物》，同前引，第 132 页及其它各处。

⑥ 瓦莱里：《作品集》，第二卷，同前引，第 793 页。

闭在自身中的、自我拥有的、〈非现时且趋向他者的〉精神，｛而｝对于瓦莱里来说，[①]本质上是由外部来充实的、就其本身而言空虚的意识，不能由于这样一些构成＝例如不会由于一些概念，包含作为理智行为[②]之定义的定义："尝试着去定义一个数字，就是尝试着置自己于知道什么是一个数字之前所处的某个点，与此同时并没有丧失对这个数字的现时认识；最后，就是不用重新兜所有圈子地、不会在生活中迷路地、不用重新恢复生活地从最初的无知状态过渡到这一现时的点，而是从总体上通过一种有限的程序、通过一系列严格充分的行为，依循各种尝试、各种散布等等的平均值，代替获得 102
观念的探索。"（《如是》，第二卷，第 227 页）[③]

这一完全现实的意识之奇特存在，既是存在着一些事物的条件，与此同时又向事物的世界开放——这些事物向意识显现为是独立于意识的（参上文）：闭上眼睛[④]以便取消存在所拒绝的一个对象，这就是意识本身＝它必然坚持，存在就是被知觉的存在，因为意识在它自己的眼里并不是一个"内部"，而是与存在本身的接触。

这样就进入到了意识所构成的东西中，进入到了世界之中，我们不可能在事物全都进入的"精神世界"里单独安置意识，当然也不能将它和那些事物算到一起。因此，意识在宇宙的观念中形成了一个窟窿，但我们不能把它构造成第二个宇宙："我们谈

① 页边双划线，从这里一直到"构成"。

② 页边双划线，从这里一直到"定义"。

③ 参瓦莱里：《作品集》，第二卷，同前引，第 713 页。

④ 页边双划线，从此处一直到段末。

论宇宙。我们测算其范围［……］我追问人们就这个词理解的东西……我［……］说——您会把痛苦置于宇宙之中/［第43页］（III11）/吗？

还有什么被安置的东西呢？

我还对他说：

——您刚才向我回应了某种东西。您仍然不知道是什么东西。您这是要把您和我安置在我们都有把握的这个星球——在它之外，什么都没有——的何处呢？"（《杂著集》，第173-174页）[①]

辛酸，存在的不可能性~~第60页~~《错误的想法》，第60页。[②]

〈意识-世界关系之中的空虚-充实的变化无常→自我-他人的变化无常〉

3）自我-他人

与自身的关系和与他人的关系一样奇特：一个蕴含在另一个之中，我与我的身体的关系是经由他人的，我无法看到的我身体上的东西，他能够看到，他无法看到的他身体上的东西，我能够看到。[③]正是在我这里，他人得以完整起来，同样，正是在他那里，我得以完整起来。目光，特别是眼中目光的交换，它把落在我身体上的目光所掠取的东西归还给我：

---

① 瓦莱里：《作品集》，第一卷，同前引，第382页。

② 瓦莱里：《作品集》，第二卷，同前引，第815-816页。

③ 瓦莱里：《作品集》，第一卷，同前引，第923-930页（《对于身体的简单反思》。

“这种交换——这个词非常棒——在非常短的时间内实现了两个视点的两种‘命运’的对换、换位和交织。交换由此产生了一种同时发生的相互限定。你获得了我的形象、我的显象，我也获得了你的。你并不是我，因为你能够看我，而我却不能看我。我所缺失的，正是你看见的这个我。至于你，你所缺失的，乃是我看见的你。”*（《如是》，第一卷，第 42 页）① 103

/［页边注］* 参《如是》，第一卷，第 194 页 /

通过这一事实本身被看到的我身体的任何部分，都获得了一种看的能力：“他打开门，看着我。他认为没有受到影响，认为只对他自己发出了声响，而我完全沉浸在我的书里面。但是，我，我在那里感觉到了他，我维持原样并且让自己保持警惕。但这是我在观察他，而我纹丝不动的后背并没有丢开他……”②

因此，与他人的深层关系：我的一部分在他人那里。但是，如果这样的话，就不再存在并置，不再存在同一性，因为他人拥有我自己并不拥有的我的东西。因此，一个人既不是单独的，也并非同时是两者，而是在他人那里的自己和在自身中的他人——“如果双眼无法摆脱紧盯它们的其他人的双眼，那么没有人可以自由地思考。一旦目光相遇，一个人就不再完全是两者，而要保持单独也有困难 /［第 44 页］（III12）/”（《如

① 瓦莱里：《作品集》，第二卷，同前引，第 490-491 页。参上文，［第 11 页］。
② 同前引，第 576 页。

是》，第一卷，第 41 页）。[①] 我们被卷入到了一般性之中。

“感觉到自己看到了一切乃是一种非常显然的折磨方式：不停地感觉到自己仍然是可见的，是一种陌生的注意可以构想的客体；而且永远找不到在它们后面不留下任何东西的装置和目光。”*

（《方法导论》。《杂文集》，第一卷，第 191 页）[②]

/［页边注］* 我和他人之间是如此一致，以至我结束于成为对我来说的一个他者：“**我**，也就是最持久的、最温顺的、第一醒来和最后一个睡着的**你**。”（《如是》，第一卷，第 207 页）[③]/

由此 ~~1)~~（3）产生了对他人的充满热情的注意：他人既因为共同构造了我而被爱，又因为从我这里偷走了我而被恨：

104 “对于我还没有爱过的那些人，——对于我并没有爱过的那些人，不可能有真正的恨……对那些并不值得恨的人，也不会有特别的爱。

爱始终潜在地是恨，我搞不清它们彼此区别得如此不清楚的状态，以至于需要发明一个特定的词来意指充满热情的注意的这些复杂形态。［……］

爱与恨差不多失去了它们的意义。”（《如是》，第一卷，第 85 页）[④]

---

① 瓦莱里：《作品集》，第二卷，同前引，第 490 页。

② 瓦莱里：《作品集》，第一卷，同前引，第 1217 页。

③ 瓦莱里：《作品集》，第二卷，同前引，第 584 页。

④ 同前引，第 516 页。

〈有时他人疯狂而我明智，有时则反过来——总而言之，始终不协调，因为我们通过他人的眼睛看。〉

~~2)~~（1）他人意识也和自身意识一样直接：

“另一个人物的这一注视在我的考问的视觉中是如此确定的一个片段，以至我猜测到了他的全部思想和内心想法，这是我能够办到的；这一注视仿佛只不过是一把向它的主体开启我的钥匙（《如是》，第一卷，第207页）[①]：我是他人，他是我——

~~3)~~（2）当我与他人作斗争的时候，我是在与自身作斗争

“内在的人只能同他自己作斗争；并且，实际上以成千上万的不同形象与自己作斗争。如果说我在想象中击败了对手，这恰恰是我在打击自己。”（《如是》，第一卷，第207页）[②] **

/［页边注］** 如果我曾处在他人的位置，我就会因他而担忧自己的所作所为：“我们在凹陷处想象我们在凸显处可能做的事情。”（《错误的想法》，第72页）[③]/

〈以视为同一为基础的受虐狂：我在愤怒中作斗争——我向他人请求爱自己的许可。〉

人［是］所有人的玩物《如是》，第二卷，第218页[④]：流血、

---

① 瓦莱里：《作品集》，第二卷，同前引，第584页。

② 同前引，第586页。

③ 瓦莱里的原文有所不同：“在凸显处”（en relief）在文本中是“在凸显中”（dans le relief）。该段落出自《杂著集》，而不是《错误的想法》，与梅洛-庞蒂所标记的相左。参瓦莱里：《作品集》，第一卷，同前引，第324页。

④ 瓦莱里：《作品集》，第二卷，同前引，第708页：“模仿。……人是所有人的绝对玩物（它在他面前产生变化）。他是血和血色的、哀鸣和骚动的、当下扭动和呕吐的奴隶。或许更多地通过那些在意指的感觉，而不是那些自身只是感觉的感觉相连结。”

哀鸣、骚动、扭动、呕吐。这是因为他人塑造了我们的生活——这是因为我们就是他。各种视为同一——人（是）对于人而言的魔法师

105 /［第 45 页］（III13）/

5（4）爱

不可能的事情：

内在地、因此彻底地支配另一个人，〈“想象的”需要〉将他变成为自身，因此用整个自己来称呼他，在自己这里吸纳他被投射到了他那里。“没有东西不能够缓解的或者不能够绝对缓解的［……］渴望。”（《杂著集》，第 31 页）[①]

“在达到极点的情况下，爱是一种创造它已经将之视为目标的存在的意愿。这是一项奇特和令人绝望的工作，这种行为是它的一个片断、一个环节、一幅草图、一个观念；满足于这一点的人将永远不可能成为关于这种极大不幸的最伟大的创造性艺术家：一种真正的爱。”（《错误的想法》，第 64 页）[②]

欲求的挫败《如是》，第二卷，第 306 页[③]（附加注释）——欲求要么不知道他想要的东西，~~或不能实现他想要的东西，如果~~要么将他所有的力量都导向他想要的东西的反面（他想要再创造、产生

~~［作为与他人的关系、这一混乱关系之｛案例｝的言语和文学，即~~

① 在瓦莱里文本中，“不能够［……］缓解”是斜体。

② 瓦莱里：《作品集》，第二卷，同前引，第 751 页。

③ 后来出现在瓦莱里：《作品集》，第二卷，同前引，第 818 页。

~~雅努斯[①]：面向他人和面向自身的言语）~~]

他的他人）——欲求是通向一种实现的运动，"一旦获得了实现，危机的机器就拥堵在一道让人炫目的且无法跨越的门槛上；存在又重新开始，破碎了、中断了、被一种享受环绕、被融化了、完美了、心满意足了……然而，快感掩盖了他的失败。

他开始跨越……他是一个获得了抚慰的、被快感淹没了的失败者。他只是让人感到满意。他只是让人生殖。但何种目标是其存在的目标？何种行为？何种自杀？

谁将解开这种疯狂的谜题？……

爱拥有这种奇特的特征——其目标是拥有［……］一种中止。"（《如是》，第二卷，第306页）[②]

（5）通向言语

这——作为文学言语——是与他人的这种混乱关系的一个特例：是面向自身和面向他人的言语雅努斯[③]，因此是所有误解、所有魔力、所有巫术、所有自我-他人的关系的含混性之源，~~这由于一种必然性~~可是又通过我的存在的深层的必然性获得了恢复，因 106
为它是未分化的。

① 雅努斯（Janus），古罗马宗教信奉的兽性精灵，司掌门户和街上所立的拱门。它是一个两面神，具有前后两个面孔。他的肖像被画成两张脸，因此也被称为"双头雅努斯"。

② 同前引，第752页。瓦莱里的原文有所不同："何种极度？何种自杀？"

③ 参瓦莱里：《作品集》，第一卷，同前引，第324页："雅努斯。——言语就是雅努斯。转向**自我**、转向**他人**。对我说且对**你**说。"

/[第46页](III14)/

这一领域，即身体的、精神的、自我-他人的领域作为非-事物的领域出现。

因此，不存在关于这一领域的认识、知识。

这是文学的、更确切地说诗歌的领地。

只有在瞬间之中才能被抓住，这对于文学来说是本质性的（且对诗歌来说是本质性的）。任何延长的光，任何持久的注意都不能使文学更好地获得认知，而是只能更糟地获得认识。

“在阅读文学的给定的短瞬时间内，火花照亮了一个看起来无限的地方。表达通过对于诗歌而言的巨大幸运［……］让人眼花缭乱，我所谈论的短瞬时间[①]无法扩展；我们不能够用一束保持不变的光来替代火花。

前者将会照亮任何其它事物。

这里的各种现象都依赖于光明之源。这短瞬时间提供的是无法发出可持续光的另一系统或者“世界”的一些微光。这个世界［……］从本质上说是不稳定的。或许这就是精神的诸多虚拟之源特有的、自由的关联的世界？”（《杂著集》，第193页）[②]

这提供理由给　长期沉默

以及　过渡到诗歌

然后　保持沉默（为自己写作那些被提及的文本）

① 在瓦莱里的文本中，短瞬时间以斜体形式出现。

② 莱里:《作品集》，第一卷，同前引，第395页。

然后：出版　但 1）关于他写的东西源于对这一非-事物世界的这种沉默。因此，他已经找到了能够谈论还不是各种事物的东西的言语，诗

2）尽管如此，这种言语仍然作为不可能之物显现出来，他继续批判文学，（他的语言理论隶属的）犬儒文学

[第四次课] 107

/[第 47 页]（IV1）/

II. 犬儒文学：文学的训练与批判①

因此，〈亲历的〉严格的要求重新发现：身体之谜、他人之谜，即非常切近的〈难以想象的〉关系（我就是我的身体，我的身体变成了我——我恰恰因为想成为我，几乎就是他人——构成了我们的关联的不一致）

文学同时是 1）作为我-他人关系之特例的悖论的延伸、这些悖论的扩大（语言）

2）结束这种关系的努力，因为文学恰恰想交流客观化这一切。

由此

1）文学的不可能性——它的那些构造性悖论和它的那些欺骗。

2）文学与诗歌的实在性。

① 梅洛-庞蒂编的页码为“IV1”至“IV6”的[第 47 页至第 52 页]，最初被编的页码为“III15”至“III20”。

〈与瓦莱里针对**历史**的立场平行〉

3）以及最终说来的问题：他能够一直停留在这一立场上吗？瓦莱里在理论上和实践上难道不是已经超越了这一立场吗？

1）文学的不可能性与其各种悖论

瓦莱里强烈地感觉到了文学所代表的，一下子就让文学摆脱了愉悦、摆脱了不言自明的东西的语言之混乱。

在无意识之中，存在着与自己和平相处的语言，就如同存在着与自己和平相处的生活一样。

这是不进行断定的语言：只要不对之进行思考，一些绝对地清楚的词：时间、生命。当人们“轻轻地去捕捉它们”时，一些哲学之谜。“我们只是由于我们通过那些词快速的过渡，才不理解其他人，而且［……］才不理解我们自己”（《杂文集》，第五卷，第133页）[①]——清晰的语言＝“由某个想要说某种东西的人说出来”的那些词（《杂文集》，第五卷，第132页）[②]

108 语言＝事实陈述的能力，或者某个人向某个人宣布某个事件或行动的言语能力。我们知道谁在说，向谁说，以及为了说什么。我-他人与我们谈论的世界的区分——通过真理进行交流的诸主体。

这就是通过行为、交际而冒出来的语言。

---

① 瓦莱里：《作品集》，第一卷，同前引，第1318页。

② 同前引，第1317页。

/[第 48 页](IV2)/

奇怪之处在于，把这一切搞乱了的哲学和文学，又被这种不言自明的语言召唤到了这个世界。“如果一些从来都不关心**哲学**和**科学**，忽视它们的要求、存在，甚至可能性的人，没有通过他们自己的生活和行动确立起根本的基础、材料、语言、晦涩和可靠性，那么它们就不会存在。”(《如是》，第一卷，第 56 页)[①]

运作中的语言，在它想要把自己反映为、揭示为晦暗的之时，是完全清楚的。——人们发现了一种没有目的（要说的某种东西、要说服的某人）的语言，也就是说，一种为了说而说的语言。“如果生命有一个目的，它就会不再是生命”(《如是》，第一卷，第 209 页)[②]：作为人的生命并不把生物学生命的目标当作目标，它是疯狂的欲求，否定-肯定，解构-建构——语言也一样。

面对这种考问的文学显得和身体、和他人一样荒谬：“只有当文学在某些改造中训练精神的时候[……]，文学才能够深入地[……]引起我的兴趣。我当然可以拿起一本书来，快乐地读它和重读它；但是，只有当我在书中找到了与语言本身的力量旗鼓相当的力量的思想的各种标志时，这本书才实际地支配了我[……]。这种感受的方式或许是令人不快的。它使‘创造’成为一种手段[……]它倾向于破坏信任的天真愉快，这种天真愉快产生了创造的天真愉快，而且它支撑着所有的阅读。

如果作者对自己的认识稍微多一些，如果读者变得更主动，

① 瓦莱里：《作品集》，第二卷，同前引，第 499 页。

② 同前引，第 586 页。

愉悦会变成什么，文学会变成什么？”(《杂文集》，第三卷，第65页)[①]然而，对他来说，正是这种反-文学才是文学。

109　这悬置了信念信仰，为的是看到文学如何运作——这造成了不可避免地未完成的有意识的或严格的意愿：当一个人想要完成的时候，正是他要让整个画都处于未完成状态（列奥纳多）

“目的并不能向我提供对于各种手段的辩护，因为——并不存在什么目的。”(《杂文集》，第四卷，第89页)[②]

因此，语言的自身解构。

/[第49页](IV3)/

普通文学将就着被献祭给一种它无法深入理解的是为子、其含义功能为虚幻的语言，就像普通生活将就着我-他人的混乱和根本的误解一样。

这在这里和那里都是同样的困难：语言意义的缺席当我反思这种困难的时候，我对自己的理解并不比别人对我的理解更好。我对于语言的不安=被抛到与我和他人〈它〉的一种所谓的理性关系之中——参我在与他人的各种关系中的不安。我同等地在我的语言之中和在我与他人的各种关系之中理解自己*

> /[页边注]/*“从我们刚才给出的东西中所获得的教训[……]在借助刚才出现的情况进行的交流教育中，存在着某种奇特的东西。因此，一个人教育自己的儿子，而且他教

① 瓦莱里：《作品集》，第一卷，同前引，第1500-1501页。

② 同前引，第1472页。

育您。”（《如是》，第二卷，第 167 页）[①]/

我们总是为他人而写作[②]“我们通过那些臆造之词的缺席发现，谁也不是仅仅为自己写作的，只与自己谈论他自己的语言是不合适的。”（《如是》，第二卷，第 154 页）[③]—— 当我写作的时候，他人面对我在场——“同样，在一个最专注却没有自己的研究、似乎最受堡垒保护却没有自己特定的领地的学者或艺术家的思想核心本身中，面对着来自于更加自身的和更加非个人的东西，存在着我不知道的对于成形的作品所激发的各种外部反应的预感：人是难以单独一个人的［……］。这种在场的行动［……］如此微妙地顺应于作品的其它因素，它有时候被掩饰得如此地好，以至于根本不可能将它孤立出来。”（《列奥纳多·达·芬奇的方法导论》，第 32 页）[④]

对瓦莱里的常见曲解：因为他表达了在文学语言中存在的独特的（即反-文学的，或反-自然的）东西，人们就相信，他已经把文学与历史分开了——但在他看来，文学语言相对于那种不言自明的东西，并不如此地分开“令人不快”，因为它和历史处在一 110
种张力关系之中。参前面，意识是充实的 /［第 50 页］（IV4）/，因

① 瓦莱里：《作品集》，第二卷，同前引，第 672 页。在瓦莱里的文本中，第一句话用的是斜体。

② 参上文，［第 16 页］。

③ 瓦莱里：《作品集》，第二卷，同前引，第 676 页。

④ 瓦莱里：《作品集》，第一卷，同前引，第 1345 页。与梅洛-庞蒂的标注相左，它实际上涉及的是《诗歌课程第一讲》。

为它是空虚的[①]；同样，文学，即反-行动[②]与此同时且以这一相同的理由，完全被纳入到了行动之中，可以进行类似于对所有其它交换的分析那样的一种生产-消费分析。——我们将会明白他：对于作为纯粹理智训练的文学、因此对于完全外在于生活训练（列奥纳多·达·芬奇：没有债权人、没有债主、没有爱、没有荣耀[③]）的文学的看法，在他那里只不过是一种直接的看法："确实，这一训练并非出自于不是某个自传的被精心准备的片段的理论"（《杂文集》，第五卷，第136页）[④]

"一种相似抓住了我，就像来自森林深处的号角召唤让人竖耳聆听"（同上）。[⑤]参1935年3月2日在哲学学会的交流："艺术家的伦理以及他们的关系的情感生活，在他们作品的创作中扮演着最重要的角色。

不幸的是，这种生活总是被掩盖起来了。在一个人没有亲历过艺术生活本身的时候（在他亲历过这种生活的时候也一样），要精确地辨别它在那些作品里面所扮演的角色是非常困难的"（同上书，第76页）。[⑥]

---

① 参上文，［第41页］。

② 我们需要注意，这一表达——对到目前为止所使用的"反-文学"的模仿——更多的是在强化而不是在驳斥写作和行动之间的平行。在接下来的稿页中，作为"反-行动"的文学的问题将会开展出来，而构想文学和行动的等值的可能性将在后面出现，特别是在［第81页背面-第90页］中。

③ 参瓦莱里：《作品集》，第一卷，同前引，第1231页。

④ 同前引，第1320页。

⑤ 同前引，第1319页。

⑥ 瓦莱里："对艺术的反思"，《法国哲学学会公报》，第35-37卷，1935年，第76页。

因此，瓦莱里≠纯粹意识，即《导论》里谈论的核心处境。或毋宁说，正是严格性的要求让他在我们的处境具有的谜一般的东西（这是在身体中并且和他人一道具有的）中描述了我们的处境。同样，文学≠对他而言的对历史、对他人的支配，或者对个人历史的支配：这里仍然存在着严格性，意识的火花只出现在集体和个人的历史基础之上。

由此有了对文学的各种有益的误解和作家的各种欺骗（它们就是人面对他人的那些欺骗本身）的批判描述：

1）语言的第一种欺骗：我们说我们想要说的东西所想要的且我 111
们认为深刻的东西——参不是图画已经孕育的东西，而是图画创作得以展开之处的构成了图画的颜料。

/［第 51 页］（IV5）/

作家只不过是"迅如闪电的批评者和猎手"（《如是》，第一卷，第 194 页），[①] 他抓住"我们未曾想要的东西，以及我们想要的东西想要的东西"（同上书，第 151 页）。[②] 总是有一个意义小岛的想法，然后是另一个意义小岛的想法，而这两个想法偶然地开始具有共同的意义。"每一幕戏剧都是一个字谜"[③]——而"大部分人所说的自己的'思想'"也一样，"他们忽视了思想的各种条件和一个字谜的各种条件一样是毫无

① 瓦莱里:《作品集》，第二卷，同前引，第 577 页。

② 同前引，第 551 页。

③ 同前引，第 567 页。"字谜"这个词在瓦莱里的文本中用的是斜体。

意义的、出乎意料的”（《如是》，第二卷，第 77 页）。[①]

因此，不是关于一种内在于语言的逻辑（我们将在后面明白这一点），而是关于语言的偶然性的观念，其思想有助于建构：存在着给定的东西，我们建构的给定的东西。外部旁观者相信，一切都是一下子被建构出来的。

2）任何语言都欺骗我们，因为它让我们相信在他人那里存在着的空虚或空缺的地方存在的是充实。

我们是他者——在我们之间存在着一些间距——同样的事物并非对所有人都是自然的或清楚的。每个人指示的东西，在他人那里都对应于在作者那里使人相信一种完全充实的空白。“天才有时是基于一种源自如下这一事实的表面现象——最容易的、最顺利的道路并非对所有人来说都是一样的”（《如是》，第一卷，第 89 页）。[②]——实际上，只是因为他人在我拥有一种充实的地方拥有一种欠缺，他人才拥有这种充实。有些时候，欠缺这个或者那个对于精神来说是一件好事（精神的定义：只有通过创造才能够摧毁，只有通过摧毁或者只有在缺席或欠缺中才能够发展）——“精神生活在差异中，间距让它兴奋；缺陷让它焕发生机；充实让它了无生趣”（《如是》，第二卷，第 148 页）。[③] 然而，我们只信任来自自己的精神。因此，从他人传送到我们的任何信息中都

① 瓦莱里：《作品集》，第二卷，同前引，第 636 页。
② 同前引，第 518 页。
③ 同前引，第 672 页。

存在着欺骗——

特别是：我们并没有看出从作者到他人的关系，并且在 112
一个他者那里（因为他的各种空白）这如何已经给出了那。

~~3）语言我们~~

“当我们对于一个作者那里的改变其他人的隐藏的转换一无所知的时候，我们就说他是原创的。”[①]《杂文集》，第二卷，第 214 页

3）语言的欺骗，因为它给人以一种独一无二的直观的印象，然而却存在着十字路口

作品通过让我们相信一位作者来欺骗我们。
那个创作作品的人不止是作者。（《如是》，第二卷，第 65 页）[②]

并非某个人的话语：“在雨果[③]那里、在马拉美以及其他作家那里，似乎出现了构建一些非人类的、以某种方式是绝对的话语的倾向：让人想到 /［第 52 页］（IV6）/ 我不知道的某种摆脱了所有人的存在的话语，——语言的神性，——启示全部圣言的全能的话语。是说话的机能在说话；自我陶醉在说话中；陶醉的舞蹈”（《如是》，第二卷，第 75-76 页）。[④] 任何言语都逐步被附加到每一言语中，反响。

---

① 瓦莱里：《作品集》，第一卷，同前引，第 634-635 页。在瓦莱里的文本中，“原创的”用的是斜体。

② 瓦莱里：《作品集》，第二卷，同前引，第 629 页。

③ 雨果（Victor Hugo，1802-1885），法国作家。

④ 同前引，第 635 页。

不存在针对各位先辈、各种状态、各种偶然、各位前辈作家的直接的意愿行动。[1] 作者在这里运用，在别处放过、推迟、拒绝、哀求、诱惑。针对个人内在的神奇的、象征的行动，其作者只不过是引导者。他的引导和各种偶然是同样微小、同样生动、同样可变的力量。(《如是》，第一卷，第 176 页)[2]

整个这一切都被浓缩成了一个意向，并且转瞬间被倾注给读者：读者相信在作家那里的一种等值的体验，——因此受到了欺骗。

作者-作品-读者的关系是非实在的：自身交流是赝品，因为在作品中的东西和将在读者那里存在的东西，从来都不会在作者的亲历中存在。

113 [**第五次课**]

/[第 53 页] (V1)/

语言与文学[3]

语言在其活动中的根本“可靠”~~但“晦涩”~~——而一旦有人固定它，“晦涩”。

1）在我面前的晦涩

“什么是实在？哲学家在寻思；还有，什么是自由？他进入同

---

① 在梅洛-庞蒂在新的言语和旧的沉淀的语言之间建立的关系中，他似乎是借助于那些关于在历史事件的因果链中起作用的行动的术语理解写作行为的。参前文，[第 55 页]。

② 参同前引，第 566 页。

③ 除第 79 页之外，稿页从第 53 页到第 81 页都是打字稿。抬头包含“语言与文学”。

时忽视这些词的隐喻的、社会的、统计学的起源的状态中，而它们向一些无法界定的意义的滑移将使他能够在自己的头脑中产生各种最深刻和最精妙的组合。对于他来说，不应该借助穿越各个时代的一个单词的简单历史，借助各种误解、各种转义使用、各种独特词组的细节来了结自己的问题，——由于数量和各种不一致，一个贫乏的词变得和一个存在一样复杂和神秘，就像一个存在那样激起一种近乎焦虑的好奇，避开了依据那些完善的术语进行的任何分析，而各种简单需要的意外造物，即各种世俗交易和直接交换的权宜之计，被提升为激发一个奇迹般专注的精灵的整个考问力量和全部回应潜力的非常崇高的天命。这个词、这个乌有、这一匿名地被无论什么东西创造和改变的临时方法，被某几个人的沉思和辩证法变换成了一个适于折磨各种思想群体的整个群体的离奇工具，转换成了为一个强大的头脑上紧全部发条、能为构想一切的欲求开启期待的深渊的某种钥匙。[……]当哲学家把无数的困难塞入公共表达（那些创造了它的人对它毫不怀疑）里的时候，当他制造出一些怀疑和麻烦、揭示出一些二律背反、通过那些造成困扰和强制规定的替换的整个游戏使精神感到困惑的时候，比起哲学家的这一工作来说，存在着[……]一个人及其个体差异的真正更个人的和更意味深长的东西……在普遍的显象下面有什么更个人的东西呢？”（《杂文集》，第三卷，第176-177页）[①]

① 瓦莱里的文本有所不同：“发现一些二律背反，各种精神习惯惊讶于各种替换的整个游戏[……]”。“什么是实在？”和“什么是自由？”完全一样，在瓦莱里文本中用的是斜体。瓦莱里：《作品集》，第一卷，同前引，第1256-1257页。参前文，[第33页]。

114 因此，在我的想要支配语言的理智面前的语言的晦涩。我的语言教育我："如此一来，一个人在教育他的儿子，而且他在教育您"（《如是》，第二卷，第 147 页）。[1]"从我们刚才提供的东西中获得的教训"（同上）

2）由于他人参与的晦涩

就像我与自己的晦涩的关系使我正是在他人那里读出了自己那样，——我的对于我来说晦涩的语言还参与到了与他人的关系之中，这种关系将会让他错看我，或者因此让我错看我自己：

因为我们总是为他人而写作——〈语言的雅努斯。转向他人和转向我〉[2]

〈参 V2〉

/[第 54 页]（V2）/

~~1）~~我们总是为他人而写作。

"我们通过那些臆造的词的不在场证明：没有哪个人为仅为自身而写作，没有哪个人和自己商定说自己特有的语言。"（《如是》，第二卷，第 154 页）[3]

哪怕为了知道我们想的是什么，我们也需要把它放到普通语言中去~~（我们从这种语言中得知：~~

~~"从我们刚才给出的东西中获得的教训……在借助刚才出现的~~

① 瓦莱里：《作品集》，第二卷，同前引，第 672 页。

② 参前文，[第 45 页]。

③ 瓦莱里：《作品集》，第二卷，同前引，第 676 页。

~~情况进行的交流教育中，存在着某种奇特的东西。因此，一个人教育自己的儿子，而且他教育您。”（《如是》，第二卷，第147））~~[①]

从认识自身过渡到认识他人：交织。[②]

因此，就像普通语言一样，文学语言也是为他的。“在一个最专注于自己的研究、似乎最受自己特定领域堡垒保护的学者或艺术家的思想核心本身中，面对着更加自身的和更加非个人的东西，存在着我不知道的对于由成形的作品所激发的各种外部反应的某 115
种预感：人是难以单独一个人的。这种在场的行动［……］如此微妙地顺应于作品的其它因素，它有时候被掩饰得如此地好，以至于几乎不可能将它孤立出来。”（《诗学导论》，第32页）[③]

文学，即反-行动，即反-散文与此同时被纳入了生产-消费分析中，就像所有其它的交换一样；历史的

~~2）而且然而~~

/［第55页］（V3）/

由此，有了对各种文学欺骗的描述：
这些欺骗全都是由于对于他人视角构成的：

1）关于他人充实的幻觉：

作者展示的我这里的与空缺或者空虚相应的东西，使我相信他那里的完全充实：“天才有时是一种源于如下这一

① 瓦莱里：《作品集》，第二卷，同前引，第672页。

② 参前文，［第43页］。

③ 这里涉及到法兰西学院诗学课程第一讲。后来收入瓦莱里：《作品集》，第一卷，同前引，第1345页。

> 事实的表面现象——最容易的、最顺利的道路并非对所有人来说都是一样的。”（《如是》，第一卷，第 89 页）[1]

进而言之：有时候这仅仅只是由于他人缺乏理解

> 欠缺这个或那个对于精神来说有时候是一件好事，因为它只能在不在场中进行建构。“精神生活在差异中，间距让它兴奋；缺陷让它焕发生机；充实让它了无生趣。”（《如是》，第二卷，第 148 页）[2]

特别是：有时候恰恰是由于我们的空缺，我们才去改造我们受其影响的作品。“当我们对于在一个作者那里改变了其他人的那些隐藏的转换一无所知的时候，我们就说他是原创的。”（《杂文集》，第二卷，第 214）[3]

2）偶然与理性：作者的幻觉：

画家创作其画（它是其身体想要的东西）——同样，作家只不过是“迅如闪电的批评者和猎手”（《如是》，第一卷，第
116 194 页）[4]，他抓住“我们未曾想要的东西，以及我们想要的东西所想要的东西”（同上书，第 151 页）。[5]

存在着一个意义小岛，然后是另一个，出于偶然，两者开始拥有了共同的意义。“每一幕戏剧都是一个字谜”[6] ——

---

① 瓦莱里：《作品集》，第二卷，同前引，第 518 页（参前文，[第 51 页]）。
② 同前引，第 672 页。
③ 瓦莱里：《作品集》，第一卷，同前引，第 634–635 页（参前文，[第 51 页]）。
④ 瓦莱里：《作品集》，第二卷，同前引，第 577 页（参前文，[第 51 页]）。
⑤ 同前引，第 551 页（参前文，[第 51 页]）。
⑥ 同前引，第 567 页（参前文，[第 51 页]）。

这两个小岛的共同意义与它们的特殊意义无关，这是双关语。而“大部分人所谓的自己的‘思想’”也一样，“他们忽视了思想的各种条件和一个字谜的各种条件一样是毫无意义的、出乎意料的”（《如是》，第二卷，第 77 页）①

如果我们引入多种条件，那就更不用说了

“一部作品是在**作者**的指导下，通过大量的‘精神’和事件——各位先辈、各种状态、各种偶然、各位前辈作家等等——形成的。因此，作者必须成为一个深沉的政客，喜欢调停相互竞争的理智幼体和理智活动。在这里应该运用计谋，在那里不予计较；应该推迟，拒绝，恳求莅临，对作品发生兴趣。——各种追忆、各种祈求、各种引诱——对于我们个人的和物质的内在，我们只有神奇的和象征的秩序的源泉。直接的意愿毫无用处，它对于这一秩序的各种偶然束手无策，应该用和它们本身同样不可预料、同样生动、同样可变的某种力量来对抗它们。”（《如是》，第一卷，第 176 页）②

/[第 56 页]（V4）/

“感官的疲惫在创造。——空虚在创造。黑暗在创造。秘密在创造。意外事故在创造。一切都在创造，除了那个为作品签名和背书的人。”（《如是》，第二卷，第 150 页）③

总之，所有这些偶然都被汇集在一部作品之中，它们在这部

---

① 瓦莱里：《作品集》，第二卷，同前引，第 636 页（参前文，[第 51 页]）。

② 同前引，第 566 页（参前文，[第 52 页]）。

③ 同前引，第 674 页。

作品中的凝聚产生了最后一个幻觉：

“在两小时之内，悲剧诗人的所有打算，他为了规划他的诗篇并逐个地创作出每一诗句所耗费的整个辛劳；或者作曲家所构思的管乐组和管弦乐队的全部组合；或者哲学家的所有沉思以及他
117 在期间延留、保持他的各种思想，期待自己知觉到它们并接受它们确定的排布的那些年代，所有的这些信念行为、所有这些选择行为、所有这些心理妥协，最终都会出现在完成的作品状况中，都会打击、震惊、迷惑、困扰突然受到这种巨大负荷的脑力劳动的刺激的他人的精神。在这里存在着一种过度的作用”（《诗学》，第 35 页）。[①]“那些［……］似乎被力量、被各种完美、被很多愉快的冲击、很多积累起来的惊讶压倒的人，既不可能也不应该去想象整个内在运作、那些分散开了的可能性、各种有利事件的长期抽取，以及各种其结论以预测的表观出现的精妙推理，总而言之，由作为生产者的精神化学家处理的、或者被麦克斯韦[②]妖在精神混乱之中挑选出来的大量内心生活；因此，这些人倾向于想象一个拥有各种巨大力量的存在，除了用来表达无论什么内容而必须的努力外，这个存在不需要其它努力就能够创造出这些奇迹来”（同上书，第 37）。因此，消费者成了作品之价值的、“形成了他欣赏的东西的想象存在之价值的”生产者（同上）。[③]

然而，所有这些都会对“作者”的自我产生反作用。作品：“已经完成了，它再一次反作用于他。例如，他变成了那个已经

① 瓦莱里：《作品集》，第一卷，同前引，第 1346-1347 页。

② 麦克斯韦（James Clerk Maxwell，1831-1879），英国物理学家、数学家。

③ 同前引，第 1347-1348 页。

能够产生它的人。他可以说把自己重构成了已实现的整体的创造者，而这个已实现的整体是一个神话。”（《如是》，第二卷，第 148 页）①

因此，一个人“由于懦弱”而创作文学——他创作出来的东西总是参与了这些欺骗。在没有幻觉地从事文学的时候，在恰好把分析这种混乱，特别是语言混乱当作他的目标的时候，他最不可能参与这些欺骗。

由此便有了训练的、理智力量的文学。

~~感兴趣~~“我当然可以拿起一本书来，快乐地读它和重读它；但是，只有当我在书中找到与语言本身的力量旗鼓相当的力量的思想的各种标志时，这本书才实际地支配了我［……］。这种感受的方式或许是令人不快的。它 /［第 57 页］（V5）/ 使“创造”成为一种手段［……］它倾向于破坏信任的天真愉快，这种天真愉快产生了创造的天真愉快，而且它支撑着所有的阅读。如果作者对自己的认识稍微多一些，如果读者变得更主动，愉悦会变成什么，文学会变成什么？”② 它变成了反-文学。因为原则性的理由，不可 118
能完成：“目的并不能向我提供对于各种手段的辩护，因为——并不存在什么目的。”③

［2）传统的、专断的、新-古典的文学。“任何断定、任何表明它不用散文的方式说话的文学，在它那里都是好的。”（《杂文

① 瓦莱里：《作品集》，第二卷，同前引，第 673 页。

② 瓦莱里：《作品集》，第一卷，同前引，第 1501 页。

③ 同前引，第 1472 页。参［第 48 页］。

集》，第三卷，第 54 页）[①]］

这是被折中了，而不是解决了。我们不可能像不创作文学那样创作文学——应该以这种或那种方式接受语言的不可能性和它的各种欺骗——在关于芬奇的导论中得到揭示的立场，——没有情人、没有债权人、没有爱、没有荣耀，——是暂时的。拒绝成为无论什么是暂时的。因为艺术是一种生活方式（存在着一种“艺术的生活”），而且我们的思想延伸了我们的生活事业。

“艺术家的伦理以及他们的关系的情感生活，在他们的作品创作中扮演着最重要的角色。不幸的是，这种生活总是被掩盖起来了。在一个人没有亲历过艺术生活本身的时候（在他亲历过这种生活的时候也一样），要精确地辨别它在那些作品里面所扮演的角色是非常困难的。”（《哲学学会公报》，1935 年 3 月 2 日）[②]

“确实，它并非出自于不是某个自传的被精心准备的片段的理论”（《杂文集》，第五卷，第 136 页）[③]

瓦莱里在其中断然拒绝传记等等的文本（关于芬奇的导论除外）是这样一些文本：他在它们那里同时拒绝了考虑各个作品和各位作者，他在它们那里想去研究那个创作作品的人，即从经验的人向能够创作的人的过渡，因此，它们不考虑一种没有意义的、专断的或者生活之外的文学，尽管它是在轶闻趣事之外的。

例如：“我不能在艺术中——即在我的愉悦中或我的情绪

---

① 瓦莱里：《作品集》，第一卷，同前引，第 1293-1249 页。这里的方括号是梅洛-庞蒂添加的。

② 瓦莱里：“关于艺术的反思”，《法国哲学学会公报》，第 35-37 卷，1935 年，第 76 页。参前文，［第 50 页］。

③ 同前引，第 1320 页（参前文，［第 50 页］）。

中——看出让我想到 /[第 58 页](V6)/ 某个人的那个人将要创作出的东西吗？他的就是其职业的职责，本身在于让他的面孔、他的那些爱情、他的各种事务消失不见 [……]。与公民身份、妇女或他者的历史和一部作品的内在考虑的混杂相比，没有什么东西更加扭曲我们能够从人类生产中形成的最有用和最深刻的观念了。119
那个创作一部作品的人，并不是那个把其名字署在作品上的人。那个创作一部作品的人没有名字。”（《错误的想法》，第 36 页 ）[①]

当瓦莱里坚持作品和作者（以及读者）是不可通约的事实，坚持我们不能够谈论它们之间的一种可构想的关系时，这不是为了将文学活动排除在时代和整个生活之外，而是为了将它放到与人借以形成表达的语言相联系的运作中去：

“您让作者、作品、观众或听众这三项出现在其中的任何命题，都是无意义的命题，——在这个意义上我们永远都不会找到把这三项集合起来的观察的机会 [……] 进而言之：如果在一项中发生的事情被直接传递给了另一项，那么整个艺术都会塌陷，所有艺术效果都将消失。为了整个艺术效果，即作者的创作耐心地要求的整个运作能够产生出来，需要作用于他人之存在的一种无法渗透的、新奇的要素的介入。”（《哲学学会公报》，1935 年 3 月 2 日）(第 64 页)[②]

在这里存在着一种并非欺骗的语言属性：使人过渡到表达，使他在语言中超越自己、挣脱“各种内在现象的纯粹传递的本性，

---

① 瓦莱里：《作品集》，第二卷，同前引，第 801-802 页。

② 瓦莱里：“对艺术的反思”，《法国哲学学会公报》，第 35-37 卷，1935 年，第 63-66 页。

一点可更新的行动和独立的实存”[①]。在这里存在着瓦莱里不断地向自己提出的被提出来的问题（复杂体[②]）：到底是谁使得，在某些时刻并非随便某个人，而是我们能够表达呢？[③]到底是谁使得，在语言中就像在所有的姿势中一样形成的思想，在语言那里能够获得恢复呢？正是这里的这种功能，透过已经被揭示出来的所有误解支撑着文学，而不是列奥纳多类型的功能的中心立场。行为而非纯粹的权力。[④]在生活中并且自己构建一种生活。

120 因此，在沉默之后，在“由于懦弱”的文学——在它总是假定了某种无意识的范围内，在它/[第59页]（V7）/是不可能者的范围内——之后的运动：这种不可能者，它存在着。

这已经出现在关于诗歌的中期文本中，——以及结束时期的作品中。

---

① 瓦莱里：《作品集》，第一卷，同前引，第1205页。

② 参前文，[第12页及注]。

③ 页边划线从“在这里存在着”到“能够表达”。

④ 梅洛-庞蒂在瓦莱里的哲学里看到了两种既对立又互补的态度。瓦莱里正是在它们的张力中，通过让它们在矛盾中共存，才建构起了他的表达方式。在这里，瓦莱里的这两种思想态度，一方面是通过被理解为写作与语言之间的尽管非个人的相互交织的实存关系的文学来揭示的；另一方面，是通过列奥纳多的图像（在瓦莱里的视角中，它体现了认识和创造之间、不同知识道路之间的几何学点）来揭示的。前面，在第三次课的结尾处（[第35-46页]），梅洛-庞蒂已经将这两极当作其对瓦莱里的分析的前两个环节，梅洛-庞蒂认为在瓦莱里成熟时期的作品中、更一般地说在瓦莱里关于爱和交换的理论中读出来的辩证地超越这一对立的第三范围将会补充给它们。在这个梗概性、纲领性表达中，前两个范围是通过身体（作为“神秘”）和精神（作为对个体化的持久拒绝）表现出来的。因此，这一阶段的论证中给出的变体，强化了在课程的页码范围内似乎暗含着的身体和语言之间的平行关系。在梅洛-庞蒂随后马上就要处理的“诗歌”概念之中，这一变体找到了超越这种张力的要素。

III　诗歌的实在性

在与其它各种表达方式的关系中获得界定的诗歌。

语言通过是一种自由意义的表达这个事实与其它表达方式分离开来，思想并不只是被消耗掉了，或者并没有消失在语言姿势以及其它姿势中，它在其中获得了恢复。

“思想消失在啜泣中、笑声中、行动中、昏厥中、哽咽的喉咙中、击打的拳头中、心脏的停止中。它也消失在已经讲出来的表达中，但这是一种让思想的恢复得以可能并且重新回到源头的转换，这是一个驿站。”（《如是》，第一卷，第 58～59 页）[①]

换言之，语言是在自己的含义面前抹掉自己的姿势：传达清晰思想的信号，被自己的意义抹杀的语言，“传递的”语言，“真理的”（与“创造的”相对）语言。如此乃是散文。

诗歌与散文绝对相区别，因为

1）这是一种试图退回到前语言表达的世界而不是消失在普遍中的语言

2）如果它通达了能指、通达了一种普遍，那么这是借助了一 121
种完全有别的符号与意义的关系、借助了一种悖论的关系：诗歌尝试结合缄默的实存和意义〈它不会被自己的意义所抹杀。〉[②]

1）“是借助于分节语言去表象或重建那些哭泣、那些眼泪、那些爱抚、那些亲吻、那些叹息等等力图模糊地表达的，那些客体在它们拥有生活或者假定的意图的范围内似乎想要表达的这些东

① 瓦莱里：《作品集》，第二卷，同前引，第 501 页。

② 有页面双划线强调前面这两段文字。

西或者这种东西的尝试。这种东西是无法以别的方式获得界定的。它属于这种为了回应存在着的东西而耗费掉的能量的本性……”（《如是》，第一卷，第 144 页）[①]

我们可以把所有表达看作是一些通向语言、通向不同于情感抒发的表达的努力：眼泪，叫喊，歌唱，舞蹈和“爱的行为本身”[②]，某一搁浅的，迷失在“一些腺体、一些肌肉和一些粘膜之上”（《错误的想法》，第 203 页）[③] 的语言的各种失败的开端 /［第 60 页］（V8）/。就像这些缄默的表达一样，诗歌语言指向的是各种事物，因为这些事物“被表达了”，因为我们与它们接触，因为我们不停地被它们考问并且“回答”它们。

> “抒情诗是假定了行动中的声音的诗歌类型——声音直接来自于或者被唤起于——我们看见的或者我们感觉为在场的各种事物。”（《如是》，第一卷，第 147 页）[④]
>
> 因此，如果它在那里透过特殊性而存在、不存在，就是普遍的：马拉美提供了“存在的最低沉的音符，这是他对于成为独一无二的和只此一次地实存的感觉。”（《杂文集》，第三卷，第 20 页）[⑤]

2）因此，在诗歌语言里，声音和含义的关系是原本的：

它作为声音来表达：“整个人体都以声音的方式出现，（是）观念的支撑和平衡条件……”（《如是》，第一卷，第 147 页）[⑥]

---

① 瓦莱里：《作品集》，第二卷，同前引，第 547 页。
② 同前引，第 897 页。
③ 同上。
④ 同前引，第 549 页。
⑤ 瓦莱里：《作品集》，第一卷，同前引，第 652 页。
⑥ 瓦莱里：《作品集》，第二卷，同前引，第 549 页。

“那在生活的各个最庄严肃穆或最危急的时刻被歌唱和被说出者，那在各种礼拜仪式里鸣响者，那在各种激情的顶点低语或呻吟者，那在抚慰一个婴儿或一个不幸之人者，那在一次誓言中证实了真理者，它们都是言语，既不能让自己分解为各种清晰的观念，也不能在不让自己沦为荒谬或虚妄的情况下把自己与某种语调或者某种语式相分离。在所有的这些情况中，声音的口音和速度对于声音所唤起的可知的东西占有优势：它们更多地指向我们的生活而不是我们的精神。——我想说的是[①]，这些言语更多地是在命令我们去生成，而不是促使我们去理解”（《杂文集》，第三卷，第 17 页）[②] 在各个存在的“实体”中引起的“反响”（同上） 122

诗歌和这些表达有同样的关系模式。但这些表达只是情感。诗歌是创作那些唤起情感的作品的艺术。因此，不是这些情感姿势的再现。~~而且正如在别处~~参音乐。诗歌是语言中的语言，就像在噪音的世界中的〈那个〉特别的声音世界。但噪音-声音的区别是直接的。那么诗歌语言又从什么地方区别于语言呢？

从各种任性不安吗？从无关紧要的主体吗？从非含义吗？

解决各种人为问题的才能吗？

/［第 61 页］（V9）/

他谈到这一点，但在别处承认语言意识使执行越来越困

① 页边划线从这里一直到“但这些表达”。

② 瓦莱里：《作品集》，第一卷，同前引，第 649-650 页。

难——马拉美——“确实，应该过两种生活，一种是整体准备的生活，另一种是整体发展的生活”（《杂文集》，第三卷，第30页）。[①]——这毋宁是他青年时代的残留物。诗歌语言的特性并不在各种顾忌之中，也不在对那些支配着一切的规范化的手段的有意识使用之中。

1）抵制人工主义，存在着灵感

2）存在着一些含义，甚至说含义

1）抵制那就是在我们的位置上起作用的无意识、会把诗人看作是另一种力量的过渡的单纯场所——“介质”的灵感，——
123 但不抵制那就是整个的我之结晶，不受任意决断的支配的灵感。[②]《如是》，第二卷，第64～65页的描述：“我进入一间有某件事情在召唤我的办公室。应该写作，有人给了我非常好的笔、墨水、纸张。我轻松地写下某种毫无意义的东西[③]。

---

① 瓦莱里：《作品集》，第一卷，同前引，第659页。

② 梅洛-庞蒂在这里引入了灵感的两种不同的概念之间的重要的区分，一种是受浪漫主义影响的，在这里与无意识的维度联系在一起；另一种集中于结晶概念，进而可以类比于超现实主义美学。他与此同时明确指出，瓦莱里的（著名）批判瞄准的只是这两种灵感概念中的第一种。这一种粉碎了把瓦莱里看作各种灵感理论（由此超现实主义）的单纯诋毁者的陈词滥调的区分，显示了梅洛-庞蒂对瓦莱里诗学的非常深刻的认识。此外，这一区分发挥了瓦莱里的结晶概念（梅洛-庞蒂在课程的相关页码中似乎把它与复杂体问题联系起来——参后文，[第62页]）扮演的角色。通过至少从墨西哥讲座开始便对梅洛-庞蒂非常重要的结晶的主题，该哲学家可以不言明地将瓦莱里的诗学与他自己对斯汤达（他在其《论爱情》中已经把要讨论的这个概念理论化了）和布勒东的那些解读联系起来，这已经使这一形象成为超现实主义学说的关键要素。参德·圣·奥贝尔：《从诸存在的关系到存在的诸要素》，同前引，第225-233页。

③ 页边划线，从这里一直到“或毋宁……低声唱起”。

我的写作令我愉悦。它给予我一种写作的渴望。我走出房间。我离开。我带走了寻求去写某种东西的写作的激动。一些词、一种节奏、一些诗句涌现了，一首诗最终完成了，其主题、其和谐、其种种趣味和整体——都源自于它们没有留下任何痕迹的具体的偶然事件。这种起源会推测何种批判呢？批判是可能的吗？——我们理解这个让我们用来针对我们自己，并且会让我们稍微构想一下如何去做我们所做的事情的批判……"[①]（《如是》，第二卷）[②]

参《杂文集》，第五卷。"就像有某个人在使用我的生活机器"，"这把我行走中的双腿的运动和我会低声唱起的或毋宁说会借助于我低声唱起的我不知道的哪首歌曲结合起来了。"（《杂文集》，第五卷，第139页）[③]

2）诗歌[④]不是没有含义，而是受词义的限制，也就是说，要么是各种偶然性和身体对意义的出乎意外的回应，要么是各种身体的偶然性的有意义的共鸣，简言之，是偶然性通过 124
意义和意义通过偶然性的恢复[⑤]，即，是整个人在作诗，诗出于作而不是出于说。特别是，感性形式和它在各种观念那里的交换价值之间的神秘结合（《杂文集》，第三卷，第14

① 有页边划线强调该引文。
② 瓦莱里:《作品集》，第二卷，同前引，第628-629页。
③ 瓦莱里:《作品集》，第一卷，同前引，第1322页。
④ 页边双划线，从这里一直到"整个人"。
⑤ 这里再一次地，梅洛-庞蒂对瓦莱里诗学的解读倾向于布勒东的美学所特有的一些主题。

页）[①]，——“奇迹”——闭着眼睛解决语音变量和语义变量的汇合难题。——由此而来的是，形式再次被意义所要求，而诗不能被简略地概括。——含义的多元性：这并不意味着任意的或歧义的，而是意味着多边的联系，并且不是通过归入理想的意义下面。如果是这样，则有双重问题：

1）当语言是“约定的”时，在诗歌中被体验到的这种神秘结合如何是可能的？瓦莱里有时谈论（诗歌），说它是一种幻觉。语言在他认为（即任意的）的意义上难道不应该不是约定的，并且应该承认在任何活的、交流中的语言中同样的神秘结合吗？正如瓦莱里有时候所做的——通过散文和诗歌的同质性来证实。[②]

2）〈在瓦莱里那里〉这并不会导致他重新界定自我，不是将它重新界定为对成为无论什么东西的不确定的拒绝，一些意外或偶然，而是重新界定为“复杂体”，以及自发性、字词动物、“极度轻松”的有效语言。

[**第六次课**]

/[第 63 页]（VI1）/

文学的神秘化：谬的谎言的力量，谬误的情人，因为偶然性在其中表现为原因——

---

① 瓦莱里：《作品集》，第一卷，同前引，第 647 页。

② 梅洛-庞蒂试图给予这些考问的回答，取决于对瓦莱里的“诗歌”概念的一种非常宽泛的解读。参前文，[第 12 页及注，以及后文]，[第 66 页]。

面对这一点：另外的视界、另外的运气：这一危险存在于文学之中——但这只是一个危险——语言超出于我们，它对于我们和对于他人来说是模糊混乱的，非深思熟虑的，在这个意义上，这种危险是实实在在的，——但使得欺骗得以可能的这一点，也使征服性的语言得以可能，也就是说，语言并不仅仅只是人们用来交流一些观念和行动的“信号”的代码，它们也从另一方面被认识。存在着不能在其“含义”中耗尽的语言，而且它对于说它 125
的人~~以及听它的人~~来说，乃是意义在其整体存在中的诞生，对于听它的人来说是在其整体存在中的“共鸣”，因此，它是单一对单一的交流，而不是根据预先的普遍性的正面交流。这就是诗歌。

偶然在这里变成了理性。

〈这就是当瓦莱里进行强调时想要说的东西：〉

1）诗歌中声音与意义的统一。〈声音中的意义〉

“如果不是去产生强烈的印象，我们想要的还能是什么呢？而且在某一持续时间内，一种话语的感性形式和它在各种观念那里的交流价值之间，存在着我不知道的某种神秘结合[①]、某种和谐，多亏了它们我们分有了与各种言语和行为在那里相互回应的世界完全有别的一个世界。”（《杂文集》，第三卷，第 14 页）[②]

“从声音下降到意义的活动钟摆，倾向于重新回升到它的感性起点，就像被呈现给您的精神的意义本身，找不到

① 页边双划线，从这里一直到“它们我们”。

② 瓦莱里：《作品集》，第一卷，同前引，第 647-648 页。

[……]产生它的乐曲本身之外的其它回应。”(《杂文集》，第五卷，第 152 页)[1]

——但这是如何可能的呢？声音和意义之间的约定关联；历史的、偶然的——因此，这只涉及幻觉：

“这要求一个奇迹。我们完全知道，几乎不存在如下情形：在我们的各种观念和逐一命名它们的一组声音之间的关联不是完全任意的或者出自纯粹的/[第 64 页](VI2)/偶然”(《杂文集》，第三卷，第 15 页)。[2] 参《诗学导论》：声音与意义，诗歌提供了“它们的深层的紧密关系的幻觉”。(第 55 页)[3]

——但是，就算是幻觉，诗歌又是如何可能的呢？

就算“紧密关系”从不存在，那它为什么有时候看起来存在，有时候看起来不存在呢？为什么某个声音在诗人的眼
126 里看起来是被某一意义所要求的呢？在他那里，那些词“不再按照相同的吸引力结合起来；它们承载着两种同时被卷入并且同等重要的价值：它们的声音和它们的即时心理效果。由此，它们让人想起几何学家的复数，而语音变量和语义变量的耦合产生了诗人蒙着眼睛来解决的一些延伸和汇合的问题，——但他们是时不时地解决这些问题的（而这是最重要的）……”(《诗学导论》，第 56 页)[4]——

如果语义领域和语音领域真的是不同的，那怎么还会存

① 瓦莱里:《作品集》，第一卷，同前引，第 1332 页。

② 同前引，第 648 页。

③ 同前引，第 1356 页。

④ 同前引，第 1356-1357 页。“延伸和汇合”的强调为梅洛-庞蒂所加。

在着各种问题，两者之间的各种汇合和各种延伸，即相遇呢？它们似乎可以导向不同的表述：那汇合怎么会意味着存在着某个内容的形式和某个形式的内容呢？

瓦莱里在这里没有提示地让我们——继续用我们自己的方法——去分析他告知我们确实存在的这种不可能：

"一部诗歌作品的创作——如果我们将之看作［……］是为有待解决的各种问题提供说明的话——在我们看来是不可能的"（《杂文集》，第五卷，第160页）。[①]〈是不可能的就够了吗？难道不应该说是荒谬的吗？因此〉

〈1）〉在我们中间到底是谁在通过明确的分析来解决那些未表明的、无法解决的问题？蒙着眼睛解决它们吗？〈2）〉在理性或意识不是其主人的创作中，是谁在守卫它们的位置，并且最终使表达作为被表达者的表达出现，达到给出它们的"紧密关系"的程度。在这里，让我们来补全，甚或校正瓦莱里；我们一方面依赖于他说过的那些东西，另一方面为它们构建上下文。

2）语言中声音与意义的密切关系

/［第65页］（VI3）/

2）语言中声音与意义的密切关系

〈（B）〉实际上各种语言符号并不是"自然的"，要么是被预先规定的，要么是由与所指的内在约定引起的。

---

① 瓦莱里：《作品集》，第一卷，同前引，第1338页。

127 参索绪尔所言：符号是“消极的”，“区分性的”，约定的，也就是说，出于人类的创造。

但这并不意味着，符号与所指之间的关系是纯粹外在的，就像电话号码与人名之间的关系一样。因为在被理解为发音集合的那些符号和被理解为场域的所指之间存在着内在的联系——区分性的符号和含义的差异。——按照索绪尔的看法，符号的本性是如此这般的（它们是“消极的”，它们标记各项之间的一些差别，而不是意指这些项），以至于它们通过一项作用于另一项来构成一个与所指的结构同形的结构。这些一一对应的要素是任意的，但它们作为处在差异化过程中的一种言说的环节并不是如此。——在一给定的语言中，各个音素、各个词素和所有甚至纯粹文体学的表达方式之间，如果说不存在一种严格的逻辑的话，至少也存在着一种相互支撑的关系，以至于此种表达具有此种形式、彼种表达具有彼种形式就不是偶然的了——参处在某一层面上的位置的相对性，但在一个确定的层面上，一个被知觉的点的空间值是确定的。——同样，可能的表达系统是无限的，但在一种确定的、被言说的语言中，并不是约定使此种言语意味此种事物。——在交流获得成功时，内在联系并不是在符号与含义之间，而是在所有符号相互之间和在所有使用价值相互之间，由此有了符合的经验（尽管符合从来都不是全部的表达）。——由于同样的理由，排除了语义学的绝对偶然性：

/［第 66 页］（VI4）/

一个词的现时意义并不仅仅是过去意义的所有变化的乱七八糟的累积（也不是系统的方案）是存在着伴有现在意义的现时动

因的相对统一体。只要词出现在语言中，它就被纳入了交流的意愿中，而且它把这些意义统一起来也绝对不是出于偶然，或者说，我们拥有一些只不过是同音异义词的词。〈“神秘的结合”是建立在理性基础之上的，因为问题不在于把概念和声音现象，而是把含义差异和符号差异结合在一起，因为作为差异化进程中的系统的言语能够提供差异化进程中的意义的图示（例如动词的结构和时态的建筑术）〉

〈如果我们考虑一般语言的话，这个问题就可以被搞清楚了〉

〈(A)〉因此，在任何语言中（而不只是在诗歌中），意义和声音的密切关系——参儿童——~~建立在理性基础之上，因为现时~~ 128
~~言语中的意义尤其是意义的差异，差别~~，因为言语由此~~提供了图示（参，例如动词的结构）~~。

瓦莱里感受到了这一点，感受到了奇迹无处不在，因为他在这一点上把整个语言都比作诗歌：

我们关于诗歌所说的一切对于文学都是真的：“诗歌只不过是被还原到了其积极原则之根本的文学。”（《如是》，第一卷，第145页）[①]

诗人可以类比为创造语言时的人：“……毫无疑问，诗歌同人的先于写作和批判的某种状态相关。因此，我在任何一个真正的诗人那里找到的都是一个非常古老的人：他仍然在喝语言的泉水，他发明了一些“诗句”——有点像那些最具天赋的原始人必然会创造出一些“词”或者词的一些雏形一样。”（《杂文集》，第三卷，

① 瓦莱里:《作品集》，第二卷，同前引，第548页。

第 19 页）[1]

进而言之：即便是在被创造出来了的语言中，也存在着一种承载它的有效诗歌——这意味着：界定诗歌的声音-意义符合存在于任何语言内部：

“假如我现在竟敢探询这些用法，或者毋宁说探询对语言的这些滥用，假如我把它们集中在‘修辞格’这一不明确而且笼统的名下，那么，除了古代作家已经尝试对这些‘修辞’现象进行过的非常不完善的分析的那些完全被抛弃的残迹之外，我找不到任何其它东西。然而，这些被现代作家的批评如此忽视的修辞格，扮演着最重要的角色，不仅在公开的和有组织的诗歌中，而且还在这种永久地活跃着的诗歌中——后者曲解固定的词汇，扩大或者缩小各个词的意义，通过对称或转换来操作它们，每时每刻都在改变这种信用货币的价值；时而借助于公众之口，时而借助技巧表达的难以预料的各种需要 /［第 67 页］（VI5）/，时而借助于作家迟疑的笔，产生出这种悄无声息地将语言变成了不一样的东西的语言变体。［……］没有人通过深入考察迄今为止语法学家如此模糊地界定的这些替换、这些缩合标记、这些审慎的误解和这些权宜之计，去研究它们所假设的、与几何学天才有时候阐明的那些属性不可能有很大的不同的属性，去研究自己的为自己创造出越来越灵活和有穿透力的各种思想工具的技艺。诗人不自觉地在
129 一系列可能的转变和关系中行动，他在其中只能觉察和追随那些在他自己内心活动的如此状态中对他具有重要性的瞬时的、特殊

① 瓦莱里：《作品集》，第一卷，同前引，第 650 页。

的效果。”（《杂文集》，第三卷，第 49 页）[1]

诗歌是“初生状态的”语言，语言相反地通过一首诗整个地获得了支撑，它是“杰作中的杰作”。（《诗学导论》，第 12 页）[2]

整个这一切让我们可以说，瓦莱里并不执着于诗歌的不可定义的特殊性，而且每当存在着生动的表达性时，声音与意义的密切关系就在那里了。

3）**表达性**

〈那在前面者 =

表达性 = 语言的如此皱褶具有的去标记、即去交流思想领域的如此起伏的能力〉

〈复杂体〉

~~表达性，同样的无处不在~~，〈以此为起点，瓦莱里对散文和诗歌的定义变成了对完全现成的语言、对现时的和征服性的表达性的定义。表达性〉在已构成的语言中昏睡：人们没有意识到意义和符号是无法分开的，语言在它的含义中被忘却了（瓦莱里对散文的定义毋宁是对现成的、一次性完成的语言的定义）——为了唤醒表达性，应该在它得以形成的那些时刻中去考虑它。

表达被瓦莱里比作为观看、绘画活动和爱——在所有这些情形中，一种作为多样的和通过偶然（一个身体、一种语

---

① 瓦莱里：《作品集》，第一卷，同前引，第 1289-1290 页。“这种永久地……诗歌”的强调为梅洛-庞蒂所加。

② 同前引，第 1440-1441 页。

言）而被赋予的统一的存在由于我们而形成了〈(《德加[①] 舞蹈 绘画》，第 80 页）〉尽管欲望和意愿发现它们为此需要的那些词和姿态是事先准备好的，——或〈者〉，偶然性的每一个礼物都被证明是有意义的，因此，“在目的和手段之间、偶然和选择、实体和意外、预见和偶因、质料和形式、力量和抵抗之间，不时地存在着互换”(《德加 舞蹈 绘画》，第 138 页）。[②] 从任意到“必然”的过渡——已经处在观看中：被还原的复视，因为我的 /[第 68 页](VI6)/“观看机器”是应
130 各种形象的请求才安排双眼的；眼睛和被看之物就像一个通向其充实的单一系统那样起作用——当被看的东西不仅控制和考问目光，而且还有我的手——从我手里（从它那里、从我既成绘画的整个风格那里）引出线条的时候，更是如此；这种情形反过来让我像前所未有地那样看对象（从前眼睛只不过起“中介”作用）：有意的看（就像在整个具体的观念之中存在着有意的表达）(《德加 舞蹈 绘画》，第 63～64 页）[③]——同样，“性别之战”(《德加 舞蹈 绘画》，第 138 页）[④]= 在对一种运动的狂热中对某种本身来自于一种运动的被看见的事物的回应，参棍子以及人玩耍的动物的运动——在口头表达中，应该说出的东西从我们这里引出了大语言（和我们的小语言，如果我们已经运用它，各种价值在那里就已

① 德加（Edgar Degas，1834-1917），法国印象派画家、雕塑家。
② 瓦莱里:《作品集》，第二卷，同前引，第 1221 页。
③ 同前引，第 1188 页。
④ 同前引，第 1221 页。

经被重新分配过了）的那些词，这些词会让我们把它变成可见的（就像那些形象获得了会让我们看见事物的各种运动一样[①]）。事后，大语言似乎已经被明确地创造出来了，以便用来言说我们已经说出来的这种特殊的东西；似乎作为“说话机器”总是把意向从它那里得出的东西隐藏起来了。意向成为了给定的语言，锚定在它上面，反过来，给定的语言通过各种语言价值的重新分布获得了更新，这两项并不是相互外在的，而是属于一个单一的系统。对意向而言，给定的语言是一项进展中的工作的要求，意向将会在进展中转变成含义，就像借助于绘画，漫不经心的观看转变成了精确的观看一样。“诗歌将会实现哲学家的先天，这种为知识之前的知识圈定范围的形式。奇特的和奇迹般的手段，某个人最起码可以谈论它的是：他向自己揭示精神［……］通过一种缺乏反响的吸引力发现观念的手段”（阿兰[②]为《年轻的命运女神》写的序言，序言第 54 页）。[③]在这样的语言承诺获得后，就有了表达性。这样一来，意义和声音只能合而为一，因为意义只能存在于从沉默的意向到预先的表述之获得的轨迹上，该轨迹/［第 69 页］（VI7）/并非是各种特殊表述的仓库，而是一种内在的语言形式（innere Sprachform），一种回应一些典型的语言处境的能力。语言和意义只能合而为一，因为只有朝向沉

① 参同一年在法兰西学院上的另一课程《感性的世界和表达的世界》。

② 阿兰（Alain，本名 É. A. Chartier，1868-1951），法国观念主义哲学家。

③ 瓦莱里：《年轻的命运女神》，阿兰作序，巴黎，伽利玛出版社，1936 年，序言，第 54 页。

131 默的意向“校准”说话机器（正如朝向各种形象校准双眼一样），我们才能思考我们所思考的东西。既不建立在对自己的语言的理智占有之上，也不是对几何光学和解剖学的知识的确定的说话者的行动。因此，通过必须说出的东西比我们想要说这或说那的坚定意志更加有效，这一行动假定了言语的极化。我们想要说这或说那，但我们诉诸的言语却想要说变成了作品的别的东西。[①] 在沉默的意向和我们说出的东西之间，一种似乎自然的机能，即一种交换关系形成了，语言装置被一种我们并不理智地拥有的意义所引导，“存在着的声音”召唤“将要到来的声音”（《诗学导论》，第 41 页）和“应该到来的声音”，而我们并不确切地知道为什么。

在我们这里，支撑这种“适当”的，且既非观念也非意志的是什么？瓦莱里称其为复杂体（《固定的观念》）。复杂体≠我们这里的知道我们不知道的东西的另一个思考者。另一个施动者。它是我们这里的能够以一种我们不认为我们能

① 在描述语言的功能的时候，梅洛-庞蒂再一次利用了瓦莱里诗学的一个典型方案，不过他将其扩大运用到了所有的语言表达形式中。更加特别的是，在这里，瓦莱里关于作品意义的施事性的学说，在梅洛-庞蒂看来，似乎能够被运用到所有的指事行为。在这个意义上，诗学就会是超越单纯指称的所有语言的运用。然而，如果梅洛-庞蒂从瓦莱里的美学里面得出这一结论，那么在他本人特有的视角里，语言永远无法被还原为对于事先被孤立出来的对象的单纯指称。由此产生了瓦莱里的立场的极端化，它倾向于把所有的语言都当成“诗歌”。不仅仅是诗句，而且所有的言语都将只有“人们提供给［它］的意义”。参下文，［第 73 页］，以及瓦莱里：《笔记》，第二卷，同前引，第 1203 页：“一部创作出来的作品并不存在真正的意义，作者和无论什么人一样无法再合理地和可靠地揭示它。他如此一来是要创作另一部作品。［……］”

够的方式来回应一些请求〈1〉者。请求是本质性的，而回应则全都来自于我们。请求≠刺激。它只有通过把我们归还给我们自己，通过唤醒它碰巧是其完全现存的一个阶段的我们的进程，才会作用于我们（会谈，一场讲座之后的答问，对最初文本的研究）。

我们找到了我们所想要的诗或作品的一个片段。

（1）“一个处于不被请求状态的人处于虚无状态”（《固定的观念》，第 83 页）[①]

/［第 70 页］（VI8）/

〈也就是说，我们根据一个观念（可是，我们还没有观念）而 132
不是一个范畴来选择所予｛被构想的东西｝，这是某种缺乏、一种“一致的变形”、一种引导我们的方式。如果〉

我们想直接放手在上面，意义溜走了。

作家是知道“驯服”复杂体，即知道利用给定的片段通过萌芽和侧面生成获得另一片断的人。给定的片段是全体的结晶之契机。[②] 以这一事件为起点，诗人“经受了一种被掩藏的转变”。[③]“他脱离了他通常基本上是无拘无束的状态，我在他那里看见一个施动者、一个充满活力的诗句创作系统构建起来

① 瓦莱里：《作品集》，第二卷，同前引，第 233 页。

② 因此，问题不在于区分“诗歌”和“完全既成的语言”，而是区分将语言诗意的潜能运用到一些想要的目的上去的各种不同能力。在这里我们要再次注意，结晶概念是相应于复杂体概念而起作用的。

③ 瓦莱里：《作品集》，第一卷，同前引，第 1329 页。

了”(《杂文集》，第五卷，第 148 页)。① 一种“独特的时间”(《固定的观念》，第 137 页)② 出现了。存在着一些不是理性的也不是病态的心理成长……“有一种心理的劳作［……］，它同时对抗胡言乱语和顽念，而且它倾向于通过占有一种心理的……客体(精神在其中认识到了它所欲求的东西)来完成。

可是［……］它不知道它认识到了的东西［……］。但它不可能在这方面搞错［……］这当然优于手足情谊……你承认存在着一种倾向于去形成和构建的精神劳作……或毋宁说倾向于让整个秩序、整个系统(它的一个部分或某几个条件是给定的)得以形成吗？”(同上书，第 135 页)③

事件和欲望的统一的这一独特的时间似乎是空间，我们已经在这里创造出磁场，在这里出现的任何东西都是被那些被提供出来的力量塑造出来的。意愿的角色仅仅在于在这个磁场里面维持那些“担责的”要素，而且它会看到“某种形象——它不再依赖于我们——形成了”(第 137 页)。④ 参考眼的凝视 ⑤，它有某种“天才的”东西。

133 所有这些描述的意义：复杂体是一种尚未被专题化、被解放、

① 瓦莱里:《作品集》，第一卷，同前引，第 1329 页。

② 瓦莱里:《作品集》，第二卷，同前引，第 261 页。

③ 同前引，第 260 页。

④ 同前引，第 261 页。

⑤ 晶状体的调节形象在瓦莱里的作品中经常出现，它也出现在对于心理学特征的思考中(它在这里主要被用来表现注意的功能)和美学目标的一些拓展中(它在这里尤其诉诸于瓦莱里在画家那里认识到的注视能力，或者一般地诉诸于艺术家)。

被为己地设定，然而却选择了所有请求的意义活动，它按照那些偶然性不言明地说出的东西来回应那些偶然性，去理解所有的暗示 /[第 71 页](VI9)/——表现得好像它知道只是由于所有这些活动它才会知道的东西，就像在视觉中的双眼一样。因此，它不是现时的东西、不是亚里士多德的潜能，它是临近的东西，它因此是非观念和非事物，是“被感染的观念”，它是地平线（一种只能收缩和放松的肌肉只有极少的复杂体），它是给出我们并不拥有的东西和我们在……方面发现的东西的能力，简言之“理解”和成为……能力（例如，一个动词的各种时态就是复杂体的一些变体）——记忆是复杂体的作品（我们给出我们并不拥有的财富），而在极限处的语言（是）“字词动物”（皮斯·塞尔维安[①]）

在这里，造成二分的偶然和理性被超越了：瓦莱里觉察到了，对于一个不言明的我们自我来说，一切都会有一个意义——这个自我的确并非在所有时间都是不变的，它形成了一些时期的一致，它把我们安顿在可以持存一天或一年的理智的“邻居关系”中。这种孵化、这种孕育所预备好的东西，是有表

① 皮-塞尔维安·科库列斯库（Pie-Serban Coculescu），1902 年生于布加勒斯特，1953 年死于巴黎，是罗马尼亚作家、科学家和语言学家，以笔名皮斯·塞尔维安为人所知。他在法国出版了大量作品。瓦莱里在发表过一篇关于他的《韵律作为美学的物理学导言》（巴黎，布瓦万出版社，1930 年）主题的评论后，曾经为他的《东方》（巴黎，伽利玛出版社，1942 年）写过一篇名为“塞尔维安之例”的序言。他也是一部题为《科学的语言》的论著的作者（巴黎，赫尔曼出版社，1938 年），他在其中展开了一种看法，据此，有两个对立的极点处在普通语言的两端：“抒情的”语言和“科学的语言”。在依靠科学语言的形式的时候，美学就是科学，它把抒情语言作为对象。

达力的〈也就是说，一种侧面的一致、一种亲缘关系、言语链的一种与自身的关系、一种区分值*〉

/[页边注]/〈*安置一个新的思维装置而不是一些含义——由此得出结论：阅读一个作者，就像获得一个新的器官，能够引导你超出于他所说的东西，而不是各种观念的单纯传递。〉/

这使我们理解了瓦莱里想说的东西——当他说〈那些文本的
134 贫乏，瓦莱里在这些文本中说〉诗歌通过回响从存在通向存在，或当他说是音乐，是语言的舞蹈而非步行，是语言的陶醉，诗歌并不直接地意指：所有这些都来自于象征表示，而且是非常糟地表达了瓦莱里的诗歌[①]——就像皮提亚[②]充分地表明的那样，诗歌是远离身体和声音的。这是近似的表达〈对音乐或者陶醉的参照是非常不够的：一些最好的文本：〉（那些观念在诗歌中和在散文中并非具有"相同种类的价值"。[③]《杂文集》，第三卷，第71页）——它们在诗歌中是一些与声音、节奏等相竞争的手段，用来维系张力以便在我们这里产生"完全和谐的世界——一种实存方式"[④]同上书，第68页。"让整个在感受的存在都卷入其中的诗

① 梅洛-庞蒂在这里抨击了瓦莱里的断言，依据这一断言，诗歌就像舞蹈在走步中那样在散文中。完全就像一旦目标达到了，走步就被遗忘了一样，散文在其含义面前消失了。一旦去除掉无论何种效用的他律原则，舞蹈和诗歌反过来就成了那些相同的手段的绝对使用。瓦莱里：《作品集》，第一卷，同前引，第1329-1330页以及多个地方。

② 皮提亚（Pythie），古希腊德尔斐城的阿波罗神庙的女祭司。

③ 瓦莱里：《作品集》，第一卷，同前引，第1505页。

④ 同前引，第1503页。

学状态的转移"[①] 同上书，第 53 页

最后，《关于诗歌的谈话》，诗意的情绪是"对世界的感觉"[②]/［第72页］（VI10）/"我想要说在我看来，诗意的情绪或状态包含着［……］知觉一个世界、或者一个完整的关系系统的倾向，在这个世界中，各种存在、各种事物、各种事件和各种行为，就算它们一个一个地与那些挤满并构成感性世界的东西相似，［……］另一方面也与我们的一般感受性的各种模式和规律处于一种难以界定却又奇迹般地合理的关系之中。它们彼此呼应，以完全有别于通常情况下的方式结合在一起。它们碰巧［……］被音乐化了，变得可通约了，一个回应另一个"（第 15 页）。[③] 当语言反过来向"歌唱状态"过渡时，这种情感可能会被它产生出来

因此，所有这些文本，差不多表达了我们现在清楚地看到的东西：当在最高处存在着复杂体的出场和活动，即存在着所有事件和存在与所有其它事件和存在的整体的、侧面的关联的时候，语言本身作为一个整体也不受各种观念和意愿的控制，而受处在寓于其中的一个不言明的意义的控制而起作用时，诗歌就存在了。

瓦莱里的诗歌，如同萨特就一些超现实主义者所说的那 135
样，不是从背面来看的语言[④]，语词就如同事物一样不是正面

---

① 瓦莱里:《作品集》，第一卷，同前引，第 1292 页。

② 同前引，第 1363 页。

③ 同前引，第 1363 页。

④ 参萨特:《什么是文学？》，同前引，第 25 页。

的语言：语词是用来对付各种事物的工具，如钳子、天线之类（萨特[①]），瓦莱里的诗歌是通过那些词的机体的侧面统一迂回地获得理解的语言，是处在前逻辑的统一中的世界。

4）**理性的和非理性的〈根据复杂体的理论〉**

瓦莱里＝因为理解自身的要求是更加严格的起点，对一种生活的描述就更加是不理性的了。长期以来他同时是这两者：对最难思考的东西，即身体、语言、实存、睡眠等的敏锐的意识和最精确的表达。但是，获得充分的训练，这种分双部分的思想被超越了：既然我们谈论实存，实存就并非是如此非理性的，而且理性或许并非就是不变性？

由此，非理性主义主题的意义变化了，这些主题 /[第 73 页]（VI11）/ 最终变成了一种隐藏的理性的主题：例如偶然-理性-复杂体。同样

1）不可通约的作者、作品和读者——不存在三者都在其中被给出的评论——因此不存在一个与另一个之间的意义比较——写作的屏障——从思想到思想的直接交流乃是艺术的终结——

这一点可以被理解为：艺术价值是直接交流所消除的欺骗。一些通过各种有信号指示的人为手法相互强制规定对方的单子。想象的作者

但在复杂体理论之后，另外的意义：一种直接的交流严格地说是不可能的，因为不会有任何可交流的东西，因为只

① 瓦莱里：《作品集》，第一卷，同前引，第 19、25 页。

有通过努力地接触语言，通过让语言抓住我的预感，我才能思考某种东西，只有借助于对文本做的反向恢复工作，这一工作才能被他人分担。特别是我们无法在生活中找到作品，因为作品产生自从生活向表达的“独特时间”的过渡，尽管整个生活都为这一过渡做出了贡献，但生活在这一过渡中变成了自己此前还不是的语言和含义。

2）一部作品的意义是随意的〈；与“有意义的”语言相反〉 136

“不存在文本的真正意义”[1]。文本＝工具（“语言的机器”），每个人都根据自己的方法来使用它，“不能确保制造者比别人用得更好”（《杂文集》，第三卷，第 74 页）。[2] 那些幻魅怎么更何况，就算他知道他曾经想要做什么，他也可能没有看到他已经做了什么。

“声称任何一首诗都对应于一个真正的、唯一的、与作者的某个思想符合或者一致的意义，乃是一个与诗歌的本性相对立的错误［……］。”（同上书，第 80 页）

这被视为悖谬或者洒脱：作品并不是由于一些思想形成的，而是由于一些拼凑在一起的偶然形成的——这些偶然[3]/［第 74 页］（VI11）/ 可能是幸运的——作者在玩的、他在其中没有必要去除掉自己的各种欺骗机会的博彩——之所以作者对自己的文本想要说什么知道的并不比其他人更好，是因为这个文本拥有就像一块陨

① 瓦莱里：《作品集》，第一卷，同前引，第 1507 页。

② 同上。

③ 后面一页被梅洛-庞蒂标错了页码，他将它重新编为〈VI11〉。

石或者一个怪兽那样的意义，它通过偶然引人去梦想，尽管这个梦想不是被任何人置入文本中的：误解，双关。

复杂体理论之后：一部语言作品并非可以分析为一种或几种思想，因为它是一个复杂体的运作的痕迹，也即因为意义在那里的注入并不是以思想为起点造成的，而是通过所有已经进入那里的要素都受到了影响的同一种差别、通过浸入了所有这些要素并且使它们彼此都富有表达力的风格感染造成的。如果作品和它使用的给定语言的各个术语之间存在着分析的关系，那么它就像一个难题那样是可以破解的，而未知的东西将会以一种观念的方式出现在创作该作品的精神之中。但是，存在着~~旁侧的~~〈综合的〉关系：只有透过表达活动的展开，意向才得以显示出来。因此，关于作品，只会存在多个复杂体的训练[1]。去问作品中存在着的东西和作品中不存在的东西（就像去问一种语言的词汇统计一样），
137 有什么意义呢？因此，作品中的东西始终在那里：轮廓、阿拉伯式的装饰图案、场域或视域，它们的激发力量是无法被列举出来的。没有含义并不意味着无-意义。

3）诗是声音、作为而不是说话[2]

它并不是在懂得书写之前的人的意义上的声音（没有书写，瓦莱里的诗歌会是什么呢？）——也不是在声音给出“在

① 不仅复杂体之构成的潜伏期妨碍了通过作品重新回到作者形象，而且暗含在诗意现象中的各种复杂体的多元性使诗成为了一个不可还原为一种单义解释的对象。

② 梅洛-庞蒂再一次强调了瓦莱里诗学的施事特征。参上文，[第 69 页下面]。

声音下面”的身体的直接在场意义上。——也不是在歌唱的意义上——

这是在口音或者语调意义上的声音。~~重新出现在~~〈然而，声音在这种意义上存在着〉/[第 75 页](VI12)/~~散文中的意义~~，〈也在散文中〉，例如，依据瓦莱里的看法在斯汤达的散文中存在着:“人们有时候会听见某些词组，几乎只有一种神经质信号价值[……]的一些感叹词，作为一些完全个人的主题突然出现在文本中，仿佛在平庸的或令人厌倦的环境中，对抗过度的烦恼或忧郁，对抗对于平庸处境或厄运的感受，个人价值的洪亮声音回荡萦绕，自己的独一无二的警报尖叫不止[……]”①

自我中心者的自我中心的主题就这样在其笔下奏响了。②

怎么着也该像当年那样啊！③

另一个主题，“太高的护网”的主题(《杂文集》，第二卷，第 91 页)④

(我们能够在散文那里听到的)正是这种声音(这并不意味着

---

① 瓦莱里:《作品集》，第一卷，同前引，第 560 页。

② 梅洛-庞蒂在这里提到了瓦莱里把语言和意义的关系问题与声音和自我中心的关系问题关联起来的复杂的概念网络。正是围绕着这三个要素，瓦莱里建立起了他对笛卡尔、更准确地说，对我思的解释。然而，正如后面的引文表明的，眼里瞧着瓦莱里关于笛卡尔的文本的梅洛-庞蒂，在这里却宁可选择同《斯汤达》相关联。

③ “斯汤达[……]向我们讲述道，我不知道是在何处，拿破仑在自己的非凡存在的那些危急时刻，自言自语过，或者应该自言自语过:‘怎么着也该像当年那样啊！’这是他曾经对自己的鞭策。我思对我产生了由笛卡尔奏响的对他的那些自我中心力量的召唤的效果。”(瓦莱里:《作品集》，第一卷，同前引，第 807 页)

④ 瓦莱里:《作品集》，第一卷，同前引，第 561 页。

它是平实的散文：它是散文的积极的、并非-未定形的部分）~~成了诗歌的、特别是瓦莱里诗歌的声音~~〈并非身体的声音，甚或音乐的声音使诗歌得以可能。那么散文和诗歌之间的真正差异到底是什么呢？在两种情况下都存在着声音、对宇宙的感觉、世界——但诗歌的声音，简单地超出于人之外[①]〉

138 满是愉悦的大祭司之耳
正冒险朝向未来：
一种神圣的期待让它侧歪了
因为一个新奇而洁白的声音
正从这一不洁的身体逃离

人类之荣耀，神圣的**语言**
那先知的、已经预备好的话语
犹如戴在受约束者身上的那些美丽的项圈
肉身中的神迷途了
富有启迪，慷慨大度！
这说出了一种**大智慧**
奏响了庄严的**声音**
在它奏响之时，被知悉的
不再是来自任何人的声音

---

① 作为作者和读者之间必然间接的交流，诗歌是这两个极点之间的真正相通的场所，而且，它由此可以变成“无人之声”。正是在这个意义上，阅读接下来的那些段落是非常合适的，梅洛-庞蒂在它们那里评论了《皮提亚》。这些论据并不与瓦莱里拒绝那种把诗人当作是一个“通灵者”的灵感学说相矛盾：通灵者在这里实际上是诗，而不是诗人。参前文，[第 61 页及注]。

而是充满波涛和森林的天籁之音！①

~~或毋宁说，因为斯汤达的声音并不是人的声音~~，

诗歌之声是一种万物之声，是万物想要说出的东西的发音，因为它们为了~~一个人~~〈某个人〉而共存，仅止而已。存在着一种诗意的超然（它只不过在表面上是人的声音）〉

但无论如何，声音绝不喊叫。“洁白的”声音：与身体漆黑的魔力相对，是语言洁白的魔力，即它的延展性，它通过一些符号来表达、来让我们看到音乐从来都产生不出来的东西的能力*。

/[页边注]〈*《皮提亚》：对于语言降临的描述。首先存在的是寂静：第152页

我珍贵的身体……最受喜爱的形态，
清新出于有人从来都不曾停止
对阿弗洛狄特②的渴念，
未经触碰的黑夜，温情动人的峰巅，
还有您那些无法言说的造化
感性岛屿上的一块黏土，　139
成了我命运的柔软材料，
我们曾亲历过何等的联合，
直到那些泡沫的恩赐
将你变成这死亡的身体！

---

① 瓦莱里:《作品集》，第一卷，同前引，第136页。

② 阿弗洛狄特（Aphrodite）是古希腊神话中的爱情女神、性欲女神，奥林匹斯十二主神之一。

然后就有了与身体不同的精神对身体的占有，这个精神
区别于它，
而且这个身体想要放逐自己：

第49页 残酷的礼物！卑鄙的主人，停下吧，
赶快，赶快，噢，神圣的起源，
佯装成一种虚幻的受孕
在这没有情人的纯洁的母腹中！〉①/

/［第75页］背面（VI12）/

〈快让这可怕的场景落幕！
看吧，我整个的身体弯成了一张淫荡的弓
为了射出紧绷得要断
因为它最可耻的发射
不可挽回地冲入灵魂的霄宇
我的胸膛如何能再将它守住！

［意识让身体恢复不纯洁
疏远它：］
谁在对我讲话，在与我相同的位置？
哪个回声在回应我：你在骗人！②

语言乃是这种松绑，声音
清新而洁白，它让身体

---

① 瓦莱里：《作品集》，第一卷，同前引，第131页。
② 同上。

和意识和解，把意识从身体的掌控之中
拯救出来，因为这个声音就是
变成了言语的身体，〉

/［第 76 页］（VI13）/

尽管处于初生状态，含义在这里是如此这般，以至于不管声音还是音乐都从来不能产生它（当瓦莱里在前面将诗歌和我们用来向一个不幸的人或一个孩子说话的语调相似地看待的时候[①]，他忘记了这个语调只有通过他所使用的那些词才能够意味某种东西，纯粹的语调只能满足狗的需要）。诗歌在话语并不是诗歌的信号的 140
意义上是非-含义的，但语言的非-含义和音乐的非-含义之间存在着区别。瓦莱里的音乐和诗歌并不以同样的方式来"为身体松绑"〈（《阿兰》[②]）〉：

依据它屈服于
财富的丰饶
它的形象获得了实现，
它那些纯粹的硕果就是它的各种纽带。
赞美是因为它在震颤
还因为一根缓慢的心弦
它划破了这一片刻，
不带神秘地作出裁决
大地的吸引力

① 这个段落的开头是写在［第 75 页］上的。我们将它放到这里以方便阅读。
② 参瓦莱里:《阿兰写评注的〈幻魅集〉》，巴黎，伽利玛出版社，1929 年。

还有苍穹的分量！[1]

这一节诗歌的价值只在次要的意义上是发声的——那令人愉悦的东西处在实际上由诗句所要求的简洁之中，但它也可能不一样地成为令人愉悦的——专注于棕榈树的方式：瓦莱里在它那里看出的是固定的、非分裂，因此不得不借助于运动方式才能回应外部作用的植物性的存在，它没有把自己归因于外部，几乎保持着形状：<u>震颤</u>，即围绕一个平衡的轻微摆动，在几乎完全沉默拒绝一些影响的方面的没有明显平衡：我们看到了重力和生命的将冲向苍穹的另一重力精确地交相构成和相互平衡，外部只能让这个纯粹系统产生波动。瓦莱里的<u>声音</u>，在这里就是破译和他一起存在的对象的方式。它同样在《如是》第二卷这一文本中确切地存在

“我分析并且顺应活在我窗外的那颗大树的小小叶片的轻轻摆动。这开始了，这结束了。平静下来了的大树，我寻寻觅觅，依然找到了一片在摇曳的小叶片。

现在重新开始了，加快速度重新开始了。这是四十八分音符，令人难以忍受的颤音。我们达到了高音的极限。这是一种瘙痒、/[第77页](VI14)/一种<u>超级-鲜活</u>、一种频繁出现的疯狂、一种赢得了中心群众却威胁着巨大生命的兴奋癫狂。

141　在叶片的疯狂颤动和胚芽、细枝，然后是母枝和粗壮的源枝的震颤之间，存在着一种可见的和谐组合。最粗壮的源枝缓慢地、笨拙地维持着自身平衡，它的那些越来越细小和柔弱的部分在摇曳、悸动、闪烁。

---

① 瓦莱里：《阿兰写评注的〈幻魅集〉》，同前引，第154页。

运动赢得了通向大地的前线。

一种美妙的缓冲终结了诗歌的危机和教训。”①

前面的片段：风……“在忽大忽小的喧嚣中贴合它、改变它，在逝去的溪流中改变它。

这产生了纯洁的溪流之梦。

树梦想成为溪流；

树梦想在空中成为一个活的源泉……

渐渐地变成了诗，变成了纯洁的诗句……”②

〈（诗歌＝从一个事物向另一个事物的变形：在它们拥有同样的协调存在之方式的范围内）〉

可以精确地同棕榈树相比较：欣赏那些树茎在重量和力量之间的精确分配，就如同他欣赏那些轻重缓急的运动之间的和谐组合一样，仿佛这就是智慧：这仅仅是一个不变的存在的事实。但是，看他仿佛曾经知道的、曾经意愿的、曾经成为的这一不变的存在，把它受束缚的、却仍然继续存在的冲动放在心上，这乃是进入到植物的存在中，而这就是诗，将所有的东西都视为“从来都还有没有看到过的”。说出这些东西的声音征服并且领会了全部实存。它并不是悲怆意义上的声音。

5）过渡到后期作品

伴随它们，以及关于复杂体的理论，是关于自发性的看法，

① 瓦莱里：《作品集》，第二卷，同前引，第659-660页。

② 同前引，第659页。

是对分离的智慧（**孤独**[1]）的重新审视，是对通过努力去超越的“最初”才能的区分，但为的是达至一种成型的复杂体的“最终的才能”(《杂文集》，第五卷，第 80 页）[2]——精神只具有对它自己的“场域”作用(《诗学导论》，第 48 页）。[3]但这一场域足够消
142 除偶然——从此那些作品是更加自发地被写成的:《我的浮士德》，1942 年 9 月 16 日写给瓦勒里-拉多[4]的信“啊，如果我真的能够指望我的机体就好了。但是，这种状态使得在视野方面、在精确度方面 /［第 78 页］(VI15)/ 和在视角方面过度丰富了，并且由于这一点本身，赋予它以形式似乎在每一步都被卡住了。”

“有一天，我感觉到自己不知不觉地已经被那些最出乎意料的、相互间最有差异的情况重新导向了我已经抛弃的，甚至逃离的一个精神区域。这就好像是，逃离一个地方，但空间的形状使得最远离这个地方的点就是这个地方本身，我们于是会突然重新回到这个地方，并且我们会大为惊讶地认识到它是相同的和完全有别的。”(《杂文集》，第五卷，第 III 页）[5]

在语言的最远处，在它的那些对立面，我们处在语言之中，我们纯粹地理解，不是通过置自己于语言之外去评判它和还原它，

① 孤独（le Solitaire）是宣告《我的浮士德：孤独，或宇宙的诅咒》以未完成而结束的《悲剧仙境》部分的主要人物和同名神（瓦莱里:《作品集》，第二卷，同前引，第 380 页下）。参［第 81 页］。

② 瓦莱里:《作品集》，第一卷，同前引，第 1465 页。

③ 同前引，第 1442 页。

④ 瓦勒里-拉多（Louis Pasteur Vallery-Radot，1886–1970）是法国医生，著名微生物学家、化学家巴斯德（Louis Pasteur，1822–1895）的外甥。

⑤ 瓦莱里:《作品集》，第一卷，同前引，第 1488 页。

而是通过置自己于它之中，也就是说首先处在晦涩不明之中。〈正是语言使得我们能够是同一和完全的他者、是诗人和爱推理的人、是“实在的”和非实在的、是有生命的和没有历史的、是单一的和普遍的、是献身于对象的和始终与它保持区别的、是身体和精神、是苏醒。〉

《我的浮士德》

〈1）〉语言问题：“听着：我想创作一部伟大的作品，一本书［……］它将是我或真或假的各种回忆，我的各种观念，我的各种预见，做得非常好的各种假设和推演，以及各种想象的经验的紧密汇合：我各种各样的全部声音！……我希望这本书是用我发明出来的一种风格写就的，它使我们能够神奇地从古怪到寻常、从幻象的绝对到极端的严格、从散文到诗句、从最平庸的真理到那些最……最脆弱的理想过渡，反复过渡……总之，一种贴合心灵的全部调制和精神的全部波动的风格；作为精神本身，它有时候会恢复它所表达的东西以便感受到自己是那个表达者，并且让自己作为表达的意志，即那个在说话之人的活的身体去认识思想的复苏：思想突然惊讶于有时候会与某个对象相混淆，尽管这种混淆恰恰是它的本质和它的角色”（第 48～50 页）[1]

参“这部关于‘精神的身体’的独特论著”（第 75 页）[2]

〈2）语言和生意识与生活〉 143

① 瓦莱里：《作品集》，第二卷，同前引，第 297 页及以下。

② 同前引，第 310 页。

关于精神和生活的媒介即活的语言的观念。

理智不再是生活的否定——艺术、作品不再是去生活的反面——超过活着和否定生活的某个欲望点之后，生活不仅仅被接受而且还被意愿。“那个除了活着之外乃是一切者，由此只是生命、呼吸、感觉、直接的”（布朗肖）

〈［在这里插入页 AdVI15］〉[①]

/［页边注］〈* 见附页

瓦莱里那里的激情暴力，——这解释了他对生活的否定。随后，他超越了这两个极端。｛证据｝：1890 年写给皮埃尔·路易[②] 的信〉/

/［第 79 页］（*adVI15）/

很好地看到了这对于瓦莱里来说意味着什么：

瓦莱里发现，否定生活

强烈的活着的欲望不过只是[③] 同一个无意识、同一个焦虑的两面。

强烈的活着的欲望

（这是害怕活着）

写给皮埃尔·路易的信称颂了马拉美，因为后者也表达了局促不安的方面（参附注）

他 20 岁时的自传，对于皮埃尔·路易而言的我：像

---

① 这关系到后面一页：我们依循作者的各种标示。括号为梅洛-庞蒂所加。

② 皮埃尔·路易（Pierre Louÿs，笔名 Pierre Louis，1870-1925），法国作家，专写希腊故事。

③ 同前引，第 1432-1433 页。

德斯特[1]评判的那样的女人〈职业妓女或小布尔乔亚处女和蠢蛋*〉

/[页边注]* 参致路易，致 20 岁：他已经解决了“肉身的悲哀问题”吗？我理解我自己。面对这一几乎不可避免的苦恼您是什么态度，您相信它是符合预期的且可以令人满意地处理吗？”相对于晶体般的视力：而且相对于“丝毫没看见过艺术者”[2]提出来的问题——/

~~他的感受性，瓦莱里说“对它本身”总是有“一种~~ 144
~~神圣的恐惧”（保·瓦）~~

~~对创作（1890 年致纪德[3]，转引自蒙多）、对有名的人的欲望和恐惧~~

1891 年的插曲

1891 年 7 月，致纪德：“这是一些已经来到的不为所知的日子……我丧失了我对于世界的卓越的晶体般的视力；我是一个老朽的国王；我被我流放了”——纪德的答复：“让您自己放手去爱”

年长他 10 岁的加泰罗尼亚人——在路上相遇——从不靠近攀谈——那些被扔进自己抽屉里的信笺——在一次省府聚会中，唯一一次同女人说话：向她要或给她一杯香槟酒。（蒙多：《一段友谊的最初时光：瓦莱里和纪德》，1947 年）[4]

---

① 德斯特先生（M. Teste），瓦莱里小说《德斯特先生》的主人公。

② 参蒙多（Henri Mondor）：《一段友谊的最初时光：瓦莱里和纪德》，巴黎，Rocher 出版社，1947 年，第 143 页。

③ 纪德（André Gide，1869-1951），法国作家。

④ 蒙多，同前引。

后来致纪德："这些新作里面最为卓越的东西就是，整个戏剧都曾经是我的；（它曾经是？它是）我已经把自己投到了爱情的场景中。但这一次，所有人都叫喊起来，熟知各种沉思的纯粹精神在完全的着迷中落荒而逃。"[①]**/[页边注]** 那喀索斯[②]/

同样致纪德："'……什么是我要在爱情里面追寻的呢？'——是自我！这个在逃避的、在从贪婪的手指之间溜走的我，正是这个男人在心灵的每一次蓦然惊觉中通过每一道伤口挣脱束缚，而且正是他在某些瞬间突然显得狂暴不羁，可能提升了或者玷污了整个存在和就在那里的痛苦的观众。"

"我也会在那里寻找，我已在那里找到了一种外部神秘的表现、一种玄妙的一致、一种意志之间的和谐。"[③]

2 或 3 次想到自杀。

戏剧是他的

~~戏剧的解决~~

145 不邮寄他的那些信件~~的确~~这并不是解决办法——这是同一出戏剧："写作小心翼翼地保留的那些优美流畅的言语，在明天对我而言将会是内心深处的荣耀，是一种指点和说出我的角色的一种先行勉励。"[④]（？）[原

① 后来收入纪德、瓦莱里：《1890-1942 通信集》，巴黎，伽利玛出版社，2009 年，第 140 页。

② 那喀索斯（Narcisse），瓦莱里同名作品中人物，原系希腊神话人物，自恋者。

③ 同前引，第 148 页。

④ 同前引，第 160 页。

文如此]

/[第79页]背面(adVI15)/

通过防御手段戏剧地解决在他那里想要过渡到外部的东西

热那亚之夜(1892年)(瓦莱里高兴地将它和笛卡尔的危机相比较)

萨莉达·圣·弗朗西斯科的房间①,我们从这里只能看到天空——风暴、炎热、明亮 "这一切引导我认定所有那些法外偶像。我将他们通通献祭给那个必须创造出来以便统治其它偶像的偶像"=智能的偶像②。

数年之后致路易:

"我从提醒你我的整个理智生活都被1892年事件所主宰开始吧。勉强回到巴黎以便能够让自己在那里安顿下来,我成了一个偶然巧合的牺牲者,这是所有偶然巧合中最难以容忍的那种,它在1891～1892年间把我归于荒诞,并且最终迫使我逃走!/[页边注]评论?/这个时候是危险的。我投入到了一种严格性中,以便把自己从各种各样的愚蠢(它们呈现为不可能者的不可避免性的完全成功的经验的外观)的嘴里拯救出来。"③

~~因此,他敏感性,强烈的,"对他本身的一种神圣的恐惧"(第v页)~~ 146
~~即转过来反对自身,并且更加强烈。~~

---

① 这指的是舅舅家房子所在地,将提供这个著名的"热那亚之夜"的装饰布景的房间就在那里。参贾雷蒂:《保罗·瓦莱里》,巴黎,法亚尔出版社,2008年,第111-113页。

② 参蒙多:《一段友谊的最初时光:瓦莱里和纪德》,巴黎,Rocher出版社,1947年,第155页。

③ 同前引,第156页。

后来会说（正是这一点使得我可以讲这些）：

“在 20 岁时，我被迫特别严肃地进行了反对一般‘偶像’的斗争。刚开始，涉及的只是它们中的一个，它困扰着我，把几乎难以忍受的生活交给我。荒诞的力量是不可思议的。对精神来说，还有什么比这一乌有——一种形象，即一种注定被遗忘的心理因素——造成的整个残酷更令人感到耻辱的呢？”[①]

〈因此，他强烈的敏感性，具有“对他本身的神圣的恐惧”[②]（第 v 页），它是分化的，让人焦虑的，它通过一种就是一切的力量来期望他者〉

另外，这并不只是涉及爱，而且还涉及全面侵入“有名的人”** 的领域、涉及创作—— 1890 年致纪德的信——关于在变成他人时保持自身的问题（参附注）

于是我们看到了最后时期的意识和生活的媒介意味着什么：瓦莱里觉察到了，作为自身时如何体验外部和自身之间（介入的、受苦的自身和作为旁观者的自身之间）的张力的问题，无法通过选择这个或那个而得到解决，~~两者择一~~选择一个就是在选择另一个，因为这些对立的东西都是同谋，因为拒绝活着和成为无论什么，就是虚伪地欲求活着，而直接欲求活着则是拒绝活着，因为沉默的对立伴随着这一狂怒的欲望的终结：“那个除了生命之外乃是一切者，由此只是生命、呼吸、直接的感受性”（布朗肖论《我的浮士德》）[③]——停止仇恨自己，

① 参蒙多:《一段友谊的最初时光：瓦莱里和纪德》，巴黎，Rocher 出版社，1947 年，第 157 页。

② 同前引，第 137 页。

③ 布朗:《火场》，巴黎，伽利玛出版社，1948 年，第 268 页。

不是由于疲倦或者屈从，而是因为对自身的这种赞同是朝向自身的任何光明的条件。通过退出而介入。（法兰西学术院的插曲）

/［第 78 页］（VI15）[①]/

“我将会达到我艺术的顶点吗？我活着。~~我能做的只是活着。这就是一部作品~~［……］总之，我曾经是什么已经以建构我是什么而结束了〈（1）〉。这就是在现在本身中的我。我的人与我的在场精确相配，并且与那正在到来的无论什么完美地交换。毫无剩余。不再有深度。［……］我就是我所是的那个人。我正处于我艺术的顶点，在活着的艺术的古典时期。

这就是我的作品：活着。难道这不就是一切吗？但需要知道这一点……”[②]〈（2）〉并不涉及处在实存的高原却不知道这一点。多少冒险、多少理性、多少梦幻和多少错误[③]

/［页边注］〈（1）〉表现出来的实存，没有对我的过去的悔恨、内疚和嫉妒——对一个只有通过忘却这种徒劳的意图、忘却超-我、忘却理智的善良意识、忘却不纯粹的纯粹性，并且承认我们的阴暗（正是在这里存在着光明、善恶意识和某种东西），才是绝对实存的人来说，这是不可能的……（2）即：需要一刀两断以便某种东西获得自己的价值。〉/ 147

① 我们把［第 78 页］（VI15）的结尾放到这里，它紧接着［第 80 页］（VI16）。

② 瓦莱里：《作品集》，第二卷，同前引，第 321 页。

③ 这个引文系列的开头被编辑到［第 78 页］的末尾了。我们将它放到这里是为了方便阅读。

/[第 80 页](VI16)/

为了赢得是一个人之所是的自由，而不是赢得一个人之所是！……在目前，最弱的目光、最弱的感觉、生活中最弱的行为和功能，同我思想中的各种意图和内在声音一样，对我来说都变成了同样的尊严……这是一种至高无上的状态，一切在那里都被归结为生活，它以微笑来拒绝朝我而来的所有问题和答案”①

布朗肖在《方法导论》② 中权衡了不确定地拒绝成为无论什么东西和可替换的所有事物的平等：“我们看到，这是同样的评论，因为这也是相反的评论。1919 年的瓦莱里，依据万物对精神的这种等值中引出的不是对它们的认可，而是对它们的指责，并且得出结论说，它们不具有重要性……但是，浮士德③ 相反地从精神拒绝在事物中停留，认识到了精神响应所有事物、通达这些事物的整体、并且在每一个事物中体验到这一整体的力量”(《火场》，第 279 页)——浮士德确实已经终止活着。“他的整个实存就是去终结实存。由此，毫无疑问……他能够把缺少任何事物和体验到每一事物的充实的事实，视为一种唯一的、相同的行为”(同上书，第 280 页)

从一切都是假的过渡到一切都是真的〈，通过〉

3)人〈(尤其是：女人)〉

严格和模糊的复合物现在不再被分解开了——

---

① 瓦莱里：《作品集》，第二卷，同前引，第 322 页。梅洛-庞蒂强调。我们在瓦莱里的文本中读到：“但是，目前，最弱的目光[……]”

② 即瓦莱里的《列奥纳多·达·芬奇的方法导论》。

③ 浮士德(Faust)是瓦莱里的《我的浮士德》里面的人物。

吕丝忒和德斯特夫人[1]“存在”或“事物”或女人——

吕丝忒对梅菲斯托[2]〈（我们会谈到马里沃[3]）〉说：“我的心对您来说可能是晦暗不明的！……它对我自己来说同样如此。您完全是魔鬼，您无法懂得这一点。总之，您不过就是撒旦。一个堕 148
落者、一个失败者……［……］来呀，坏蛋，您对我的心毫无办法，您对它一点也不懂，一点也不！一点也不！……在您身上一点音乐都没有……啊，我的心，你蔑视恶……甚至还蔑视善……而您！你只不过是精神！……而那些天使们，那些忠诚的大天使们，所有这些光明之子和这些热忱的力量都无法明白……［……］他们只是光明，而你只是黑暗……而我，而我们，我们带有我们的光明，而且我们带有我们的阴影……”（第147～148页）[4]〈（1）存在着一种人性之恶＝“不确切的本性”、苦难——但这并不是诱惑的恶，超越者〉

/［页边注］〈（1）参《天使》（1945圣诞节），完成于他死前，（1945年7月），出版于1945年圣诞节〉/

阿斯达洛特[5]：“没有谁比天使和野兽更加纯洁……所有这些人类都是一些杂种”——贝利亚那[6]：“一些杂种……他们有肉体和观念”（第126页）

---

① 吕丝忒（Lust）是瓦莱里的《我的浮士德》里的人物，水晶小姐、德斯特夫人（Mme Teste）则是《德斯特先生》中的人物。

② 梅菲斯托（Méphisto）是瓦莱里的《我的浮士德》里面的人物，魔鬼。

③ 马里沃（Pierre Marivaux，1688-1763），法国戏剧家，小说家。

④ 瓦莱里：《作品集》，第二卷，同前引，第349页。

⑤ 阿斯达洛特（Astaroth）为瓦莱里《我的浮士德》中的人物。

⑥ 贝利亚那（Bélial）为瓦莱里《我的浮士德》中的人物。

梅菲斯托："这些可怜的疯子一远离本能，我就迷失在他们头脑中的他们命名为'观念'的轻微发炎的这种任性、无益或深刻中了，这种他们叫作思想的他知道的东西和他不知道的东西的混合物"①

梅菲斯托老了，处于惶惑不安之中，因为他假设了一个善恶分明的世界（恶在那里是诱人的、让人期望的），因为无论是吕丝忒还是浮士德都不再在其中——

浮士德受诱惑走上顶峰，以便"到达我们的世界的一个地方，我们在那里能够完全正当地牵着他的鼻子离开那实存着的东西……在我下面，充满的是各个物种的奇特无序，/[第81页]（VI17）/这些物种顽强地生活在覆盖着我们大地的由残骸废渣构成的表层中……［……］而这种无序急速蔓延，在时间中被消解、被替代……有时候这种无序在思考"②——这里的浮士德接近于老年的瓦莱里。但他遭遇了孤独，它是瓦莱里可能会变成的，而通灵者拒绝成为孤独神。

孤独：精神 = 卖淫；语言 = 拉皮条者

"他之所以摈弃了那些令人赞赏的培育，是因为他无法在自己那里允许它们，因为它们是难以为他的真正天性所容忍的［……］。这就是当我还是一个下流坯的时候我所懂得的，而这已经引导我抵达了这一神圣的高处"（第224页）③

---

① 瓦莱里：《作品集》，第二卷，同前引，第354页。梅洛-庞蒂强调。

② 同前引，第382页。梅洛-庞蒂强调。

③ 同前引，第388页。梅洛-庞蒂强调。

"能被说出来的整个东西都是无价值的……实在是绝对无法交 149
流的。它是那种不和任何东西相似的东西，没有任何东西可以表达它，没有任何东西可以说明它，它不意指任何东西，它在世界上或在无论什么秩序中既没有绵延，也没有位置"[①]……孤独神变成了狼，嗥叫，对着乌有嗥叫。〈——作为直接要求的意识是绝对的荒诞——而当他并不仇恨的时候，荒诞可以变成意义〉

浮士德："一直到他，我可能不知道的是，他本来能以一种超越精神错乱的方式实存……他真的比魔鬼还要糟糕。他完全是别的东西"（第229页）。[②] 因为魔鬼是存在。而孤独是拒绝存在下去。浮士德是关于存在和虚无的等值的意识，是奠基在这种意识之上的智慧。

结　论

〈瓦莱里指出了解决办法的一般线索：〉
作为"精神的身体"的语言变成了问题的解决办法——

〈a)〉写什么？一种多意义的东西，一个接一个地被感性化、被音乐化的事物的不可分割的状态，〈——但这种多意义的东西是任何意义的条件，因为它告诉我同外部的关系以及我自己同自己的关系——〉

〈b)〉为什么写？没有外在于这种展示本身的任何目的，——但它碰巧是人的行为~~在第一部杰~~〈在所有人那里，因为它建立起了人类的全部可能性，通向明显的实存。〉

① 瓦莱里：《作品集》，第二卷，同前引，第388-389页。梅洛-庞蒂强调。
② 同前引，第391页。梅洛-庞蒂强调。

〈c)〉如何写？并不存在事先给定的办法——我们在语言之中存在~~而这意味着如果人们想要获得解决办法：~~字词动物的成长是由自身展开的。~~但更明确地说~~并不存在一些写作的箴言。~~——只存在着一种，它并不是~~〈这想要说的是，1° 没有必要〉想要“写作”，~~并不~~ 不应该有写作的信仰

~~这是我这方面要给出的意义~~〈2° 没有必要打算以写作的方式行动〉介入的文学：并非有意地运用到某些问题上去——而是，作为活动的文学，它是从我们体验到的东西之内部形成的。〈——写作不是目的，不是手段（就像身体一样——就像语言一样）〉

150 〈d)〉谁写？从经验生活过渡到作者的生活——构造一种表达装置——但作者从一切东西中汲取养料。

/[第 81 页] 背面（VI17）/

写作并不就是活着：这是一种一般化的——普遍的——生活，而~~任何生活~~实际上生活是特殊的，并且假定了人们说“是”还是说“不”——写作并非一种像做决定、采取行动这样的活动，——作家作为作家从来不会像职业行动人员那样采取行动——也不在同样的任期内——写作作为教导并不是一种手段，而是一种鉴赏力——在行动中，总是存在着诱惑，而不是自由的召唤

但是〈由于同样的理由〉写作并非~~活着的反面——并非外于生活〈只对自身是一种生活模式〉~~“目标和生活方式”——为什么不会有一种包含着和写作行为同样奇迹的生活——不能借助目前

的各种条件*去评判行动。生活难道不能通过同样的自发性来得以安顿吗？无论如何，是在社会之外的生活？

/[页边注]〈*即这样的时代：政治在其间是普遍的，但我们却没有各种办法以普遍的方式来真正地思考它——于是，它简单地变成混乱的——〉/

斯汤达明确地提出了这个问题，而瓦莱里在其拒绝阶段遇到了斯汤达——我们的那些伟大作者中最不愚蠢的那个——唯一一个为阅读设置了陷阱的作家——瓦莱里把针对自己的相同的批判力量集中到了他那里——我们将会看到这种批判，并且会看到斯汤达如何提前对此做出回应的。

〈{ill}{弗里德里克[①]}〉

[第七次课]

/[第82页](VII1)/

语言与文学

尽管如此，我们在这里还是要将瓦莱里延伸到他自己之外。

他写过的几乎所有东西都抵制这种自发性，抵制生活。

他只是隐约地看见了那应许之地。

在严格文学的阵地上：他并没有实践过浮士德所说的这种整体风格，除了在正好涉及浮士德的几页中。没有

① 弗里德里克（Frédéric）。

~~认同过从古怪到寻常的过渡~~。但这也借助了浮士德传
151 统。这不是关于“从古怪到寻常”的过渡的不太寻常的理论。

在尝试这种过渡的时候，我们会发现我们的那些指标并没有提及的大量的困难……

后面的课程将审视这些困难中的某几个。

/[第 83 页](VII2)/

如何从“古怪”过渡到“寻常”，如何恢复“同一”和“全然异者”

——作家与~~一些政治〈经验生活〉~~“他人”的关系。

爱情。

我们要说：生活和语言能够认识到相同的超越——只要认识到自己是任性的——但这并不依赖于我们——这依赖于他人。在他人眼里，作家，作为语言人，按定义难道不是骗子吗？因为他写自己的生活而不是过自己的生活，因为他有“一个公共的心灵”。

表现生活的专职人员，“窥淫者”，由于这一事实，作家难道不是外在于生活的吗？当他是施魔者而不是着魔者时，难道他不是在把一种异化强加给他与之共同生活的人们吗？

斯汤达——~~他和卢瓦松[①]的故事~~——作家的真诚是真

① 梅拉妮·卢瓦松（Mélanie Louason）或者梅拉妮·吉尔贝（Mélanie Guilbert），法国喜剧院演员，斯汤达第一位真正意义上的情人。

诚的吗？有必要作为作家而活着吗？作为活人而写作吗？

~~作家的关系~~

〈~~在热恋期间没有日记，因为写下来的东西歪曲了生活（通过贬低它，——或通过把它理想化~~）〉“一种自知的自发性还是一种自发性吗（瓦莱里论斯汤达）？”

——作家和~~一些在~~政客的关系——

我们会说：我们的各种二律背反没有理由是永恒不变的。历史没有理由始终是“一场音乐会中的一声枪响”（斯汤达），或者没有理由始终是着魔的、平实散文的。然而：这二者之间的一致的例子很少。当它一个损害另一个——我们最终只能靠外交的解决办法：

{毕加索[①]}：我给出我的名字，而且我画我想要画的，因为整个世界都满意这一点，但这一点可能是暂时性的。

然而：存在着问题，因为冲突并不是外在的、简单的碰撞。因为存在着像这样的作家对于社会的兴趣。

参斯汤达：娄万：政治需要去思考，因为正是在同其他人和 152
其它阶层的关系中，而不是在同其马的关系中，一个年轻人不再简单地是一个“可能-存在”，——他学习生活。——然而，作家的作为作家的功能、作为良心的功能却因为原则的缘故，似乎禁止他完全地与人相处：斯汤达赞同柯尔蒂[②]而反对警察，赞同工人

① 毕加索（Pablo Picasso，1881–1973），西班牙画家。

② 这实际上涉及到“柯尔蒂”（Kortis 或 Korthis），斯汤达《吕西安·娄万》中的人物。参梅洛-庞蒂的《符号》，同前引，第 390 页：“真实的小事情既不需要是英勇的，也不需要是优雅的。它可能是一种令人窒息的、迷失在社会安排之中的生活：腹部中了一个士兵的一颗子弹并且向雇佣他的内政部长敲诈的破坏分子柯尔蒂［……］”

而反对那些龙骑兵；但他会{ill}赞同维利耶乞丐收容所医生阻止唱歌的那些囚徒吗？会赞同他们对于权力的使用吗？极端的压迫就保证了他们的权力是可接受的吗？难于与人相处，就在于精神就是否定，就在于只能把价值知觉为背景上的图形*。

/[页边注]*斯汤达本人：在一本小说中，政治是“一场音乐会中的一声枪响”。[①]职业政客和作家之间的互不信任。

萨特的解决办法：文[学]=对不断革命的社会的意识/

~~萨特：文学即对一个处在不断革命中的社会的意识——解决办法可能是口头上的：存在着一个不断革命的社会吗？即难道不存在一种建制的力量把社会变成仪式，并且~~（即变成反对它本身的革命）因为事实上，迄今为止我们从来都没有见过这种情况，冲突始终保持原样。如果没有惯性、没有仪式、没有权力授予的完全透明社会~~一种被重新授予的权力？——因此这是真的~~不会产生出来，那么我们就不会有追求其普遍揭示和透明性的目标，并且由此，不言明地赞同让自己保持透明的社会的文学——我们重新陷入两者择一中：要么目的（文学的信仰）要么手段（文学被宣传所操控）——文学无法问心无愧地存在，无法同道德的实存兼容。“善良情感”甚至会排斥好的文学，不一致 文学的条件。

153 [——文学与意义、

与真理的关系

（已经暗含在前面两个关系之中的问题）

---

① 斯汤达：《拉辛与莎士比亚》，巴黎，荣冠出版社，2006年，第494页。

我们已经说过：赋予意义的多意义的东西——

但是，既然文学根据定义超越了被证实的真理，那么它难道不就有单纯地是主观性、各种真实关系的幻觉、它们的升华的危险吗？如何将超理性的东西与非理性的东西区别开来呢？

超理性的东西难道不是一种被意愿的非理性的东西之乔装打扮吗？

难道不应该通过作家的实存选择（个体的，或者当他让别人选择时，集体的）——例如，波德莱尔通过选择受约束的自由、保守的自由、受虐狂-魔鬼崇拜——来说明作家吗？从此，文学难道不就成为多余的——只不过是自由以及自由的各种衰退的历史吗？

必须表明，尽管有这些决定性的因素或者透过这些因素，文学怎么会拥有不被它们的揭示所毁掉的一种意义；怎么会不存在经由另一真理的一种文学说明（我们把它并入到这种真理中）。

按照普鲁斯特的例子来表达这一点：他那里值得被独立地进行说明分析的、进行普鲁斯特的哪怕实存的精神分析的东西。普鲁斯特所说的东西——那些在文学上说或写的东西。][1]

——而这两个问题，假如我们重新提出它们，这样一来就是重新提出文学的真理问题。如果真的与实际生活相冲突，——他人个体历史或者集体历史，——那 /［第 84 页］背面（VII3）/就存在着一种文学谎言或者生活谎言。

（普鲁斯特）

① 梅洛-庞蒂在他放在括号里的整个文字上划了一个大叉。

重新提出瓦莱里只在它们的总体轮廓上触及过的问题：
斯汤达，以及，如果我们有时间，普鲁斯特。

154 [**第八次课**]

/[第85页](VIII1)/

语言与文学

从瓦莱里那里得出的结论：
〈瓦莱里只是在结尾处才教导了自发性——吕丝忒和马里沃——但他的教导是这种自发性的战利品：借助于外推：〉
写作的奇特性，——但它原则上并不把作家置于生活之外。
写作不是目的，不是另一个目的的手段：

~~1）写作既不是目的也不是手段~~

1）写作不是手段——不是我们借以在世界中获得结果的（平实散文般的）行动中的一种，——语言并不是在它外面的一种给定的意义的工具——作品的行动是倾斜的，它的意义是开放的或多因决定的——作品有一种不同于它的那些论题的实体——马克思和巴尔扎克——作家特有的行动有不同于政治行动的时效——文化的行动和决定的行动——文化特有的东西：历史的恢复，全体是真实的，对他者的理解，“归根结底”的一个是或一个否——做决定，但知道这要付出什么代价——保留我们摧毁的东西，〈实现我们摧毁的东西〉——扬弃，让显然的实存消失，普遍化的生活——文学，通过把从实际位置上获得的东西转变成意义，文学~~并不原则上~~总是能够显现为~~人类~~历史能量的减压——它的否定并非纯粹的毁灭，而是转变成意义，它的立场并不是偏见，而是~~仍然是恢复~~整合。因此，它立刻想要〈就想要〉普遍，并且~~在这个意义上~~没有任何东西是要牺牲的：马尔罗的《希望》可以被他谴责的同一批人（无政府主义者）阅读，能够不会引起丑闻地被法西斯主义者阅读——即便是介入文学，作为文学，也始终包含着对弄虚作假、对宣传的拒绝，始终召唤自由和摈弃诱惑——由此出现了作家的各种困难，连同行动的全部~~形式~~（规章）或无论如何行动的各种机制——我们不会为了其它目的而写作。

2）写作不是目的：我们并不是为了写作而活着，并没有文学 / 155
［第 86 页］（VIII2）/ 信仰——因为文学会由此陷入停滞，会不再有什么话可说——“字词动物”的发展是由自身形成的，这是一种在作家生活的核心中形成的运动。表达的“特别时间”只会作为生活的要求诞生在生活中；~~语言~~瓦莱里对某些时刻（语言在这些时刻被“音乐化”了）之外的、歌唱状态之外的诗歌漠不关心；正是生活的训练有时候变成了表达。

或者还有：相对于生活，写作既不是结果，也不是原因

1）写作并不是原因，作家不是自身的原因——参，比如作家瓦莱里同某种最初的感受性状态之间的关系：自恋，即对自身的迷恋（在他拥有一个外部、在他是可见的、在他是知名的存在的范围内），对在别人面前出场的眩晕，对自身的爱，它

也是对自身的怕，绝对的自身接近，它也是绝对的自身缺席，对他人而不是对自身的拒绝-纠缠，以及~~为了~~肯定~~也~~是自发的自身毁灭和自杀的镜像所做的~~努力~~。

> 可能是爱，抑或是对自己的恨？
> 它暗藏着的牙齿离我如此之近
> 所有的名称或许都会适宜于它！[①]

这就有了生活的、爱情的和作家状况的爱-恨。因此，瓦莱里整个地处在那个热那亚之夜的生命攸关的选择之中，即便他后来超越了这一两难境地，那也不会是通过取消达到的，而是通过把它并入到“最后的方便”中达到的——我们可以对瓦莱里做一个实存分析，将他的作家活动同他的生活联系起来。

2）写作也不是单纯的结果。因为~~a)~~如果说他/[第87页]（VIII3）/带着存在的所有这些困难进行了写作，那么他尤其是在他克服了它们的范围内进行了写作，因为它们有归于沉默的趋势。~~而这种~~言语训练本身在某种方式上克服了这些困难：这里存在着祝福，不是像在神经官能症中那样，通过奢望根据自身来规范世界，而是通过以某种净化的方式创造一
156 种活动，创造~~瓦莱里~~〈一种对于世界的、使世界变得无害的回应。瓦莱里〉成了作家，由此亲历了、由此被导向了超越同活着的对立，被导向了创立关于这种超越的理论。他不是

---

① 瓦莱里：《作品集》，第一卷，同前引，第151页。

成了那喀索斯，而是写出了《那喀索斯》，由此不再是那喀索斯，而是超越了那喀索斯（精神分析学家合理地将此作为他们的治疗准则：被试真的病到了直至影响这种生产力的程度——如果他是“正常的”，这种生产力就会允许他们创造出对于各种所予的答案。文学并不是一种自动-分析，~~但分析必定会~~分析总是会达至各种底层结构、各种事件，它把人~~带回~~重新带回他的开端，它让他在另一条道路上重新开始，因此，它厌恶由被试本身进行，它要求一种另外的视角来分析他，要求一种另外的视点的绝对性。作家的活动，始终——~~“奠定在他根本的差异之上”~~“心灵的乱伦寂静奠基于他的根本的差异之上”[①]——不是通过让他重新开始，而是通过让他由此完成延续自己和改变自己来拯救自己）。因此，我们借助我们亲历的东西来写作，但是，我们也通过自己写的东西而造就自身，我们建构自身，教养（Bildung）。

~~由此｛可能｝~~

因此，对一个作家的实存分析并不必然是将其作品还原为其生活；他的生活之运行强调了并不能通过其生活获得说明的其作品，因为其生活以其作品为前提。~~萨特的波德莱尔所提出的｛问题｝，在这个意义上~~　作品~~相对于生活的各种主题，总是可能〈总是可能欺骗〉~~“是生活的副产品，或者是生活的面具”，~~因为它是幻想的或虚构的对等物并且~~〈它〉受

① 克洛代尔（P. Claudel，1868-1955，法国剧作家，诗人，外交家）：《认识东方》，后来收入《诗歌作品》，巴黎，伽利玛出版社，“七星文库”，1967年，第88页。

到~~这种~~生活谎言的感染，它~~是~~〈是生活的〉幻想的或想象的对等物，~~并且想为生活提供辩护~~，——在它为生活提供虚假-辩护，它的功能只不过是为~~它~~生活的懦弱提供表面的可靠性（波德莱尔）的范围内，在它是《恶之花》的范围内。但是，1）甚至在 /[第 88 页]（VIII4）/ 这种情形中，它也不仅仅是生活选择的结果，它还是其揭示、公开、~~它因此可以改变之~~有意的重复、~~它的 {ill}~~〈可能的质疑〉，在它同他人建立了其它关系的范围内，它可能是其改变。2）可能需要区分那些保持稳定的作家和那些不断深化自己的作家。~~他们全都~~作为
157 作家他们全都能够根据作品的本性深化自己：它不是事物，而是符号的建构物，它由此包含着生成和转变的因素，开放的内容，它拥有超越它的结论的意义。例如，没有发生过改变的本雅明·贡斯当[①]，却教导他自己对他自己进行批判，他作为作家比作为人要单纯无辜：作为人，令人厌恶，作为作家，尽管谈不上可爱，至少拿起了对抗自己的武器。——普鲁斯特，一开始 = 不光彩的同性恋，由此有了对谎言的敏锐感受，由此有了阿尔贝蒂娜[②]的假面舞会，从来都没有公开讲出来。但通过他写出的东西之功效，在谎言的运用的驱动下，他终于形成了描述谎言的谎言意识（夏尔[③]），以至于我们可以在他的作品本身中猜测到谎言。

---

① 本雅明·贡斯当（Benjamin Constant，1767－1830），法国小说家、政治家。

② 阿尔贝蒂娜（Albertine Simonet）是普鲁斯特小说《追忆逝水年华》中的人物。

③ 夏尔（Charles）是普鲁斯特小说《追忆逝水年华》中的人物。

由此有了间接的供认〈和解脱。〉

而且同样的是，伴随作品，~~自信~~成名存在的展开，不止于自信。与此同时，作品获得了普遍的意义：某种谎言的实践变成了谎言意识及其超越。

显而易见，作品始终是没有各种生活前提的各种结果，而且它在这里歪曲了生活。但是，这些摆脱了各种前提或获得了其它意义的结果，也算是展开〈——同样参瓦莱里：他最成熟的风格就是他最初的自恋，他拒绝存在下去，但变成了语言，并且由此即将变成自己的反面——*〉

/[页边注]* 例如《皮提亚》或《棕榈树》：很长的句子，它如此严格地掌控它的绵延：它乃是一种~~计算~~整合时间、吞噬绵延、将绵延转变成意义的方式，而这种方式来自于他曾经拥有的爱自己和恨自己的方式——需要一种不是将作家还原至他作为人的生活，而是在这种生活变成为语言的范围内来看待这种生活的分析。/

萨特的波德莱尔所提出的问题：不论莱里斯还有萨特讲过什么，波德莱尔的诗并没有被他置于不受指控之列；波德莱尔的所有主题都出于自己的选择（生活的矿化，等等），并且这个选择是对~~创造者~~〈创立者〉的“巨大的孤独”的拒绝，是对创作和改编的自由拒绝，对仇恨自身的选择（创伤和刀），作品本身不可能在充分的意义上是更加创造性的。德性的判断也是艺术的判断，并且生命选择连带着审美选择——尽管如此，萨特似乎承认，作品-生活的关系并不始终是那样 158

的关系：作品和生活同时由之而来的形而上学选择。日奈：{写的}活动 作品并不无 这只有在作品——比如诗歌，它“是愚蠢的：它相信”（波德莱尔）中——才是真的。日奈：作品/[第89页]（VIII5）/本身中的变化、实存选择的更新，并因此要阅读的作品，不是为了在它们那里透明地觉察到生活（仿佛关系就是明显的内容与潜藏的内容的关系），而是根据作品的内在逻辑，它可以超越最初的生命选择，并为了读者和作者而实现教养。在这个意义上，实存的精神分析将会不能取代对作品的阅读，而是应该在对作品的阅读中进行。

文学判断从来都不会是外在的。萨特非常接近于我们所勾勒的概念那样的一个概念。

——因此，总的来看：

写作行为的奇特性并不仅仅在于它是有别于活着的东西——而且也在于它参与到生活之中。它对立于生活，并不像目的对立于手段或者原因对立于结果那样，它通过超越于世界的这些范畴而对立于生活：它是一个就是原因的结果，它是一个就是目的手段，它完全与生活相混杂却又有别于生活。

但是，从此以后，〈对内容-形式或意义-语言的区分进行批判 = 意味着文学存在着〉

因此，这是自发性的行为。对目的-手段区分的批判〈即辩证法，即经由内在发展的颠倒。（目的-手段，原因-结果）〉

内容-形式，原因-结果——手段蕴含着一个目的而目的是

〈——但人们不能将这普遍化吗？例如政治行动——〉

各种手段是各种目的的暂时的形象，而各种目的是各种手段的整体化。或者，关系之所以并非这样地是内在的和辩证的，是因为那些手段并非是这些目的的手段。这并非因为在技术活动之中，存在着到达同一个目的的多种手段。在人类之间的活动之中，如何和现阶段应该意味着为什么和未来；要不然对于他人来说，要不然对于在行动的、并且具有善良意向的我来说，未来和为什么只不过是一些托辞。

因而，我们无法得出乐观的结论：文学外在于生活并没有根本 159
的理由，因为生活是辩证的：例如作家和行动之间的糟糕的协调，这难道不应该归因于一些偶然的条件吗？为什么历史没有和文学包含同样的表达奇迹？也就是说，过渡到一切在那里都可以被表达出来的历史状态？~~现时地~~通常或到现在为止：政治=将行为引向各种结果或者引向效果，/[第90页](VIII6)/因此，是相互排斥的是与否，而不是整合。但是，难道不是存在着历史诸阶段之一，行动在那里曾经是诗意的并且不会再有诗意了吗？行动在那里自发地向着价值超越自己，它在那里把一种风格〈而不是一种无条件的力量〉作为规则，并且自发地遵循这种风格？现在的状态：事实上的普遍政治并不拥有真正地思考宇宙的手段——因此是混乱的——因此是僵硬的——因此倾向于拒斥普遍的生活。但是，这种对立是根本性的吗？萨特：文学乃是对一个处在不断革命中的社会的意识。揭示和生活。

尽管如此，我们仍然没有看到过处在不断革命中的社会。

这是被知识分子看到的社会和历史。

让我们来总结一下：这正好问题取决于我们相信它是有解的那个时刻。文学并不是生活的对立面，但正因为它已经是活着的方式，它就与简单的生活处于冲突之中。[①]

因此，文学会结合"古怪"和"寻常"，作家会是"全然他者"，但会重新回到"同一"而不是各种他者。

然而，这种乐观的解决办法远非作家和生活之一致，它能够准确地向他人呈现为作家和知识分子的最糟糕的入侵：将他人吸收到文学之中：

参见注释 VII2 和 VII3

① 最后这两段已经被梅洛-庞蒂划掉了。

[第二部分：斯汤达] 161

/[第 8 页]/

[当前这一稿页主要用于斯汤达，可能是为准备课程摘要而在事后写成的。由于其概括性的特征，我们将它放在这里]

斯汤达　生活方面的困难；犬儒与温情的交替，要么去接受，但犬儒式地接受，要么去爱，但一成不变地爱。他对他所做的事情并不是坚信无疑的——应该发现接合点。

与写作艺术相应的困难：天性的、散文（= 犬儒）的、黑白画的、一些真实的小事情的意愿——与此同时，诗歌，想象的。难道不是吗

在第一人称的艺术中宅，在内心独白的实践——它也是活着的方式——中发现针对这里和那里的各种矛盾的解决方案，同时还有活着、写作、思考的统一。尽力进行的即兴创作[①]——作为权力的语言的构成。

问题：这会产生介入吗？信守诺言的人必然不会与所有的人有距离、必然不会背叛所有的人？他不是内

---

① 这是一种显然与瓦莱里的复杂体的概念接近的、被梅洛-庞蒂反复用到这些篇幅中的观念。

在地混合了犬儒与天真纯朴吗？作一个人也是一个决定——这或许就是作家的介入。

结论：　不是作为人的附属功能，而是作为人的中心功能的语言。

~~移位与悬伸~~

~~像人们创作其作品那样~~把自己创作成作品——像瓦莱里但远远甚过斯汤达那样承认语言的自发性——超越出发的处境

字词与实在——作家的含混性

162 [**第九次课**[1]]

/[第94页]/(I1)

斯汤达

作家与他人的关系

文学交流

与生命的交流

/[第95页]/(I2)

~~伯格勒~~

所有那些认识他的人都体验到了对一个谜的情感

[1] 梅洛-庞蒂把用于讲授斯汤达部分的最初三次课编排为“I”到“III”；他随后重新开始了课程的连续计数。

向伯格勒提出的问题[①]：

您在审视什么？难道不是人本身而是斯汤达的这个人物？[②]

卓丹——《见过其人者讲述的斯汤达》[③]

拜伦[④]	第 24 页：诚实但残暴
圣伯夫[⑤]	第 33 页：恶毒但善良，淳朴但讲究
昂斯洛夫人[⑥]	第 35 页：有同情心但敌视
	第 37 页　凯撒·邦贝[⑦]：假面舞会
德雷克鲁兹[⑧]：	第 59-60 页：只理解自身（您是一只猫[⑨]）
	第 61 页　坦诚、快乐，——耶稣会会士们的迫害者
	第 63 页　坦诚，——而且［呈现出］做作的客套 163

① 参［第 96 页］（I3）。这一行，因此随后的段落用一条划线圈起来并且被划掉了。

② 关于伯格勒的这一小段被圈起来了。

③ 卓丹（Pierre Jourda，1898–1978，法国作家）：《见过其人者讲述的斯汤达》，巴黎，斯多克出版社，1931 年，该卷汇集了下面引用的各种证据。

④ 拜伦（G. G. Byron，1788–1824），英国诗人。

⑤ 圣伯夫（Charles-Augustin Sainte-Beuve，1804–1869），法国作家，文学批评家。

⑥ 昂斯洛夫人（Mme Ancelot，1792–1875），即玛格丽特·路易·维吉丽·夏尔东（Marguerit Louise Virginie Chardon），戏剧和小说作家，尤其以其沙龙著称。

⑦ 凯撒·邦贝（Alexandre César Bombet），斯汤达使用过的一个假名。

⑧ 艾蒂安·让·德雷克鲁兹（Étienne Jean Delécluze，1781–1863），作家和艺术批评家，斯汤达经常参加的一个自由的文艺学会的主持者。

⑨ “您想要什么，只存在我们所理解的手段，我是一只老鼠，而您是一只猫。”转引自卓丹：《见过其人者讲述的斯汤达》，第 60 页。

第 64 页　不受约束，但并不自私自利

埃斯图梅尔伯爵[①]　第 89 页　坦诚，美第奇别墅的左派（精神上的，而不是言谈上的）

拉马丹[②]　第 91-96 页　无神论者，犬儒者，与此同时，有善意和同情心

路易·斯巴奇[③]　第 105 页　他的恶棍本性

乔治·桑[④]　第 109-111 页　非常讨人喜欢——开玩笑者，恶人？他似乎不是这样。

活泼的——淫邪的

布赛[⑤]　第 116-117 页　非常彬彬有礼，粗暴的

诚实——善意，“交流”（拉马丹）———甚至有点做作的彬彬有礼，精神的

但残暴的，一触即发的，敌意的、左的、粗暴的、“淫邪的”的人（乔治·桑）

然而，这并不是彬彬有礼与淳朴的对立面或~~彬彬有礼~~

---

① 约瑟夫·德斯图梅尔（Josephe d'Estourmel，1783-1852），卓丹所引《回忆录》的作者。

② 拉马丹（Alphonsede Lamartine，1790-1869）法国诗人，作家，历史学家，政治家。

③ 路易·斯巴奇（Louis Spach，1881-1972），卓丹所引的《路易·斯巴奇回忆录》的作者，同上书，第 107 页。

④ 乔治·桑（G. Sand，1804-1876），法国作家。

⑤ 多拿托·布赛（Donato Bucci，1798-1870），斯汤达的朋友和通信者，斯汤达的大部分财产在死后遗赠给了他。

的假面具的交替：这乃是“深度”——凯撒·邦贝的假面舞会，围绕桌子跳舞（乔治·桑）——故意失礼。依据相同的原则，他是彬彬有礼的和淫邪的——寻找这一原则。

/[第96页]/(I3)

这一原则是在童年中，在生活的

星座中吗？ 伯格勒：塔莱朗[①]，拿破仑[②]，斯汤达，

格拉贝[③]，维也纳1935[④]。

在《亨利·布吕拉传》开头，贝尔的问题。我是谁？我曾经是谁？

=关于一个秘密的前意识

1）无意识的同性恋： 164

各种对立的证据

公开的对母亲之爱　　对母亲的认同的假面具

公开的对父亲之恨　　和未实现的对父亲之爱的假面具

对能量的崇拜，羞怯的假面具，接受的和需要的暴力之幻觉

总是爱女人：同性恋的假面具

---

① 塔莱朗（Charles Maurice de Talleyrand-Périgord，1754–1838），法国铁腕政治家。

② 拿破仑（Napoléon Bonaparte，1769–1821），法国政治家、军事家。

③ 格拉贝（Christian Dietrich Grabbe，1801–1936），德国剧作家。

④ 伯格勒：《塔莱朗、拿破仑、斯汤达、格拉贝：精神分析与传记文集》，维也纳，国际精神分析出版社，1935年。

各种直接的证据：

移植到拉米尔[①]那里，——她爱那个以死威胁她的人——拉米尔为了钱失去童贞，就像贝（尔）在米兰为了钱失去童贞

这些只不过是什么呢？

让自己向安吉娜·皮特拉鲁阿[②]讲述自己的各种不忠贞——与诱惑者和被诱惑的女人的双重认同——爱他的朋友们的女人或他们爱他们的属于他的女人

女人的外表（《亨利·布吕拉》）——于连·索黑尔[③]= 装扮成男孩的女人

类妄想狂性格：秘诀、译码、害怕警察和富歇[④]

2）这种同性恋的抑制——受虐狂。

一个理想之我的构造：积极地：认同与去性欲化

消极地：通过攻击外部——最后是攻击自己——来回应死亡的攻击，犯罪，焦虑。

理想之我变成了死亡冲动的武器

消极：——攻击外部（它随后倒流为攻击自己）{被体验到}：残暴的儿童，八岁时列了一个杀人者名单并且从路易十六被执行死刑中获得快乐

① 拉米尔（Lamiel），斯汤达未完成的同名小说的女主人公。

② 安吉娜·皮特拉鲁阿（Angela Pietragrua），斯汤达的恋人之一。

③ 于连·索黑尔（Julien Sorel），斯汤达《红与黑》中的男主人公。

④ 富歇（Joseph Fouché，1759-1820），法国警务大臣。

——受虐狂：法布利斯[1]、于连只在面对死亡时才感到快乐

/[第97页]/(I4) 165

——这一受虐狂的性攻击原理：理想的、阳刚的自我对抗女性的、去势的斯汤达

——因为，为了抑制同性恋倾向而认同于舅舅罗曼·加侬[2]，土里土气的唐·璜[3]，成功的男人，通过女人们取得成功——“西班牙特色”——“以与平实散文般的父亲不同的方式存在”——

——但停留为“梦幻”的、美丽的残余物，这是女性的

=“忧郁的享乐主义者”（贝尔热[4]）

3）自恋-窥淫癖

—自恋：我是谁？——~~敏感性~~剽窃——对他人的敏感（俄国战役期间其他军人的参与妨碍他看到这一点）——各种梦幻比实现要更好：这就是全部吗？第一次性交后经圣贝尔纳山口到达巴黎

自恋＝自我中心——音乐就是爱情——幸福的美好承诺—

想塑造他的姐姐——定义什么是故乡：一个人在那里

---

① 法布利斯（Fabrice），斯汤达小说《帕尔马修道院》中的人物。

② 罗曼·加侬（Romain Gagnon），斯汤达的舅舅。

③ 唐·璜（don Juan），一名在西班牙家喻户晓的传说人物，在小说和诗歌中被用作情圣的代名词。

④ 参贝尔热（Paul Bourget，1852-1935，法国小说家、批评家、哲学家）：《论当代心理学：波德莱尔、勒南、福楼拜、泰纳、斯汤达》，巴黎，A. Lamerre出版社，1891年。——勒南（Ernst Renan，1823-1892），法国哲学家、历史学家。

“找到最多与他相似的人”的地方——在爱情的七个阶段中，没有哪一个阶段涉及对象——在爱情中“一个人享受的只不过是自己的幻觉”——

每一种爱在其深处都归结为被爱的渴望”（Jeders Lieben reduziere sich zutiefst auf ein Geliebtwerdenwollen）[1]

—窥淫癖：

斯汤达并不真正地爱：他｛只｝熟悉6个女人，在这6个女人中，~~欺骗过他的~~3个几乎没有获得过辩护，而~~没有获得过辩护的~~3个欺骗过他：即他不想保护她们——伯格勒：女人对于他来说只不过是一种“催化剂，她使他能够在他本身那里觉察到一种双性恋情感”。[2]

166　爱情对于他来说是其理想自我在女人中的投射而且/［第98页］（I5）由此在她那里知觉到自身。

由此：通向窥淫癖：弗洛伊德[3]：窥淫癖者首先是自体性欲的，通过摄取他人或者在他人那里投射自身，他想要看的是他自己。整个看（Beschauen）的意愿都是自恋的，因为人只能在自己那里看到里比多。任何观察的欲望都是被观察的欲望。“心理享受”（voluptas psychologica，尼采[4]）本身就是自恋。

在斯汤达那里的非常明确的窥淫癖：源于其儿童好奇

① 伯格勒，同前引，第100页。

② 梅洛-庞蒂翻译了他以德语读过的著作的这一段。参上文。

③ 弗洛伊德（Sigmund Freud，1856–1939），奥地利精神分析学家。

④ 尼采（Friedrich Nietzsche，1844–1900），德国哲学家。

心的压抑（据讲述，当有人把他引进其父亲死的房间时，他没有看床）——斯汤达目睹了安吉娜·皮特拉鲁阿和另一个男人之间做爱的场面。为了看。只是在后来他才感觉到了自己的倒霉（梅里美[①]）。然而开玩笑=缓解一种压抑——这乃是对各种童年记忆的压抑——的能量。法布利斯看克莱莉娅·孔蒂[②]而没有被看到。克莱莉娅发誓不看法布利斯——愉快地目睹一位情妇[③]的洗澡。

4）作家斯汤达

a）斯汤达与自己的那些人物、那些年轻人的一致。——那些不择手段的五十多岁的人，假斯汤达的充斥（200个假名）= 自恋——在10岁时想到自己并且把写的东西献给自己——他的那些主人公想到的是建构自己的理想之**我**。认识自身是他们的存在理由。分析的各种突然变化相应于“人物的一些{ill}”（左拉[④]）——最终说来，写作对于斯汤达来说是窥淫癖者的一种自我理解（Selbstfassung），而不只是单纯的解闷。

b）至于双性恋的内容：扮演两个角色的想象的爱

对权威们的戴着面具的攻击

（反抗 +{发迹}）

父亲　加依

① 梅里美（Prosper Mérimée，1803–1870），法国作家，历史学家，考古学家。

② 克莱莉娅·孔蒂（Clelia Conti），斯汤达《帕尔马修道院》中的人物。

③ 涉及《帕尔马修道院》的一些插曲。

④ 左拉（Émile Zola，1840–1902），法国作家。

犬儒，反讽，受虐狂的药方 = 自我掩饰——对自己的作品就像对自己的爱情一样感到羞愧

167 [**第十次课**[①]]

/[第 99 页](II1)/

自恋~~应该已经通过这扼杀~~倾向于以“关于自由的寻常说教”抑制关于他（es）的认识，但这种自恋与受虐狂的冲突以及窥淫癖姿态相反地将通向斯汤达的含混性的真相：“很少有人比他更充满激情地欺骗和迷惑世人，很少有人比他更好、更深刻地说出真理”——

II 关于精神分析解释的讨论

/[页边注]* 秘密是无意识的同性恋

女性的被动性，被加依模式的摄取所掩饰的梦幻

~~双性恋，扮演两个角色的想象的爱~~。

自恋（自由、~~）与受虐狂~~犬儒、反讽）与受虐狂（窥淫癖者，真理）的冲突——辩白与真理——/

注意 精神分析学家并非全都同意 ~~1）~~没有自由联想地根据著作进行后天解释的可能性或——无论如何 ~~2）~~〈1）〉这样去解释或说明生产性的主体的可能性的问题。升华是副产品吗？各种冲突以及作品的钥匙是在童年创伤中吗？

---

① 被梅洛-庞蒂编页码为“II1”至“II3”的，换言之，被整合到第十次课的准备中的 [第 99 页至第 101 页]，最初被编页码为“16”到“18”。

成功的和失败的升华。成功无法完整地获得说明。应该存在着上层建筑的某种功效。于是认识斯汤达就应该是认识作品及其内在逻辑。“自由”并不必然是一种“说教”*。/[页边注]*诉诸“心理天赋”来说明斯汤达的窥淫癖产生了其作品。/

3）一些超常的和反常的范畴运用到所有突显出来的东西中，到2）对从赞成所有性格到反对所有性格的颠倒进行的分析

所有性格：

例如　突出对母亲的爱

突出对父亲的恨　　和对这一切的表达

能量崇拜　　在对立的真相中

爱女性之爱

但这种对立的表达，在反常者那里（当他由于各种冲 168
突而丧失活力时）是合情合理的，它在一个没有丧失活力的人那里也是合情合理的吗？难道不是毋宁应该说在他那里存在着双重性吗？

同样，类妄想狂性格强化了同性恋（钥匙等等）。嗜好秘密仅仅是倒错的象征表象［第100页］（II2）吗？秘密的秘密是同性恋，或者如果同性恋只不过是可能的双性恋的残余，要掩盖的秘密难道不是更加一般：双性恋，人性？

同样，各种直接证据提供了男性只是其外表或脆弱的上层结构的真相？

只有当自我与自我的分离~~是现时的~~〈现时地证实了绝对无意识〉〈（失败）〉时，精神分析才是、才可能是说明性的。否则它就是武断的：不管它如何进行，人物都是以相同的方式被说明的。精神分析不能够把在一个个体的生活中只能作为幻觉被宣布出来的东西转变成论题——除非他的实际举止来自他的幻觉并且被阻止了。

3）由于没有证实这种失败，精神分析变成了关于〈由精神分析学家的绝对知识界定的〉正常人的独断论。

上述所有的评价 + 受虐狂，窥淫癖，自恋，类妄想狂性格

~~把各种性格特征放回到病理学秩序中~~

~~面对疾病，即作为一个事实的失败，这是合情合理的~~

如果不存在失败和阻止，这取决于没有呈现出这些特征中的任何一个的正常或健康的人之幻觉。描述精神分析学家的正常或健康的人：

没有问题的人（我是谁？）

完全单性的人（但如何不用参与认同地爱母亲？）

对象人 / 但如何去爱却不

带有自我：“可以说，人除了通过自己的自恋之外，没有其它器官可以达到所谓的对象”（Der Mensch hat sozusagen kein anderes Organ, um zum sogenannten Objekt zu gelangen, als über seinen eigenen Narzissmus）（第

107 页)[①]

非攻击性的、非受虐狂的，即仅仅观察的人。-

要么绝对精神，要么质料。

无想象物地一下子就满足了的人（这就是全部 169

吗？），在他那里，情感和身体是完全一致的

没有眼睛的人（因为窥淫癖已经呈现在具有眼睛

的事实中。）

/[第 101 页](II3)/

从来不注视其情人的人……整个地处在他所做的事情之中并且整个地属于他所做的事情的人

这是幻觉。

弗洛伊德本人说正常是统计学概念，在精神分析中存在的更有趣的东西恰恰是在偶然性中，而不是毫无偶然性地获得实现的精神的观念。

因此，精神分析的真理：强调一些态度和{一些关联}，它们相对于人的中心冲突（就像暗含在自我-他人关系中，但首先暗含在自我那里的性攻击冲突）的含义。/[页边注]* 在这一意义上，它扩大了我们的经验：人类冲突的各种具体的、原始的形式。/

但是，如果我们更好地安排它们的话，这一冲突不应被认

① 伯格勒，同前引，第 107 页。

为是可以通过各种仅仅婴儿期的和根本随意的〈生殖的〉性内容~~通过它~~来界定的：〈这只是对于神经症的发生而言的情形。〉

这乃是需要既按照它的各种成人形式来界定也通过其各种成人解决来描述的人类张力。我们在这里最多只有~~起点处境~~起点处境的被强调的特征描述。还需要在斯汤达的生活和作品中找到关于秘密和谜的惯用语。

/［第102页］（II4）/

III　为什么是斯汤达-梅拉妮·吉尔贝插曲？

对于精神分析的这一讨论质疑成人-儿童的关系、作品-生活的关系

倾向于让作品和成人生活作为创造（至少在某些人那里），而不是作为给定的东西的重复呈现出来。

作为铭记在起点处境中的一个问题的转化。

平行地：通过练习获得一种风格——它使我们能够即兴创作而不再只是编撰，〈能够过渡到卢梭主义和｛例子｝之

170 外〉；通过练习获得一种对于自身的表达能力，它也克服了麻痹情绪和犬儒的困境。

应该阐明的正是这种双重构造

童年　成人生活

个人的作品

梅拉妮·吉尔贝的插曲使我们能够这样做

因为这是 1. 真正实现的第一次爱情

2. 多亏了《日记》的"直接文学"（它依据

1830 年预期了斯汤达的严格意义上的文学），这也是斯汤达的第一部小说

通过比较《日记》

与致梅拉妮·吉尔贝的信[①]

《两扇门的房屋》[②]

还有写给他姐姐的《致波利娜[③]书信集》[④]

我们可以弄清楚这一亲历的并且变成了文学的爱情的收益。

关于文学的真诚以及作品-生活、写作-体验的关系的问题，恰恰是由这些文献提出来的。

/［第 103 页］（II5）/

IV 斯汤达-梅拉妮·吉尔贝的爱情

A）这一非常迅速地产生的爱情只是在 7 个月之后才宣布的，因为他一下子就想到了它

~~各种事实~~

~~爱情开始于对瓦格纳[⑤]的嫉妒情感~~

---

① 参斯汤达:《普通通信集》，维克多·戴尔·李托编，第一卷，巴黎，荣冠出版社，1997 年。

② 这涉及的是斯汤达的一个剧本。

③ 波利娜·贝尔（Pauline Beyle），斯汤达的一个姐姐。

④ 1921 年出版于巴黎（雷蒙·拉图尔·杜·维拉德科学出版社），这些信几年前已经发表在《埃蒂安纳手册》中，巴黎，艾蒂安纳学院（collège Estienne）印刷厂，1948 年。

⑤ 瓦格纳（Richard Wagner，1813-1883），德国作曲家、指挥家。

〈1）这一爱情的迅速：手腕？〉

在1804年12月31日相遇后一个月，1805年2月3日，他写道："我已经把卢瓦松护送到了她家里，我几乎想要依附于她，这将会治愈我对维克托里娜[①]的爱。我和我
171 的小卢瓦松一道品尝幸福的爱情和快乐的全部美妙，直到我出发去格勒诺布尔；但她应该为此拥有一个灵魂。"（《日记》，第一卷，伽利玛出版社，第232页）[②]

6天后："我嫉妒得要死"（同上书，第232页）[③]

"使我爱卢瓦松到了几乎恨她的地步的这场激情战，把要担负起来的实存还给了我；我想到和感受到这一点就有一种厌倦，一种习惯性的头疼，我需要让自己分分心，我这是第一次体验到了这种后果。"（同上书，第233页）[④]

2）持久的怀疑

但与此同时："我每天2到3次改变对于她的计划"（第232页）[⑤]

/［后面一段的页边注］："一个想象中的灵魂是脆弱而多疑的……"（《论爱情》）[⑥]"……我担心我的由于敏感

---

① 维克托里娜（Victorine），即维克托里娜·穆尼埃（Victorine Mounier），斯汤达朋友的姐姐，他与她未曾蒙面，曾经给她写过爱慕的书信，但未获得回复。

② 斯汤达：《私密作品》，第一卷，巴黎，伽利玛出版社，"七星文库"，1981年，第197页。

③ 同前引，第205页。

④ 同前引，第206页。

⑤ 同前引，第205页。

⑥ 斯汤达：《论爱情》，第二十一章，载《全集》，第一卷，日内瓦，珍本爱好者圈出版社，无出版时期，第83页。

导致的怀疑性格”（《日记》，第二卷，第 57 页[1]，转引自阿尔伯莱[2]）/

怀疑：由于马齐亚尔·达吕[3]的一句话而针对她的健康——要么**他是侯爵**？[4]

针对她的情感：她已经瞧过一个门面、已经和他一起为一顶无边软帽讨价还价[5]——她是一个女孩吗？

冷漠——~~但是~~

针对一些对手，瓦格纳。勒·勃朗[6]——她是一个婊子吗？参《日记》，第二卷，伽利玛出版社，第 29 页[7]

这些怀疑保持到了 2 至 3 个月之后——它们保持
到了这段爱情结束之后（梅拉妮·吉尔贝致斯汤达的 172
最后一封信就涉及勃朗的怀疑做出了回应）

钟情的（恋爱的）男人：“他不再把任何东西归于偶然，他丧失了对于可能性的情感，一种想象出来

---

① 斯汤达：《私密作品》，第一卷，同前引，第 264 页。

② 阿尔伯莱（Paul Arbelet，1874–1938，法国作家）：《市侩的斯汤达或梅拉妮的不幸》，巴黎，普隆出版社，1926 年。参这里没有发表的法国国家图书馆藏品同一卷中的阅读笔记，[第 149 页]。

③ 马齐亚尔·达吕（Martial Daru），斯汤达的一个表兄。他的另一个表兄皮埃尔（Pierre Daru）为伯爵。

④ 斯汤达利用了当时在意大利用来影射女人的月经的这一表达，侯爵的服装传统上是红色的。

⑤ 参斯汤达：《私密作品》，第一卷，同前引，第 303 页。

⑥ 勒·勃朗（Le Blanc）。

⑦ 斯汤达：《私密作品》，第一卷，同前引，第 243 页。

的东西成了对他的幸福产生后果的一种现存的东西”[1]

怀疑 = 直接物，想象物

革命：“对女人的认识能够导向的所有欺骗中最坏情形是，

生怕被欺骗，因而从来不去爱恋”（第 242 页）[2]

因此决定去爱她[3]

/[第 104 页]（II6）/

这前两个特征求助于第三个特征：

3）贝尔的内在困难——麻痹的类型：做什么，如何走到这一绷紧的私密性之外？麻痹。

这一麻痹无疑与她相关，尤其是因为他给她留下的印象。

这一印象是从哪里来的？

各种感觉和各种知觉：对所有重要的东西的沉默。~~感觉就如同是一种出神~~各种固体的液化（《日记》，第二卷，伽利玛出版社，第 61 页）[4]

不是出自使它中止的力量（第二卷，第 56 页）。[5]感觉就是没有留下记忆的出神（第二卷，第 59 页）[6]

---

① 斯汤达：《论爱情》，第十二章，同前引，第一卷，第 56 页。

② 斯汤达：《私密作品》，第一卷，同前引，第 213 页。这一段落被圈住并被记入在“冷漠”和“针对一些对手”之间。

③ 从“革命”到“决定去爱她”，文本用一条线围起来。这一段最初写在更前面，刚好先于“针对一些对手”。

④ 斯汤达：《私密作品》，第一卷，同前引，第 268 页。

⑤ 同前引，第 265 页。

⑥ 同前引，第 267 页。

从那时起，要么感觉，要么行动并且引人注目，但这只不过是一种角色（第一卷，第243页）（第二卷，第21页）[①]——

梅拉妮感觉到他对此并不完全是坚信无疑的（第二卷，第68页）。[②] 这意味着有两种意义： 173

实际上（1）他想依据对各种激情的认识而行动，用了一些秘诀：让她妒忌*，等等/［页边注］*或恶毒的言行第二卷，第85页[③]/——但这假定了他与他所做的事情之间的距离。（2）这使梅拉妮·吉尔贝感到不安：或者为她在世界上找到某种令人惊恐的东西（第二卷，第19页），[④] 即"过于费心"[⑤] 即（就像与此同时，他并不天真）哄骗的能力。**/［页边注］** 当他决定成为自然的时，这乃是以卢梭[⑥] 的方式第二卷，第55页"凝视着他的灵魂的双眼"[⑦]/

在最好的情形中，角色被完美地扮演了（第一卷，第243页[⑧]，第二卷，第30-31页[⑨]），但清楚地感觉到这没有推进自己的事情，并且想要让自己显得更加自然。在这里，使人惊恐的不再是事先认可的角色，而是非现实化自己的潜力——"道德的强烈兴奋"（第二卷，第32页），[⑩] 他行动的原则。梅拉妮被构想、被想象为：罗朗

① 斯汤达：《私密作品》，第一卷，同前引，第237页。
② 同前引，第271-272页。
③ 同前引，第287页。
④ 同前引，第236页。
⑤ 同前引，第235页。
⑥ 卢梭（Jean-Jacques Rousseau，1712-1778），出生于瑞士的法国哲学家。
⑦ 同前引，第264页。
⑧ 同前引，第214页。
⑨ 同前引，第245页。
⑩ 同前引，第246页。

夫人[①]，苔丝狄蒙娜[②]，一个希腊形象，一个伟大的灵魂。

因此要么是瓦尔蒙[③]的马基雅维里[④]主义，要么是圣·普赫[⑤]和卢梭主义（土豆餐，握紧的手，婚姻的提议，第二卷，第123页[⑥]）（参致波利娜的书信，预期了她与芒特[⑦]的婚姻以及共同生活）。在那里存在着犬儒与“灵魂”的交替，不存在混合。

这说明1）贝尔的麻痹：需要一种环境或者她（旅游）来帮助他。

2）梅拉妮的腼腆，考虑到了她自己的各种猜疑（20岁的冒险，——生病——为了疏远令人害怕的、危险的贝尔而有的深思熟虑的冷漠）（参《两扇门的房屋》）

174　最后：

“我总是感觉到而不是知觉到那种使我像儿童那样纯洁的东西；而且因为此外我认识到各种可能，我倾向于是多疑的和敏感的”（第二卷，第45页）[⑧]

---

① 罗朗（Manon Roland，1754－1793），法国女作家和革命家，通常称其为罗朗夫人。

② 苔丝狄蒙娜（Desdémone），莎士比亚悲剧《奥赛罗》中的人物，是奥赛罗的妻子，因为小人挑拨和自身疑心，奥赛罗猜疑她和自己的副将有染，导致这段爱情以悲剧收场。

③ 瓦尔蒙（Vicomte Sébastiende Valmont），法国作家拉克洛（Pierre Choder-losde Laclos，1741－1803）创作的书信体小说《危险关系》中的人物。

④ 马基雅维里（N. Machiavel，1469－1527），意大利政治思想家，历史学家。

⑤ 圣·普赫（Saint-Preux），卢梭的《新爱洛伊丝》中的人物。

⑥ 斯汤达：《私密作品》，第一卷，同前引，第233页。

⑦ 芒特（Fortuné Mante）是斯汤达在格勒诺布尔中心学校的同学。

⑧ 同前引，第256页。

"在整个期限范围内，我是一个没有成型的儿童"（第二卷，第 62 页）①

即直接感受性（它就是毁灭）或者是借助于他人之眼的对于自身的外在视点

（腼腆的或"引人注目的"）自恋或受虐狂

参"没有人会像你自己那样爱你"（第二卷，第 137 页）②

［我们没有出版［第 105 页］，它是梅洛-庞蒂在［第 104 页］中已经进行的工作的一张预备的简单讲课卡片。］

/［第 106 页］（II7）/

或最后：第二卷第 80 页：

"这一声音在我这里，应该学会 1° 倾听它，2° 产生它。"③

因此，如果我们不把它看作是天数的话，精神分析学家的描述就不是虚假的。但正是因为不把它视为天数，这就承认斯汤达随后发现了其它东西。什么东西呢？有待于说出

（VIII 如同第一部小说的这第一次爱情（各种不同的真诚）

相应地，文学的种种进步也是生活的进步：内心独白

① 斯汤达：《私密作品》，第一卷，同前引，第 270 页。

② 同前引，第 327 页。

③ 同前引，第 283 页。

的转化和爱情的转化普雷沃[①]）[②]

175 对比瓦莱里：向作品过渡

≠用虚荣编织的傲慢

=在斯汤达那里，向作品过渡只是当他不再把文学当作一种手段时、当他把那个不爱自己的人接受为自己时才会出现。[③]

［**第十一次课**］

/［第 107 页］（III1）/

语言与文学

斯汤达

IV　斯汤达和梅拉妮·吉尔贝的爱情

~~苦恼与处在死亡点上的爱情~~

他与卢瓦松的爱情中的死胡同

在死亡点上：脆弱的亲密（在卢瓦松家里进餐，一盘土豆等等。卢瓦松在他面前穿衣[④]），这种亲密越密切，她越是找不到走向爱情的通道。当他想达到爱情时，就是在

---

① 参普雷沃：《斯汤达的创作》，巴黎，伽利玛出版社，“Folio essais 丛书”，1996 年（1974 年）。在课程的那些页张中，梅洛-庞蒂经常参考这本书，该书于 1942 年在马赛的 Sagittaire 出版社出了第一版，然后于两年前（1951 年）在 Mercure de France 出版社出版。

② 梅洛-庞蒂划掉了他在这里放入括号中的整个文本。

③ 从“对比瓦莱里”起的这最后几行在页面中是竖着写下的。

④ 参斯汤达：《私密作品》，第一卷，同前引，第 272 页。

远离她，设想了各种轻骑兵的方式（坚决地向她提议男用外套[①]），要么激起她的反感（就像在去里昂的旅行中，在一个游客面前伤害到她），要么一点也没有引诱到她。

这来自于她吗？固然，〈她遭受了痛苦〉——她是多疑的人。但~~为什么？~~完全承认了拥有一个情人的想法，相当自由的交谈（关于男用外套）——因此，她只是对他多疑。

是什么导致她多疑？他。他那里的什么东西？我们要说：他 176
的腼腆，他不令人信服。但什么是腼腆呢？它乃是那些一成不变的和麻痹的情感、幸福、感觉与欺骗行为或诱惑行为在他那里的分离。相应地是他的“心灵”行为和梅拉妮的身体的分离，还有在感受的人和在知觉的人、出神和意识在他那里的分离；要么在知觉、有意识，但他这是在耍手腕：通过在她面前向另一个演员献殷勤使她妒忌，或甚至~~通过说恶毒的东西~~伤害她（“小姐不是恶毒的”（《日记》，第二卷，第85页[②]），~~要么在体验愉快，但那时是一成不变的~~要么它们是〈针对她的〉怀疑（“我如此强烈地认识到激情的欢乐……以致……由于不断地

---

① 斯汤达用来指男用避孕套的含蓄术语。它反复出现在《日记》中，尤其是关于卢瓦松恋情的那几页中。有时拼写为“carrik”。梅洛-庞蒂参考的段落很可能在斯汤达如下的作品中，《私密作品》，第一卷，同前引，第266页：“没有什么东西能够让我克制到明天；第一次我在她家里面对面地看她，坚决地提议了各种男用外套；坚持，使这成为谈论的主题，集中到这上面。全都权衡过后，我是一头牲口，她没有把这推到明天。我星期一是一头牲口，因为昨天和今天没有了机会，亦参264页及书中多处。

② 斯汤达：《私密作品》，第一卷，同前引，第287页。

看出各种可能，我从来都不会对什么东西坚信无疑”风月23日《日记》[①]），并且低估自己（“我感觉到和过多地知道，为了拥有一种完美的确信，什么是/[第108页]（III2）/完美地可爱的人，而我可能离这一辉煌的样品相距甚远。”）

要么在感觉，但处在一成不变中:《论爱情》，第一卷，第159页。

“……一个真正在爱的男人，当他的女友向他说一些使他愉快的东西时，就不再有说话的力量了”[②]——《论爱情》，第一卷，第273页。“极度的幸福毁掉了希望”。[③]

甚至不能够在他的日记中谈论他所感觉到的东西：

“我的爱情已经增强到了一种令人惊讶的程度。这个晚上，它造就了我的生活。我要很好地表达它应是颇为困难的。我放弃谈论它。”（《日记》，第二卷，第31页）[④]

不能够走到~~这一麻木~~〈这一出神〉或这一愉快的梦想之外：“我沉湎在看她、崇拜她的愉快之中，我不再想说一些有趣的东西”*（《日记》，第二卷，第58页）。[⑤]这里的这种爱情

177 并不倾向于“使他出现在给予他以灵感的客体中”。[⑥]最终说

① 斯汤达:《私密作品》，第一卷，同前引，第266页。

② 斯汤达:《论爱情》，第32章，同前引，第一卷，第159页。

③ 这涉及斯汤达就吉劳德（Guiraudet）的例子在边上做的一个亲笔注释。参斯汤达《论爱情》的“注释和说明”章节，《作品全集》，珍本爱好者圈出版社，第一卷，第273页。梅洛-庞蒂引用的是这个版本。

④ 斯汤达:《私密作品》，第一卷，同前引，第247页。

⑤ 同前引，第313页。

⑥ 同前引，第314页。

来：想去爱，而不是被爱："然而很了解自爱的拉罗什福柯[①]说：'爱的快乐就在于去爱，一个人是快乐的，这主要通过他拥有的激情而不是通过他唤起的激情'**"（《论爱情》，第二卷，第131～132页）。[②]之所以斯汤达没有被认为被梅拉妮诱惑，也是因为他并不希望检验他的爱情在她那里的反响。这是因为她在他那里只不过是想象的形象（希腊美人，苔丝狄蒙娜，等等）。"在十年中，我不会保持一个半月时间与一个会让我高兴的女人在一起以便达到这样程度的检验；我或许在一个月的尽头将拥有她。我也将会是愉快的吗？"（13年风月30日《日记》）[③]"爱情能够给予的最大幸福，乃是一个人第一次与所爱的女人握手"（《论爱情》，第一卷，第157页）[④]

/[页边注]*/"一个词的音变，一个没有被觉察到的姿势"置他于"幸福和绝望的顶点"。[⑤]/

/[页边注]**"没有孤独的爱情是什么？"[⑥]（转引自马蒂诺：《斯汤达之心》[⑦]）/

解决的尝试：创造角色

因此角色（"如果我仍然处在我在其中扮演/[第109页]（III3）/一个角色的时代"，他会写信给格勒诺布尔的梅拉

① 拉罗什福科（François de La Rochefoucauld，1613–1680），法国思想家，作家。
② 斯汤达：《论爱情》，第59章，同前引，第二卷，第132页。
③ 斯汤达：《私密作品》，第一卷，同前引，第277–278页。
④ 斯汤达：《论爱情》，第32章，同前引，第一卷，第157页。
⑤ 斯汤达：《私密作品》，第一卷，同前引，第212页。
⑥ 斯汤达：《论爱情》，第42章，同前引，第一卷，第229页。
⑦ 马蒂诺（Henri Martineau）：《斯汤达之心》，巴黎，阿尔班·米歇尔出版社，1952年。

妮·吉尔贝说），——要么毁灭——他最终能够通过自己创造自己的角色而走出这一死胡同吗？通过把自己完全移转到想象物中而超越喜剧（“他的灵魂之小丑”[①]）吗？还有《日记》*/［页边注］*13 年风月 6 日 / 第二卷，第 31 页。“这无疑是我一生中最美好的一天，我能够有一些更大的成功，我将永远不再展示我的才华。应该用来指导感觉的知觉只会是公正的；稍稍过了点，我让自己被感觉驱动。知觉为我提供了充分的策略以便感觉到是不是应该说一句客套话，而草率地说出第
178 一个词，我就感觉到了我要说什么；不可能更好地玩弄激情，因为我实际上感觉到它了。当我对费利普说‘狄韦娜·费利普[②]，来跟我重复一遍’时，我是她的恋人。［……］我有一个与我相称的听者！带着其灵魂、学习方式和经验的卢瓦松或许在爱情表达方面是最难欺骗的女人。

我已经展示了一种巨大的才能；这是我第一次在自己这里在这种程度上看到它；这确实是获得一种虚荣的享受的情形。好了，我昨天已经感受它了，我今天仍然在感受它（风月 7 日），我对它是绝对无能为力的。

在我一天的记忆里，唯有爱情让我感到了美妙。我只欲求通过爱梅拉妮而感受到的幸福，其它的都微不足道。［……］夜晚，我绝对被耗尽了，我什么都不能做，我需要一种我在那里能够获得休整的社交生活、一场在一栋房屋中举行的，

---

① 斯汤达：《吕西安·娄万》，第二十一章，《小说作品全集》，第二卷，巴黎，伽利玛出版社，“七星文库”，2007 年，第 245 页。

② 狄韦娜·费利普（Divine Félipe）。

我在那里能够完全无拘无束的音乐会；没有这种东西，我八点钟就躺在床上了。为了表达我在其中已经出类拔萃的那种类型的完美，我会说，通过既作为作家又作为演员，我像摩莱[①]那样已经扮演了莫里哀[②]能够写出的那种角色。/［第110页］（III4）/[③]——这是解决的办法吗？恰恰不是：过于“灵魂”，这让人“恐惧万分”。一个人如果过多地感觉到他能够绝对非现实化自己，他就会欠缺一种分量，某种大地上的东西，他不能作为一种奶油被抓住——（a）同一天，在卢瓦松家里遇到德·夏多诺夫[④]，他谈起阿尔菲耶里[⑤]，展示自己的意大利语，变得“卓越”（“卢瓦松很专注”[⑥]），“我很快重新成为交谈的主人”[⑦]。关于阿尔菲耶里：“我已经让我的情感爆发了，这乃是最生动的仰慕的表达。卢瓦松对他说：‘先生，如果你继续谈的话，他将变成疯子。’”[⑧]——（b）同一天，　边对夏多诺夫说话，一边瞥视卢瓦松和勒·勃朗的交谈。“这就是我描绘的我观察到的两个人物：卢瓦松摆出一副接待其供养者的女人的样子，演出来的温情、友谊；她坐在一把扶手

① 摩莱（François-René Molé，1734-1802），法国演员，议员。

② 莫里哀（Molière，1622-1673），本名让·巴蒂斯特·波克兰（Jean Baptiste Poquelin），法国喜剧作家、演员、戏剧活动家。

③ 斯汤达：《私密作品》，第一卷，同前引，第244-246页。

④ 德·夏多诺夫（Agricol-Etiennede Lapierrede Chateauneuf，1765-1842），法国剧作家、历史学家、翻译家。

⑤ 阿尔菲耶里（Vittorio Alfieri，1749-1803），意大利悲剧诗人。

⑥ 同前引，第242页。

⑦ 同前引，第241页。

⑧ 同前引，第242页。

椅上，把自己的位子给了勒·勃朗；后者看到夏多诺夫和我专心地在交谈，就开始降低声音与她说话……他紧抵她的膝盖，他开始停留在许多供养者的话题上，其中有言：“在封斋
179 期之后！——在封斋期之后干什么？——您瞧瞧。”他为她准备了封斋期之后的某种惬意的惊喜。作为感谢，她向他报以微笑，但不是出自眼睛，装出来的。在此期间，她的上唇完全变了型，她为了呈现一个婊子（但一个有温情的心灵的婊子）的高兴而丧失了天使般的温情［……］。她的唇通常和我的一样是直的，但它就像芒特的一样变成了拱型的；这就是我的看法，第一种姿势，习惯性的姿势；第二种姿势，婊子的嗜欲的姿势”（第二卷，第 29 页）[①]——（c）在妒忌和交谈之后，他在卢瓦松家里的一天结束了：“我继续开玩笑，我拿起自己的帽子，我［第 111 页］（III5）离开；我在经过第一道门时撞了一下头。不是带着极大的温情，而是带着极大的情绪，卢瓦松好奇地说：‘您要去自杀’，然后在我关上门后向其他人说我：‘他是一个脾气暴躁的人’~~带有~~。这句话表达了很多意思。我没有能够以一种更令人愉快的离开结束这一天。”[②] 对阿尔菲耶里的极度崇拜、妒忌、自发性和活泼 =“您疯了”或者“您要去自杀”。我们在~~他那里感觉到~~感觉到他即兴表演、把自己投入到非实在的东西中并使之体现出来、吞噬各种可能、不“接受”任何、不把任何东西视为既得的之

① 斯汤达：《私密作品》，第一卷，同前引，第 243-244 页。

② 同前引，第 244 页。

自由，“致命的”和“疯狂的”* 自由，而且，尽管与其他人在一起，处在与他们谈话、与他们“结成”一种关系的行为中，却是完全孤单的。正是这一点说明了卢瓦松的沉默：他并不“坚信无疑”[①]——死亡、疯狂，= 直接物 = 意识的同义词

/[页边注]*“我的头是一盏神奇的灯笼；我用我的想象力为我呈现的一些疯狂的或温情的形象来逗乐”[②]——“在我这里有一个发疯的心灵”（转引自马蒂诺：《斯汤达之心》，第 380 页）

参同上：“他经常提到的各种疯狂感觉，不管白天黑夜都不会离开他的疯狂冲动，一种具有各种发疯特征的举止”[③]/

与精神分析以及瓦莱里问题相比较的斯汤达问题

因此，所涉及的，乃是在精神分析提出的问题之外~~由瓦莱里提出的~~〈意识的问题〉。

精神分析把犬儒、对自我的低估、金钱的需要与受虐 180
狂联系起来，——把温情、梦想、麻痹、不想被爱的爱情与自恋联系起来，——把~~抵制客体的且最终~~这两个面向、妒忌、不信任、考虑全部可能与类妄想狂和同性恋联系起来，——把它们一起与非客体的态度联系起来。这一切并非都是错的。错误的乃是，把这些构成视为偶然的，

① 斯汤达：《私密作品》，第一卷，同前引，第 274 页。

② 斯汤达：《1818 年的意大利，意大利之旅》，（维克多·戴尔·李托编），巴黎，伽利玛出版社，1973 年，第 238 页。

③ 马蒂诺：《斯汤达之心》，同前引，第 380 页。

没有看出它们在人及其各种内在悖论中，即在意识就是自我批判这一事实中有它们的根基：自我对象化、对无能为力的担心、儿童的梦想，因此施虐狂也是如此，——与此同时是自恋：对我有意识地成为的东西的全能，没有人能够从我这里剥夺我感觉到的这种幸福，对他人的敌视，对他们的妒忌，摄取。

/［第 112 页］（III6）/

的辩证法〈然而，当她尝试着走得更远时：〉意识：从自身中排除任何本性，除自身外不想保有任何东西，并且想象自己是她虚构是的一切。纪德说真的和假的情感之间没有什么差别。萨特说所有的人都在赌博，介入正是这一赌博本身，因为在我们的这种或那种具体的建构之外，我们只不过是一个问号。斯汤达在卢瓦松恋情中所体验到的正是这一点，参写给波利娜的信，我们在那里看到他无中生有地（并且单单从自己出发）建构了波利娜的生活以及自己的生活：她会嫁给芒特[①]，她会喜欢梅拉妮，以及“她的女儿”，他们将幸福地生活。回顾地做出各种计划的方式：它们不是逐步地且似乎不小心地发生的，它们是咄咄逼人的，它们是绵延的裂缝，它们“形成为图画”。这是把自己呈现为一种肉身化的、自我设定的意识。但这种肉身化仍然是一种任性的外衣，他人感

---

① 弗图内·芒特是斯汤达在格勒诺布尔中心学校的同学，且是他的很多事情和计划的参与者。

觉到它并且向后退。斯汤达就像奥克塔夫[①]一样"古怪"。

瓦莱里论斯汤达[②]：陷在骄傲（是、是自己、私人的）与虚荣（显得）之间 1）骄傲＝"任何顽强而纯粹的人都觉得自己还是一个人之外的其它东西，并且匆忙地拒绝和害怕在自身那里认出重复出现的一个种类或一个类型的诸多数量不定的样品之 181
一［……］。在任何深沉的人那里，某种被掩盖起来的德性不停地产生出一种孤独来。她们在接触或回忆其他人时不时地感受到一种特殊的痛苦，关于这一痛苦的生动而粗暴的感觉穿透她们，各种事实立刻就收缩在一个难以界定的内在岛屿中了。"（《杂文集》，第二卷，第 95 页）[③]

摆脱骄傲想要摆脱"人被人烦扰"[④]它让他们它引诱人去创造作品，即重新创造他人和自身，——即，恰恰作为与众不同的在他人眼里实存。这里的骄傲必然就是虚荣。生产的在言说的骄傲必然变为不是真实的或真诚的自我之表达，而是变为喜剧："认识自身只不过是预见自身；/［第 113 页］（III7）/ 预见自身通向扮演一个角色"（《杂文集》，第二卷，第 85 页）。[⑤]只是，这里的角色将超出于普通虚荣心的那些角色吗？这将是一个并不由他人强加的角色，这将是"自身的角色；让自己变得比自然还稍微要自然一些［……］，给予自己的各种冲动或印象一种有意识的支撑：由于不断推迟、不断等待自身，尤其

① 奥克塔夫（Octave），《阿尔芒斯》中的人物。

② 参梅洛-庞蒂后面立刻引用的瓦莱里关于斯汤达的专论。

③ 瓦莱里：《作品集》，第一卷，同前引，第 562-563 页。

④ 同前引，第 563 页。

⑤ 同前引，第 558 页。

是不断获得一些标记，这种支撑越来越明确起来，在一部又一部作品中得以完善，依据作家的艺术的进步本身，他用自己最终不知不觉地当作模特来把握的一个虚构人物替代了自己”（I03）。[1] 斯汤达的密码术、假名：“他装出用密码来写作的样子，有点像一个演员装出吃饭或喝水的样子；他这样做，或许是为了享受这样的感觉：与自己很默契、——与自己的关系比大多数自我〈与自己〉的关系稍微要亲密一些。”（I07）[2]

但这种成为自己的意志本身是真诚的、自然的。不做作，就是一种做作：“……如此多的真诚和过少的活力并非不可避免地产生的喜剧效果［……］我觉察到了成为自身、成为真实以至到了虚假地步的计划”[3]“外在真诚是人的两副面孔的一致，一付是可见的，另一付是被推演出来的或可能的。但是，为了给予内在真诚的概念一种意义，主体的分离活动应该引
182 入我们的各种几乎初生的最新状态不知道的绝对观察者……这个观察者具有这样的功能：告诉我们刚刚存在的思想是否符合我们具有的或应该具有的关于自己的某种恒常的观念”（II7）。[4]“总之，斯汤达固有的真诚，——就像/［第 114 页］（III8）/毫无例外的所有自愿真诚一样——会与他要扮演的一种真诚的喜剧相混在一起。成为真诚的等于忽视交际性聚会的观察者、评判者，或者将其归类在框架之外”（II8）。[5] 真正

① 瓦莱里：《作品集》，第一卷，同前引，第 566 页。
② 同前引，第 568 页。
③ 同前引，第 570 页。
④ 同前引，第 572 页。
⑤ 同前引，第 573 页。

的真实“是没有的，或者是未定型的，一般地说，是不明晰的”[①]。“在文学中，真实是无法想象的”[②]——

这并不仅仅是骄傲-虚荣的竞争，不仅仅是虚荣由于骄傲而变样——对自我的义务、社会的角色在《红与黑》和《帕尔马修道院》[*]结束时被超越了/[页边注][*]特别是瑞那太太[③]：在那里存在着对自身的遗忘/，和善于观察的自身，以及对必然是虚荣的自己的构造——斯汤达的自然的东西不不是一种预先确定的自然。斯汤达的经验将走到私人角色的这种精致的虚荣心之外。存在着幸福，存在着梦想、凝思它们是，它们是不会朝着自身回归的。《日记》恰好向我们表明了，在卢瓦松恋情中，名字超越这一迷宫的努力：某人寻求成为的，因此他不是的自己的迷宫，有意识的，因此做作的非做作的迷宫，作为憎恨自身和享受自身的意识的迷宫；角色是随着被扮演、被临时充当而创造出来的，而不是预先的，真诚是与一个角色不相符合的，是自己被自己所创造。瓦莱里或许既没有读过《日记》，也没有读过《亨利·布吕拉传》。存在一个在自身认识中一直进展到把自身认识的这种过度当作弄虚作假予以否认的斯汤达。

在某种意义上，斯汤达在卢瓦松恋情中的处境比瓦莱里所说的还要严重：因为使他进入到死胡同的东西并不仅仅是/

① 瓦莱里：《作品集》，第一卷，同前引，第571页。

② 同前引，第570页。

③ 瑞那太太（Mme Rênal），小说《红与黑》中人物。

［第 115 页］（III9）/ 虚荣心、角色、自身与自身之间的距离，
183 而是超越自身、创造自身的努力本身；不是非真理的由于缺陷的失败，~~欠缺~~而是非真理的由于过度、由于对自身的创造的失败。换言之，甚至瓦莱里为反对“真诚”所说的话也表现为非真诚的，斯汤达知道这一点——他不仅从一些底层的喜剧，而且从最高贵的喜剧体验到了失败，那种他想借之赋予未定型者以形式，并且产生幸福而不仅仅是感觉到幸福的体验。~~他知道~~他的问题 = 不在他人面前颂扬骄傲，~~重新创造自己~~〈把骄傲与虚荣结合起来〉~~并且他~~，就像瓦莱里相信的那样。他人对他来说并不仅仅是他所需要的~~兄弟般的~~敌人。

~~对卢瓦松的爱的后续与结束~~〈他人也是他所知的最珍贵的（对一个姿势，一种语调的敏感）。~~不管涉及他人还是自身，~~都存在着他人侵犯到他那里（不同于瓦莱里）。但不管涉及他人还是自身，问题都在于使这些时刻进入经验生活之中，使这种幸福进入爱情之中。他已经超越了虚荣与义务。~~但甚至~~他的问题在更远处：在于这种在意识之外的绽出、这种非实在化 1）被他者感受为难以忍受的、让人惊恐的，2）我们并不拥有在这里对想象的和实在的进行区分的保证，然而，这种保证不仅是他者所要求的，也是斯汤达所要求的：“头脑”的激情——“当有人对我说话的时候，总是给我时间去反思，而不是去做喜剧中的古怪者和矫情者。”①

证据：对卢瓦松的爱的后续与结束

① 斯汤达：《私密作品》，第一卷，同前引，第 307 页。

离开巴黎（没有钱——驿车上的棉布无边软帽——那些｛ill｝｛他人｝——放纵者的书——在里昂分手而没有成为恋人）

居住在格勒诺布尔：写情书——然后是另一封书信，在书信里请求谅解：因为她是如此矜持，他才说得如此激烈——而且他在书信中表示出妒忌。

/［第 116 页］（III10）/

这好像是在巴黎：在爱情这一爱情中的非实在化（带着这（对于 X 是）虚假的之意识，因此缄默，回归距离和妒忌*）——梅拉妮·吉贝尔非常充分地｛感受到了｝这一点：“为您写给我的东西而感到懊悔和脸红，您一定对您和我有非常不好的看法。那么，说出一个人在想什么是一种犯罪吗？要么您不要去想您向我说了什么？于是您的懊悔就是正当的，因为在我看来总是存在着一种捏造一个人没有感受到的东西 184
的可耻行为……”[1]——

/［页边注］* 参不可能性的意识和死亡的倾向（请求普拉纳[2]原谅）。附带参皮特拉鲁阿和玛蒂尔德[3]，甚至关于死亡的看法。怀疑她们是朱丽（妒忌）和怀疑他对于

① 斯汤达：《情书》，维克多·戴尔·李托编，塞瑟尔：香·瓦隆出版社，1993 年，第 26 页。

② 普拉纳（Giovannie Plana，1781–1864），意大利数学物理学家、天文学家，在格勒诺布尔学习期间认识斯汤达并成为其朋友。

③ 玛蒂尔德（Matilde），即玛蒂尔德·登博夫斯基（Matilde Viscontini Dembowski），斯汤达在米兰结识的一位女性，无情地拒绝了他的求爱。

她们的绝对爱情是一回事：1805年花月5日："这就是让我重新落入自己的旧毛病中的那些忧郁而温情的坏日子。因为担心它变成习惯性的（在机缘巧合将会让我爱上的女人那里不会发现某个朱丽），我要一枪把自己的脑子打开花。难道我为了梅拉妮才没有这样想吗？"[①]——/

出发去马赛——在巴黎向她提出，如果她不再愿意生活在巴黎的话，和她一起到法国某个地方去生活（没有谈到结婚——同样，已经让她相信他仅仅因为她才会去马赛）——同样，在达到马赛后，"我会爱你到死，而且我永远不会活得比你长"（热月9日《日记》）。[②]幸福，十分愉快……｛仍然是｝瞬间，即**自身**。这在共同生活中将如何被表达呢？

当他被爱时，他觉得自己被俘获了。他得意于梅拉妮忘记了"倒霉的习惯"。[③]但并不是愉快的得意。雾月17日（《日记》）："你是一枝常春藤，你不应该缠绕在一棵小树上，并因此感到不安，相反你应该缠绕在一棵你可以充分信赖的大树上［……］，她对我说过，我已经完全找到了。"[④]斯汤达越来越感受到了梅拉妮的忧郁。即他感受

① 斯汤达：《私密作品》，第一卷，同前引，第321页。影射《新爱洛伊丝》中的女主人公。

② 同前引，第335页。

③ 参斯汤达：《红与黑》，第十七章，《小说作品全集》，第一卷，巴黎，伽利玛出版社，"七星文库"，2005年，第661页。

④ 斯汤达：《私密作品》，第一卷，同前引，第356页。

到他主动地形成了这种情感，而她默默地依恋她自己并且希望他依恋她。〈（引用阿尔伯莱的文本[①]，第 3 页，正反面）〉婆婆妈妈的、专横的｛姿态｝，——（但这也是因为他似乎是一个｛小精灵｝，而她没有感觉到他在场）。荣誉感的复活（阿尔伯莱的文本，第 3 页，反面）——在 185
马赛剧场的失败提出的问题：是追随她远离巴黎（她不再有钱生活在这里）还是抛弃她呢？向克罗泽求教。[②] 回应在梅拉妮离开后来了——

/［页边注］** 应该承认她主动地爱他，就像他一样——希望不仅仅爱而且还积极地被爱。希望她是他，希望他是她。~~这乃是实存的分量~~他感受到了她就在那里这一事实的分量。这与我们前面就其爱的意愿所说的东西不矛盾。/

在她离开之后：解放“我开始发觉梅拉妮是愚蠢的。我回想起了证明其缺少精神的千百种特征”（1806 年 5 月 15 日《日记》）[③]——然而认识到了他的 /［第 117 页］（III11）/

① 参前文［第 103 页］（II5），附注阿尔伯莱：《市侩的斯汤达》，同前引。梅洛–庞蒂无疑参照了他关于这一卷的阅读笔记，参这里没有发表的法国国家图书馆藏品同一卷中的阅读笔记，［第 147 页］。

② 这涉及斯汤达青年时代的朋友和伙伴，他也将其叫作“佩塞万”（Percevant）或“塞桑”（Seyssins）或“沙加西”（Sagace）的路易–约瑟夫–玛蒂亚·克罗泽（Lois-Joseph-Mathias Crozt）。这个克罗泽后来成为斯汤达的遗嘱执行人，斯汤达多次向他咨询，尤其在自己的爱情关系方面。参斯汤达：《私密作品》，第一卷，同前引，第 436 页。

③ 同前引，第 438 页。

直接评价过于严厉。“目前，公正地进行评价，我认为：她如果打算不束缚我，并且不总是抱怨的话，那么就会充满友谊、爱情本身”（1806 年 5 月 15 日）。[①]——随着时间的流逝，闲来无事，愉快地接受信件并且给他的姐姐写信“梅拉妮的离去使我深陷到最昏暗的悲伤中”[②]——后来：“梅拉妮的各种缺点开始被抹去了”[③]“梅拉妮把我置于的奴隶状态经常让我不堪重负，她的离开把我丢入的被抛弃状态让我无聊厌倦”[④]——这想要说的是：~~不想去爱不想被爱，即使不管距离，~~想去爱，却有距离，却单单通过他自己——在分手之后，不谈论她直至 1810（{野心}，而不是爱情）1812 年想要在莫斯科再次见她—— 20 年后“这个女人满是精神”（《关于自我中心的回忆录》）[⑤]，《亨利·布吕拉传》里面四个，甚至两个最被爱者中的一个[⑥]——有距离的{联系}，不可能是“坚信无疑的”，在想象物中去爱。

186 分手与整个这一爱情是相一致的：写信给他，问他为什么待在马赛以及~~他是不是就像他说过的那样愿意为她献出生命~~〈他的意向是什么。〉贝（尔）责问她说~~他没有她~~

---

① 斯汤达：《私密作品》，第一卷，同前引，第 438 页。

② 1806 年 3 月 5 日写给波利娜·贝尔的信，参《普通通信集》，第一卷，同前引，第 500 页。

③ 斯汤达：《私密作品》，第一卷，同前引，第 396 页。

④ 同前引，第 411 页。

⑤ 斯汤达：《关于自我中心的回忆录》，第七章，收入《私密作品》，第二卷，巴黎，伽利玛出版社，“七星文库”，1982，第 493 页。

⑥ 参斯汤达：《私密作品》，第二卷，同前引，第 541 页。

她背叛了他。她感觉到这乃是预测并且回答｛ill｝询问他是不是始终愿意为她献出其生命——只不过以躲躲闪闪的方式作了回答。将在巴黎重新见到她并且在香榭丽舍大街与她争吵。继续联系，直至他出发去普鲁士才中断。

结 论

这仅仅是关于一种虚假激情的故事吗？

但此后就如同先前一样把这一爱情抬得过高——问题：存在着真实激情和虚假激情的区分。

关于真诚的问题。他会说："我仰慕爱情。我相信那正是一种头脑激情。"[①] 但因此有内心激情吗？我们何以认识它？它们难道不全都是对一个被虚构的角色的创造？如果我们是自由的，那么会存在何种真诚呢？

他似乎认为存在着一种真诚，而且我们的真理需要通过一种"智慧"来分辨："我，我充满激情地渴望被一个忧郁、瘦弱和做演员的女人所爱。我曾经是这样的，而我没有找到持续的幸福。我相信这是因为这一持续的幸福 /［第 118 页］（III12）/ 是一种空想，因为我没有理由从我的状况中引出整个可能的幸福。一般地说，我无限地缺乏智慧，事实上我不知道我欲求的是什么……"[②]"到目前为止，我甚至憎恨谨慎之

---

① 斯汤达：《私密作品》，第一卷，同前引，第 401 页。

② 同前引，第 416 页。

名，我只喜爱热情。我的思维获得的不止是真理、不止是力量、不止是深度”[①]〈1806年3月11日〉。“好好活着的艺术——在一年的时间里对于我来说似乎是一句话的事情——此时此刻在我看来似乎是非常困难的：需要大量的智慧。不停止与某个人一道且令人满意地活着乃是应该达到的程度。”（1806年6月〈27〉日）[②]——这并不是要放弃感受或喜好。但要学会从想象的东西、矫揉造作和“头脑”爱情中走下来。真诚，~~不是出自任性和自身想象（不是出自“自然”），而是学会活着~~〈不是〉通过对自身的任性创
187 造，而是通过那种使我们得以知道我们能够说什么的智慧。

V 文学的真诚的问题

〈瓦莱里指出了这一问题与文学问题的关系：~~文学－虚假~~一个人由于骄傲-虚荣、由于再造自身和他人的意愿而成为作家。在斯汤达那里，不是这样的关系，但存在着一种关系。在生活中就像在作品中一样，通过语言超越这一困境。〉

体验这一爱情，因为他通过体验而写作，斯汤达被引导到提出文学真诚和自己的真诚的问题。正像其它真诚一样，文学真诚“不仅仅包含着一些供认，而且还包

① 斯汤达：《私密作品》，第一卷，同前引，第395页。
② 同前引，第450页。

含有一些沉默”（让·普雷沃，第 23 页）[①]

~~的对比~~　　~~在其中有事件但没有情感的《日记》~~

三种真诚（让·普雷沃）〈《日记》
《致波利娜书信集》
致梅拉妮的信和《两扇门的房屋》〉

写好的《日记》，真诚
那些~~坦诚的~~信〈各种情感〉，坦诚的
《两扇门的房屋》{ill}致梅拉妮的信，地狱。

真理在哪里？
真理是诗歌的本质，只能在虚构中找到，——它并不是~~非实在的东西或任性的东西。区别于~~神秘主义。可以说生命攸关的文学问题乃是要超越于作为现实主义和神秘主义共同特征的快镜 /［第 119 页］（III13）/——斯汤达的展开是缓慢的，因为应该最后达到成为间接的（参普雷沃：《快镜与风格》——）学会即兴创作

［第十二或第十三次课］ 188

［［第 120 页］至［第 124 页］被梅洛-庞蒂编页码为“XIII1”至“XIII5”，在它们边上，［第 136 页］至［第 139 页］包含了抬头为“斯汤达第十三次课”的全部内容。另外，没有哪一稿页表

① 普雷沃：《斯汤达的创作·论写作的职业和作家心理学》，巴黎，伽利玛出版社，1974 年，第 49 页。

明了符合逻辑地相应于第十二课的页码。阅读该课程，有两个可能的假设：

——要么［第120页］至［124页］实际上相应于第十二次课；换言之，在把前三课编页码为“I”至“III”后，梅洛-庞蒂在以第十三课为起点重新做精确编号之前，错误地接着对课程连续计数。

——要么这两组稿页（［第120页］-［第124页］和［第136页］-［第139页］）实际上构成了为“第十三次”课所做准备的两个相继的版本，这似乎主要由阅读它们的内容获得证实的假设。此外，同一年上的另一课程《可感的世界与表达的世界》只包含了十四次课。梅洛-庞蒂的计数错误于是有条不紊地从十三次课通向了十五次课（它们实际上相当于从第十二次课到第十四次课）。

由于无法进行确定性的切割，我们保持了梅洛-庞蒂手稿的页码编排。］

/［第120页］（XIII1）/

语言与文学

梅拉妮插曲以及与其他人的关系

目标：分析对梅拉妮·吉尔贝的爱以便理解他与其他人的关系，——他的作为与他人的关系的作家活动之意义。

他对梅拉妮的爱阐明了他与女人的关系。

并非直接地——~~不是因为他的全部爱情有着相同的样子：~~〈他对梅拉妮·吉尔贝的爱显示了多种多样的构成成分〉

1）对梅拉妮·吉尔贝的爱〈更多〉属于对有头脑的女人们

之爱的范畴："其头脑而不是内心被点燃的、变成了一个
被爱的敌人而不是一个真正的恋人的女人"（计·普雷
沃——《拉米尔》[①]）——梅拉妮，圣奥奈尔太太[②]（1832）。189
他与之交"战"的、他用博学卖弄和难以忍受的操控来
围住的女人。在文学上：玛蒂尔德·德·拉·莫尔[③]、葛
朗台太太[④]、瓦妮娜·瓦尼尼[⑤]。

这些爱情回到了斯汤达的一个旧梦幻：女骑士。女人的身体与优雅、男子气概、勇气、"与其男伴平等的女伴"——有头脑的女人，被爱的敌人，前提是她完美地与她所爱的那个人相统一→=女骑士。写给波利娜的旨在使她成为一个现代女骑士——不是战士，而是哲学家和银行家——的那些信。（他只是在后来才看到了真实的波利娜，犹豫不决的性格，不灵活的头脑，她应该"依附于他，就像牡蛎依附于岩石一样"）[⑥]（1832）遇到了真正的女骑士（？）[原文如此]菲利宾娜·彪洛[⑦]，斯通贝克[⑧]所爱之人，斯通贝克说她不是不受诱惑的，但她在其罪

---

① 普雷沃：《论〈拉米尔〉的来源·斯汤达的女骑士·拉色内尔的审判》，里昂：联合印刷所，1942年。转引自马蒂诺：《斯汤达的作品》，同前引，第591-592页。

② 圣奥奈尔太太（Madme de Saint Aulaire）。

③ 玛蒂尔德·德·拉·莫尔（Mathilde de La Mole），《红与黑》中人物，于连的恋人，极端保王党中坚人物拉·莫尔侯爵的女儿。

④ 葛朗台太太（Madame Grandet），《吕西安·娄万》中的人物。

⑤ 瓦妮娜·瓦尼尼（Vanina Vanini），短篇小说《瓦妮娜·瓦尼尼》的女主人公。

⑥ 转引自普雷沃：《论〈拉米尔〉的来源》，同前引，第 11 页。

⑦ 菲利宾娜·彪洛（Philippine von Bülow）。

⑧ 斯通贝克男爵（baron de Strombeck），斯汤达的朋友，曾经写过关于后者的回忆录。

行的第二天就自杀了"[①]——参《米娜·德·旺格尔[②]》（1829）：伪装成女仆的男子气勇敢，追求她喜欢的男人，为自己的婚姻而斗争，当这一阴谋暴露后自杀身亡。尤其是：《拉米尔》。

女骑士的类型是幻觉。揭示他所期望的东西：被女人和他积极地要求的爱情。卢瓦松并不足够是 /［第 121 页］（XIII2）/ 女骑士（最后一次进行的各种指责）——女骑士最终会使得爱情不是孤独、不是私人的梦想——女骑士构成为斯汤达的各种意志主义的态度的一部分，战争，各种攻击计划，它们引起了这一想象的对手。

我们已经看到这只不过是斯汤达的一面：也存在着主观的梦想对演员的喜好，并且使之成为主观的梦想之爱。

2）"高尚的婊子"　安吉娜·皮特拉鲁阿

阿尔贝蒂·德·吕邦泼雷[③]（巴黎 1829 年）

完美的典型，桑塞维利娜[④]

最终说来他没有在卢瓦松那里寻找过的第三种类型的爱情

3）"被爱情唤醒的天使般的天真单纯"[⑤]

190 维克托里娜·穆尼埃

---

① 斯汤达：《私密作品》，第一卷，同前引，第 481–482 页。

② 米娜·德·旺格尔（Mina de Vanghel），斯汤达同名小说的女主人公。

③ 阿尔贝蒂·德·吕邦泼雷（Alberte de Rubempré，1804–1873），斯汤达于 1828 认识的女性。

④ 桑塞维利娜（Gina Sanseverina），斯汤达小说《帕尔玛修道院》中的人物。

⑤ 普雷沃：《论〈拉米尔〉的来源·斯汤达的女骑士·拉色内尔的审判》，里昂：联合印刷所，1942年。转引自马蒂诺：《斯汤达的作品》，同前引，第591–592页。

玛蒂尔德·登博夫斯基

参涉及到卢瓦松的那些卢梭主义文本

阿尔芒斯

德·夏斯特莱太太[①]

克勒丽亚·孔蒂

带有来自母系保护者的某种东西的德·瑞那太太，

比玛蒂尔德更招人喜欢——但在生活之外

——正是在卢瓦松的情形中和在这些不同的类型中，我们看到了斯汤达的分割：良心、操控、占有、（因循守旧的）世俗野心、幸福、梦想、沉默、共和国荣誉、〈纯粹爱情〉，他不是“坚信无疑的”。

——他终于要在“爱情”生活中表达自己吗？这是可疑的——他最爱的女人 玛蒂尔德[②]、库里亚太太[③]，他并没有拥有过她们。

~~“我大大地把自己视为一个男人~~ 但这或许并不只是取决于他。

——无论如何，~~{由衷地}转移到~~本义的文学使命看起来在深层次意义上是这一冲突分割，即作为其活着手段的文学的解决办法。它开启了一种不是恋人的生活、不是野心家或

① 德·夏斯特莱太太（Mme de Chasteller），《吕西安·娄万》中的人物，年轻守寡，拥有百万家产，为主人公吕西安的恋人。

② 梅蒂尔德（Métilde），即玛蒂尔德·登博夫斯基。

③ 库里亚太太（Clémentine Curial，1788–1840），伯爵夫人，斯汤达的朋友。

行动的人的生活，而是作家的生活之生活。这影响到我们对于写作与活着的关系的研究。

/［第 122 页］（XIII 3）/

卢瓦松插曲与过渡到非自愿的文学

写　《日记》

《致波利娜书信集》

致梅拉妮·吉尔贝的信　各种私密文本

《两扇门的房屋》

191　对这些文本的审视提出了文学真诚的问题，就像卢瓦松所说的“他不是坚信无疑的”提出了生活真诚的问题一样。

《日记》　一天的各种印象

性情

各种“封闭世界的、自我中心的非自愿喜剧”[①] 的感觉

（普雷沃）〈我们已经看到过它〉

就像所有的日记一样

《致波利娜书信集》~~梅拉妮的整体形象~~

想要为自己的选择作辩护？引人注目？

而且：梅拉妮的整体形象，统一、一致

是公正的《回到感性的心灵》，第 54-55 页

真诚：《日记》

坦诚：建立在片刻之上的印象，评判

＝致波利娜的那些书信

---

① 普雷沃：《斯汤达的创作》，同前引，第 120 页。

第三种真诚：不安的那些时刻

《回到感性的心灵》

致梅拉妮·吉尔贝的信，第 49-50 页：她是不为人所知者、陌生人

《两扇门的房屋》(《戏剧集》，第三卷，第 299 页)

“粗俗而野蛮的妒忌，模糊的、落空的、苛求的爱情，对一种隐秘的疾病的各种严厉暗示［……］。激情的这种恶臭般的发作，这种隐蔽的散发，乃是恋人有时觉得如此接近、如此确定会伤害和支配其最糟糕的秘密的敌人”(普雷沃，第 57 页)[①]

“模糊性、不能理解、爱情的地狱时光”[②]……

由此而来的问题：这一爱情和全部爱情的真理在哪里？

斯汤达告知的东西：并不必然在~~《日记》~~对一个瞬间接一个瞬间的那些事实的记录中，

也不是在致波利娜的那些书信的卢梭主义中，

也不是在地狱(它几乎不出现在他的作品里面)中。

还需要找到表达它的方式，表达真理及达到真 192
理的方式。这将是我们在《日记》中看到的非自愿地出现的内心独白对话和内心对话 /［第 123 页］(XIII4)/。~~文学虚构将是这一问题的解决。~~

① 普雷沃:《斯汤达的创作》，同前引，第 124 页。

② 同前引，第 125 页。

〈1)〉某种文学虚构类型，连同通过内心独白将斯汤达-人物-读者视为同一，乃是它获得表达之困难的解决办法。(从生活过渡到写作是自发地、可以说在不为他所知的情况下发生的。正是在那种情况下他成功地成为自发的。

文学的辩证法〈2)〉半沉默的或间接语言的文学：文学包含一些供认，也包含一些与情绪相应的沉默*/［页边注］*(《亨利·布吕拉传》结尾)/一些“立体地呈现的”受限制的沉默。“如果他已经感觉到了，那么大量描述就是一种轻率的行为，如果他保持冷漠，那么大量描述就是一种江湖骗术。一些暗示、一些相近的细节、一种赤裸裸的印象独自让最重要的记忆不受触动并且让我们能够想象”(普雷沃第23页)[①]。〉

文学的辩证法

斯汤达已经有了写作的使命。但选择(诗歌、戏剧)，以便能够成功。

就像女人把他带向了梦想〈和带向了文学〉一样，这一成功的文学把他带向了另一种东西，

意向的东西和非意愿的东西的辩证法

〈辩证法——〉

——真理也一样：风格是真实的[②](普雷沃第45页)

他被导向的真实风格是主观的：

① 普雷沃:《斯汤达的创作》，同前引，第51页。

② 参同前引，第98-99页。

节奏[1]

普雷沃，第 47 页。

“在风格的形成中［……］形式构成为事物的一部分”（普雷沃第 46 页）[2]

——即兴之作与精心之作：关于一个特征的书面文本是最少即兴创作的（出自大脑的精心工作）——被划上杠子的那些文本是最即兴的作品。

——因此，没有预先的真理。~~“诗歌的”创作~~没有给定的自 193
我：他写作了一些片断，而问题在于形成等值于它们的一整个作品。“诗歌的”创作

这超越了有意识的构造困境——落入陈词滥调的会话的真诚

——辩证法：~~并不属于自己的时代~~〈他通过｛利用｝被亲历的东西而成为永恒的。但向后退缩，他也属于自己的时代。

“我相信离自己的世纪非常遥远，而我仍然完全靠近”[3]。“完全走出了自己的世纪”[4]。生活在 17 世纪／［第 124 页］（XIII5）／或者生活在 20 世纪——

快镜和技巧的辩证法：德拉克罗瓦[5]说应该画一个正在堕落的人——正是由于缺乏技巧造成了技巧和快镜的对立。习得的技巧是透明的，揭示了直接物本身——有人相信不

① 普雷沃：《斯汤达的创作》，参同前引，第 100 页。

② 转引自普雷沃，同前引，第 101 页。

③ 转引自普雷沃，同前引，第 98 页。

④ 参普雷沃，同前引，第 87 页。

⑤ 德拉克罗瓦（Eugène Delacroix，1798-1863），法国画家。

存在技巧（斯汤达）。非风格的风格。仍然是风格。

事实与抒情风格的辩证法，斯汤达的秘密的或客观的抒情风格。真实的小事实≠{仅仅}{具体的}{ill}，而是“多愁善感的表达手段，[……]悲怆对悲怆的秘密源泉”（普雷沃，第51页）”[①]

斯汤达的成熟

看笔记

1815年之后的斯汤达　“我明白梦想是我喜好的胜过一切的东西，甚至胜过被视为一个精神的人”[②]

胜过像于连那样的野心和爱情的梦想

接受自己是即兴创作者：先天地不是读者（《关于自我中心的回忆录》）并且由此发现他

194 从容：读者、作者和书统一在第一人称形式中（《红与黑》）

这是梅里美没有做到的事情。

“作者是他自己的工具：写作、活着和思考是合一的”（普雷沃，第234页）[③]

---

① 同前引，第iii页。参这里没有发表的法国国家图书馆藏品同一卷中的阅读笔记，[第154页]。

② 斯汤达：《亨利·布吕拉传》，收入《私密作品》，第二卷，同前引，第542页。转引自普雷沃：《斯汤达的创作》，同前引，第391页。

③ 普雷沃：《斯汤达的创作》，同前引，第498页。

作为作家和在别处的业余爱好者的斯汤达。不是文人

这假定对他人的考虑是给定的——但声音、言语、赋予生命——“应该让生活摇晃起来，要不然它就会腐蚀我们”①

费尔南德斯　费尔南德斯所引用的那些文本——费尔南德斯的评论②：作家的生活就是生活，但它是作家的生活。人在作家那里，因为他贯穿地就是人。

如同在福楼拜那里，文学不是信仰，而是激情。

其他人如何看文学？尤其参政客

［第十三次课］

/［第 136 页］（XIII1）/

梅拉妮·吉尔贝插曲的含义③

他对梅拉妮的爱情的那些特征在其他恋人那里同样存在。

非直接地：梅拉妮代表了他爱过的三类女人之一，即女骑士（玛蒂尔德·德·拉·莫尔，米娜·德·旺格尔，葛朗台太太），并且与高尚的婊子（皮特拉鲁阿，——桑塞维利娜——德·吕邦泼雷）相对

---

① 斯汤达:《书信集》（保佩［Adolphe Paupe］和切拉米［Paul Arthur Cheramy］编），巴黎，C. Bosse 出版社，1908 年，第 300 页。

② 参费尔南德斯:《书信集》，巴黎，伽利玛出版社，1926 年。参这里没有发表的法国国家图书馆藏品同一卷中的阅读笔记，［第 151 页］。

③ 从［第 136 页到第 139 页］包含了“斯汤达第十三课”抬头的全部东西。

照，与“被爱情唤醒的天使般的纯真”[①]（穆尼埃，玛蒂尔德——阿尔芒斯，德·夏斯特莱太太，克勒丽亚·孔蒂）相对照——在女骑士那里，她是斯汤达的一个持久的幻觉（从他的童年到《拉米尔》）（以及到波利娜的教育），被爱的敌人，他对
195
之“开战”的、对之进行操控的敌人，她用头脑而不是内心去爱他，“与其男伴平等的女伴”，我们读到了斯汤达的全部爱情中所带有的困难：存在着斯汤达期望过却几乎没有遇到过的东西的投射：一种并不孤单的、并不出自梦想的、真正是两个人的生活的爱情。

事实上他更喜欢的是高尚的婊子，尤其是“被爱情唤醒的天使般的纯真”[②]——喜欢德·夏斯特莱〈瑞那〉太太胜过玛蒂尔德。

但这并不妨碍他对女骑士的爱揭示出了他的困难：因为德·瑞那太太与于连之间的爱情只有在生活之外才是可能的。在生活中他想要的是女骑士只是在监狱中、在社会之外并且伴随着对死亡的展望，于连和她才会走出孤独。在生活中，唯有女骑士让他走出孤独。在女骑士之外，存在的几乎只有爱情的梦想。

---

① 普雷沃：《论〈拉米尔〉的来源》，同前引，第 9 页。

② 同上。

他的作家使命的起源

因此，很自然地，这种对孤独的喜爱成了作家的事业。他成为了作家，为的是让一个与他相一致的世界存在。

从前做一个作家的决定——但目标是成功、金钱/［第 136 页］背面（XIII1）/、女人、世界的主人。只要这些东西发挥作用，他就还不是斯汤达。

他的各种色鬼操控掩盖了梦想，同样，他的文学操控掩盖了他只是在随后才呈现的真正天资。~~而且他~~女人和文学乃是陷阱，它将给予他与他寻求的东西有别的东西：通过那些私密作品，女人用绳索把他与一种就是文学的生活｛紧固｝在一起，——把（有意识的）、客观的、自愿的文学与一种本身在行动的、自发的文学紧固在一起——在同时通向生活和文学的伟大虚构文学中，他征服女人的意志和他成为一个作家的意志从此以后成为无法分别的。

由此：展示成为了文学的生活（《日记》及与坞蒂尔德恋情中的其它作品）

以及变成了他自己的文学（不再是戏剧或者｛野心｝）

这一切借助于诗歌。

这一切不为他所知并且对立于他的各种具体努力。 196

这一展开与他对梅拉妮时期和波利娜的教

育做的各种（理论）决定之间的对比

/［页边注］在

对权力的各种（苍白的）形式的世俗的、因循守旧的、有意识的野心

和随着其成熟（他是作家，而且在其它各处都是业余爱好者）被超越的共和国荣光、纯粹爱情、独立生活的梦想

之间的决斗。

何谓成为作家（在这个词的最佳的意义上，对立于文人）

二元论的结论：作家应该是作家，他并因此应该与其他人会合。/

转向非自愿的文学

想要培养自己（诗歌、意识、戏剧），他终于记下了自己的各种进步。但他在那里写的东西有别于他相信自己所写的东西。“蒙田说过，如果说他造就了他的书，那么他的书反过来造就了他。”①

斯汤达〈在那里〉撞上了文学的辩证法，而且他意识到了这一点。{如上}：活着与写作的辩证法。

〈现在：意向的东西和非意愿的东西的辩证法。〉

比如，即兴之作和精心之作之间的辩证法（= 针对一种特

① 转引自普雷沃：《斯汤达的创作》，同前引，第 28-29 页。

征而写出的东西是大脑运作的结果，它不如那些即席开始的页张那么真诚、那么即兴，较之于他划掉和精心制作的东西，这些页张更接近于初生状态）。在“精心劳作”和“即席”之间，真诚何在？

真诚＝一个人在他在其中已经是自己的一些片断中自己教会自己。公平地对待这一点。这一点超越了真诚（它是会话的真诚，它落入了陈词滥调、落入｛不定型的东西｝）和/［第137页］（XIII2）/自愿培养的二难困境。

就卢瓦松恋情并且通过写自己的《日记》学会了：真诚并不仅仅包含一些供认，而且对应于消除情绪和沉默。他在这里学会了一种言说技巧：“如果他已经感觉到了，那么大量描述就是一种轻率的行为，如果他保持冷漠，那么大量描述就是一种江湖骗术。一些暗示、一些相近的细节、一种赤裸裸的印象 197
独自让最重要的记忆不受触动并且让我们能够想象”（普雷沃第23页）[①]

［在内心独白中展示真实的言语：它吸收沉默，而且它没有假定相对于一个给定的自我的真诚，但既没有假定在快镜前的挫折，也没有假定如他期望自己的那样被他人听到的、他让自己在他人面前那样实存的虚荣心。斯汤达处于这一切的学徒期：这就是为什么他会是一个作为作家的人而不是一个文人。］

---

① 普雷沃：《斯汤达的创作》，同前引，第49页。参上文［第123页］（XII4）。

辩证法：正是通过亲历自己的时代，他触及达到了一种值得走得更远的表达，但（萨特）也正是通过“完全走出自己的世纪”[①]（斯汤达）他才达到了成为他自己。（“总是为 20 世纪而工作”）*

/［页边注］把握与各种时代缺陷相反的缺陷：“我相信离自己的世纪非常远，而我仍然完全靠近”《新哲学》，第 21 页[②]/

辩证法：技巧与快镜。他正是借助于技巧超越了这一冲突。技巧在风格的透明性中被超越了（普雷沃，第 43 页）。［但为了达到这一点，需要以理解达到透明的技巧，必须最终理解：语言并不仅仅是说出来的东西］

在《新哲学》中真实风格的、精确性的原则

但也包括选择的、节奏的原则（普雷沃，第 45 页）

内容与形式的辩证法，节奏，秘密的节奏（普雷沃，第 46～48 页）

借助于各种真实的小事情的表达（普雷沃第 51 页）

——卢瓦松插曲与文学

《日记》

一天的各种印象	各种情感?
性情	各种记忆?
各种感觉	性格?

① 普雷沃：《斯汤达的创作》，同前引，第 87 页。

② 《思想·新哲学》，第一卷，巴黎，勒迪万出版社，1931，第 21 页。在斯汤达的文本中，人们读到的是“bien loin”（很远）而不是“très loin”（非常远）。

封闭世界的非自愿喜剧　余生

自我中心

真诚　　《致波利娜书信集》：梅拉妮的整体形象 198

统一、一致，——成为公正的。

坦诚→评判

各个不安的时刻：从格勒诺布尔写给卢瓦松的信

（她是不为人所知者）—

《两扇门的房屋》：敌人

/［第 137 页］背面（XIII2）/

斯汤达应该忘却的东西：《致波利娜书信集》中的卢梭——地狱

（它只出现在｛光晕｝中）

他应该展开的东西：内心独白，《日记》，作为言语的爱情。

关于这，它是生活吗？它是文学吗？

［斯汤达不时地应该有的印象：这不是爱情，而是某种取代爱情的东西。与此同时，他谈论爱情一般，并且理所当然地相信它］

斯汤达的成熟

纯粹意见之间的，而不是人物之间的对话（第 90 页）

夸张，在它不具有感染力时，它乃是其他人的真诚

——大量的“真诚”在模仿。当他进行虚构时，他并不

是夸张的。（第 107 页）

《红》整个以第一人称形式出现

描绘一种第一特性，一个独一无二的特性。

叙事中心的内在话语。就像神一样看，第 152 页。

沉默的价值：由于人们从外部描述于连这一事实得到的于连的惊愕（第 162 页）

斯汤达在 1815 年之后形成了其性格的高尚部分：超越野心和爱情的梦想——就像于连在书的结尾获得了这些相同的品质（第 163 页）[①]

逃避到不可能的东西中，骑士身份（第 168 页）

向自己口述（第 175 页）

斯汤达所描述的内心独白（第 186 页）

199 参普鲁斯特第 185 页

诗歌创作（第 188 页）

梦想 =《亨利 · 布吕拉传》开头和结尾（第 192 页）

《关于自我中心的回忆录》：接受自己是即兴创作者，放任自己顺其自然，需要一个独一无二的读者（第 171 页），放弃他那么寻找过的那些读者。斯汤达的整个演变是赞同自身[②]。

/［第 138 页］（XIII13）/

/［页边注］在最后一课讲讲斯汤达的老年和死亡的某种

① 这一段页边有划线。

② 同上。

东西，参威尼荣[1]（参《长沙发》杂志中的那些文章）/

借助《关于自我中心的回忆录》和各种浪漫的创造，我们看到斯汤达没有让我们偏离对于那些相同的回忆的分析（《日记》）和幻想（各部小说，《亨利·布吕拉传》，各种回忆）。最重要的那些东西只是间接地获得了表述：通过虚构（第 173 页）

斯汤达的诗歌方法（第 188 页）

《亨利·布吕拉传》中的真诚问题：存在着一种真诚-遗弃（卢梭），它是伪造的。

斯汤达通过现在-过去的对比，即《亨利·布吕拉传》中的往复运动系统来避免这种情形。（第 192 页）

未经处理的记忆（童年记忆）和持续的记忆（成年记忆），{成为了}生命的主题。斯汤达几乎明确地指出了其差异。（第 193 页）

虚构："画壁画"（第 194 页）

"从容：读者和作者的统一"——

"他者是他自己的工具：写作、活着和思考是合一的"（第234页）[2]
"自己让自己相信把我们带向他并且把我们和他视为同一"[3] 这些乃是斯汤达借以超越与其他人的冲突的{对策}。

---

① 威尼荣（Robert Vigneron），斯汤达和普鲁斯特研究专家。

② 普雷沃：《斯汤达的创作》，同前引，第 483 页。参［第 124 页］（XII5）和［第 132 页］（XV1）。

③ 同前引，第 488 页。参［第 131 页］（XIV6）。

200 “来自深处的一种可怕的未知物，而要使之透明的正是整个这一未知物［……］。如果我不是清楚的，那么我的整个世界都要被毁灭……”（第 237 页）[①]

“把那些书、作者和读者统一成一种唯一的冲动”（第 240 页）——这乃是梅里美没有做到的事情

“我们没有看出主人公创造了自己的思想，我们从来都不会无意中发现一种初生状态的梦想”（第 242 页）

/［第 138 页］背面（XIII3）/

巴尔扎克的主人公首先要和世界作斗争。

斯汤达的主人公与他们的感受性，或者与伴随着他们自己的困难作斗争（第 243 页）

普雷沃所引用的斯汤达（《法国享乐主义者》[②]）

“我明白梦想是我喜好的胜过一切的东西，甚至胜过被视为一个精神的人”（第 126 页）[③]

斯汤达为了享用、理解和坚强所获取的东西，在成熟的时刻，由于年老突然就成为对他来说无用的了。斯汤达没有像福楼拜那样让文学变成信仰，而是让它变成激情和幸福。[④]（第 136 页）

---

① 普雷沃：《斯汤达的创作》，同前引，第 491 页。

② 普雷沃：《法国享乐主义者：三种典型的生活》，巴黎，伽利玛出版社，1931 年。

③ 同上书，第 126 页。该片断出自《亨利·布吕拉传》，同前引，第 125 页。这一引用通过页边的一条垂直划线获得强调。

④ “存在着把信仰置于文学中的另一种方式，但这另一种方式，福楼拜的方式，我们想让它更值得尊重是徒劳的：它更僵硬、更笨拙！”（让·普雷沃：《法国享乐主义者》，同前引，第 136 页）

费尔南德斯

只是在小说中才有详尽的真实（引用）

人-作品的统一，但不是因为作品与人相似：人贯穿地是作品，其内在生活已经是作品，他的技巧并不是伪装[①]。

斯汤达对自己提出的各种问题想要说的是，《亨利・布吕拉传》中的我是谁：它们想要说的是，并不存在对实在的自身的认识，只存在对亲历的自身的认识。想达至实在的自身的整个努力都是分析，一些伪造的细节。针对自身的唯一有用的努力是把这一自身投射到作品中。

在虚构中，我们可以依靠各种细节（“存在着一种让人感动 201
的方式，它就在于展示各种事实、各种事物，却不谈论它们的后果”，[②] 第 102 页），因为正是它们产生了全体，并且因为它们不会像在实在中那样让它走样。

依据斯汤达，小说是被当作“一种在行动氛围中的心理的、感性的生命”[③] 来写成的。作者“让自己不受约束地生活在它们那里”[④]。虚构是［第 139 页］（XIII4）在当前的这种自身训练，是唯一的朝向自身的真理。

因此，这样理解的审美的综合乃是自我的实现降临，而不是一个预先的自我的实现。[⑤]

---

① 从这里直至页末，左边垂直划线。

② 斯汤达：《私密作品》，第一卷，同前引，第 210 页。引文是在费尔南德斯的文本中找到的，参［第 127 页］（XIV2）。

③ 费尔南德斯：《书信集》，同前引，第 103 页。

④ 同前引，第 104 页。引文被梅洛-庞蒂稍做了改动。

⑤ 垂直划线贯穿整个这一页。

[我们在这里发表与第十三课的内容相关的六份工作笔记。]

/[第 140 页]/

斯汤达

和玛蒂尔德的爱情是以一种证明了阿兰和萨特的爱情理论的方式来进行的：愿意被爱——借助于自由来构建，等等，——由不在场产生的爱情（普鲁斯特）——断续——自由的悲怆。

但对于瑞那太太的爱情，不是这样。

《红》最后部分是在爱情-幸福中、在感觉中对于幸福的毫无保留的肯定。因此表达的方式改变了。不再是正对死亡并{避免}之的即兴之作，而是被接受的死亡还有幸福。在此，就像在《亨利·布吕拉传》和《关于自我中心的回忆录》中一样，斯汤达敢于做他自己。这乃是他的发疯的心灵。

对爱情就像对政治一样：斯汤达喜欢并且从事政治，但以作家的方式，通过让自己成为作家。

他的教训是活着和写作同一的教训。亲历想象之物。

202 参看为了“用黑与白来写作”而对《吕西安·娄万》的各种{引用}[①]

“宁愿上千次受骗”，也不愿因为不信任而错失某种美好的东西。根据主观而不是仅仅考虑到自己的时代而写作，但还是因为人也是想象的。

---

① 参《普通通信集》，维克多·戴尔·李托编，第三卷，巴黎，荣冠出版社，1999 年，第 600 页。

真理与诗歌、真理与虚构。为什么只是在虚构中才存在着真理（亲历是不可思议的）。但反过来，虚构成为了真理。

/［第 141 页］/

斯汤达梅莉亚[①]：《斯汤达的爱情生活》[②]。

"爱情对于我来说始终是最伟大的事情，或毋宁说是唯一的事情"[③]（斯汤达）

对立于《关于自我中心的回忆录》有关梦想的说法。

斯汤达的偶然阳痿与一个他不爱的女人联系在一起。

瑞那太太对他说："当您在二十人面前经过时，您在一个圈子里是可怕的，但在面对面时，您只不过是一个孩子"[④]——

"在所爱的人在场时，我的自爱、我的兴趣、我的自我消失了，我被改造成了她。"[⑤]

有时没有能力和他所爱的女人们在一起："……一眨眼的工夫，我就从 16 岁的放荡进入了 50 岁的马基雅维里主义，而且在一星期的尽头剩下的唯有渐渐淡去的冷漠。"[⑥]

"我的真正激情是那种认识和体验的激情。它从来都不是令人满意的。"

（转引自｛勒鲁瓦｝[⑦]）

---

① 梅莉亚（Jean Mélia），《斯汤达的爱情生活》一书作者。

② 参［第 127 页］（XIV2）。

③ 梅莉亚著作在题铭处的引文。

④ 参梅莉亚：《斯汤达的爱情生活》，巴黎，法国信使出版社，1909年，第 40 页。

⑤ 同前引，第 40 页。

⑥ 同前引，第 41 页。参［第 127 页］（XIV2）。

⑦ 这涉及的可能是马克西姆·勒鲁瓦（Maxime Leroy，1873–1957，法国社会学家，历史学家），《政治的斯汤达》（巴黎，Le Divan 出版社，1929 年）的作者。

203 /［第 142 页］/

斯汤达

卢瓦松恋情中的斯汤达：

自恋（《日记》没有一个时刻不让我们进入到卢瓦松的视点中）（他尝试着通过妒忌依恋于她，即在他不归属于她的范围内）

受虐狂——（但是，只有斯汤达不时地觉察到了，在他对她的目光中，自己只是不自然的或可憎的、或讨厌的，于是他求助于“自然的东西”和纯真）。

实际上，封闭在自身那里或者憎恨自身这两种态度并非那么不同。在两种情形中，这都是幼稚：与他人直接认同，以及也绝对分歧不一致。成熟就在于取消自身与角色的区分，就在于与自己合一，就在于既作为他所扮演的角色又进行创造。

但这可以通过两种方式被理解：要么（萨特）一个人绝对地成为他想要成为的，要么（语言）他想要那种在处境中开始显露、得以形成的东西。

与一个演员等等的伟大的爱情的“构建”相应于第一种解决办法，并且是脆弱的：在如此快速地从对梅拉妮激烈爱情到对她的整体冷漠之间并不存在矛盾：这两种可能性都包括在计划的本性中、包括在他的自恋的-受虐狂的懦弱中——

关于自身的即兴化、关于超出自恋和受虐狂的生活能

力之获得 /[142 页] 背面 / 的观念，平行于关于使一个人能够即兴化（当然是在后来）的写作能力的观念——这一观念根本就没有在卢瓦松的恋情中获得实现。

精神分析是构思真理的辩证观念完全对立于精神分析是说明的观念。精神分析学家并不是知道一切的绝对法庭。他的那些解释对于他自己和对于病人是同等地有含义的。在并非已经在那里的真理出现或隐约呈现于其中的某一实践关系中的两种主体性。像拉康[①] 设想的那样的精神分析并没有假定对于正常人的看法。

整个精神分析秘术，关于奥义传授等等、关于过渡的 204
仪式、关于秘传的学说的观念，这一切在每一时刻都要防御各种非理性主义（它们让亲历的生活服从于在绝对中拥有的巨大的**秘密**）的偏离。回归到一种具体的理性主义的方向（完全就像关于马克思主义那样——让马克思主义防御自发地嫁接到它上面的非理性主义）

/[第 143 页]/

斯汤达——梅拉妮

那种非常纯净的东西：他自从拥有它，梅拉妮的形象消失了。(｛获得实现的｝) 真正的爱情只不过是脾气 + 虚荣心（《日

① 拉康（Jacques Lacan，1901-1981），法国精神分析学家，结构主义者。

记》，第二卷，第 170 页）——放弃对梅拉妮说话（同上书，第 186 页）

因此，梅拉妮的形象首先是由其不在场构成的。

后来，当她将再次变得不在场的时，将会把她算入到他的那些真正的爱情之列。

与爱的激情一道交替出现的各种激情在他那里（社交界、荣誉）有着相同的节奏：从他不拥有的东西中远远胜过从他拥有的东西中产生出来，它们是猛烈的、直接的。

《日记》，第二卷，第 202 页，甚至不再记得他爱过——认为他只希望被爱。

/［第 144 页］/

斯汤达：在各种人物中的第一人称，而且就像这形成了封闭的世界一样，借助作者的干预（借助“作者的客观性”[①]）使世界重新出现（普雷沃）

/［第 146 页］/

205 在斯汤达的场景中寻找，以一种连贯但新颖的方式使用一定数量的符号，他预备了一种含义基础，在这上面着手表达的姿势将成为可能的。

① 让·普雷沃：《斯汤达的创作》，同前引，第 505 页。

[第十四次课]

/[第125页](XIV1)/

语言与文学 XIV1

/[第126页](XIV)/

真理即诗 在我看来,“真实,关于那些最大的事情就像关于那些最小的事情一样,几乎是不可能达到的,至少就稍微详尽的真实而言。德·特拉西太太[①]对我说:一个人只能在小说中达到真实。我进而在所有时刻都看到,在其它各个地方,这都是一种奢望。(《红与黑》按语,1834年)[②]

费尔南德斯对真实和虚构的引用,细节的真实。

a)真实并不在“实在”中 为什么在实在中不存在真实?

难道是不存在关于实在的自我的认识吗?是由于真实的细节的不确定、模棱两可。把我们感觉到的东西视为一个事件的真实是错的,而不以它为根据也是错的。始终有两个视点:我们不能够提供的各种{桩基}或各种真实理由,1)因为它们没有获得支撑(致梅里美的信:我们不能够根据黑与白来写作[③],演员的处境可以通过犬儒的解决办法来克服:“但这一真理属于由黑与白构

---

① 德·特拉西太太(Madame de Tracy)。

② 费尔南德斯:《书信集》,同前引,第78页。

③ 参后面的注释。

成的绘画，即由观众的想象力形成的绘画不能够描绘的那些真理之列。出自一些艺术手段的一些真实事物！例如，由一个既无胳膊也无腿的人激发的爱情，就如同会糟蹋您的书房的污秽漫画一样［……］我利用的绘画类型，那种黑在白上的类型，不允许我追随真理。在1826
206 年，如果文明继续下去，如果我重新回到杜普霍街，我会讲述奥利维埃[①]［……］他已经勇敢地结束了自己的婚姻，……”致梅里美，1826年12月23日）[②]因此，甚至艺术也中止在对真实的表达中了。2）但存在着另一个理由：这是因为各种真实的理由减慢了动作，这是因为它们中断了主体的动作。索黑尔说：走之前重新得到玛蒂尔德（第一次）：如果我不怀疑的话，那么我或许就是一个傻子，但如果我错误地怀疑的话，那么我或许是……“啊哈，宁愿上千次是骗子”（《红与黑》，第535页）。[③]对于自身也一样：宁愿成为自身的骗子，并且把不是爱情的东西（由于犬儒而缺乏真正的爱情）视为爱情。超过某一程度的明智变成了错误。存在着由于过度的错误，就像存在着由于欠缺的明智一样。在实在是减去了我们亲历的东西的“客观”视点的范围内，在实在中不存在

---

① 奥利维埃（Olivier），小说《奥利维埃或秘密》的主人公。该小说署名为亚森特·拉图什（Hyacinthe Latouch），但此人否认自己是该小说的作者，也否认它是由大家猜测的杜拉斯公爵夫人（Duchesse de Duras）所写。斯汤达受其影响，打算写自己的奥利维埃，那就是《阿尔芒斯》中的奥克塔夫。

② 后来收在《普通通信集》中，第三卷，同前引，第600页。

③ 斯汤达：《红与黑》，同前引，第652页。

真理。一个事件的真理，一种情感，要求它从“实在”中被拔出来，并且我们任凭它开展出它的整个内在意义，也就是它的想象意义。

b）对细节的解读　在实在中没有、只是在虚构中才有细节的真
实。细节的，即关于事件本身，关于已经发生在这一天
这一时刻的事件的。任何细节在实在中都是虚假的（模
糊的）。相反，它在虚构中可以成为真实的，前提是我
们从细节、以真实的小事情出发进行虚构。青年时代的
《日记》：“被记录下来的各种小细节唤起了全部的感觉并
且使它们出场。”[1] 十五年后：“您在重读这个的时候不想到
大量的小事情，换言之想到细微差异，是不可能的。”[2] 在
他死前两年写给巴尔扎克的信中：“……由较多数量的人、
较少温和的人组成的公众，想要基于激情的、基于生活
处境的更大数量的真实的小事情”[3]。斯汤达在这里发明的 207
方法，既不是只相信主观感受到的东西的主观主义，也
不是统计的客观主义（就像泰纳[4]/［第 127 页］（XIV2）/

---

① 斯汤达：《私密作品》，第二卷，同前引，第 15 页。

② 致维克多·雅克蒙（Victor Jacquemont，1801–1832，法国博物学家）的信，收入《普通通信集》中，第三卷，同前引，第 555 页。梅洛–庞蒂在这里复述的是让–路易·沃杜瓦耶（Jean-Louys Vaudoyer，1883–1963，法国评论家，艺术史家）在他为斯汤达的《160 件真实的小事情》（巴黎，老鸽舍出版社，1946 年，从《日记》中选取的一个系列）写的前言中收集的三条引文之一，第 10 页。

③ “致奥诺雷·德·巴尔扎克的信”，收入《普通通信集》，维克多·戴尔·李托编，第六卷，巴黎，荣冠出版社，1999 年，第 411 页。

④ 泰纳（Hippolyte Adolphe Taine，1828–1893），法国文学批评家，历史学家。

以及斯汤达本人长期相信的那样）：各种真实的小事情=~~谈论它们的~~各种言或行，它们是这些事情的痕迹或表达，它们产生了主观选择，它们是对某个人的检验，但它们被读者不加评注地理解并且至少对某几个人来说获得了表达。这一方法在透明中给出不是真理（它既不在那些主观的借口中，也不在客观的犬儒中）的实在。如此理解的虚构不是任性的，它是关于真实的诗歌。

〈d）主体的{解放}　因此阅读世界，因此没有犹豫地成为自身：超越野心或协调的爱情（它实际上是对他人和自身的恨），存在着一种能吸引他人的成为自身的自发方式。“……一眨眼的工夫，我就从16岁的放荡进入了50岁的马基雅维里主义，而且在一星期的尽头剩下的唯有渐渐淡去的冷漠”（转引自梅莉亚[①]）。人的独特性：他是全体，又是他人（“在所爱的人在场时，我的自爱、我的兴趣、我的自我消失了，我被改造成了她。”[②]）~~他在这一方面找到补救：~~在《关于自我中心的回忆录》中承认，如果他更机智一点的话，他就会对女人更男人一些。但他也会对一切，对女人和文学感到厌恶，而不是在50岁时有过10种生活的计划。因此赞同他那里的是梦想的东西，超越征服的爱情之野心，“接受自己是即兴创作者”

① 参梅莉亚：《斯汤达的爱情生活》，同前引，第41页。

② 参梅莉亚，同前引，第40页。

（让·普雷沃：第 171 页）[①]，发展其性格的高尚部分，并由此走出地狱。〈向前走，冒着不被理解的危险，不期待读者，从根底里知道他将要走向的自己的孤独：我有一个读者就够了，我没有一个读者就够了。有特权者（happy few）{的}{细微差异}[原文如此]，它不是瓦莱里 208
所相信的东西（一眨眼，存在的只有您和我，虚荣心）。斯汤达不是虚荣的，而是知道他是他人，且他人将会来到。

c）间接的或客观的抒情风格（费尔南德斯）"存在着一种（它是）展示各种事实、各种事物却不说出其效果的让人感动的方式，它或许被一种敏感的心灵所运用"（《日记》1805）。[②]没有评注，无论如何没有统计上的自然主义：为了读者{重新进入}*，一些事实或一些词的组合、它们的印证、它们对于同一个感受性领域秩序的隶属将会是相当富有表现力的。——一些例子：对自视甚高（而且对爱一个自己不确信是不是高傲的男人感到懊恼）的玛蒂尔德感到绝望的于连具有"天才的闪光"：他爬上她的窗户，"他进入与其说有生命不如说毫无生气的房间里。她在猛然投入他的怀抱中时说：'那么就是你了！'"[③]在他离开后，"就像在黑暗中他的手在柔软的土壤上移动，

① 普雷沃，同前引，第 351 页。
② 斯汤达：《私密作品》，第一卷，同前引，第 201 页。圆括号是梅洛-庞蒂加的。
③ 《红与黑》，同前引，第 673 页。

以确保痕迹被完全抹去了，他感觉到某种东西落入了自己的手中，这是玛蒂尔德剪掉并且扔给他的一整边头发。她在她的窗户边——这是你的仆人送给你的东西”，她对他大声说道 /

［页边注］*“斯汤达只是在讲述一种潜在的、关于‘各种事实之含义’的，至少关于心理揭示的哲学将赋予他的叙述以生机的时候，他才是卓越的（纪德为《拉米尔》写的序言，1946 年）[1]/

/［第 128 页］（XIV3）/

“足够高傲，这是一种永远服从的标志。我放弃使用我的理性。作我的主人吧。”[2]［超越骄傲，这~~也就像~~就像绝对幸福的闪光是有意义的一样，——就像黑夜中对头发在他手上感到惊讶一样，——就像可以与冬青树的绿相比的伪装一样[3]：超越各种表面现象、超越世界而被爱］——
209 另一个例子：骄傲的抒情风格。他对她说：“请注意，您说话太大声了，临近房间的人都听到您说话了”——德·拉·莫尔小姐勇敢地回复说：“有什么关系呢？谁敢对我说有人听到我了？”[4]——另一个例子：“我难道不是他的女人？”[5]“事实上，他是我丈夫。”[6]

---

① 纪德：“《拉米尔》序言”，巴黎，法文书出版社，1947 年，第 10 页。

② 《红与黑》，同前引，第 674 页。

③ 暗示《拉米尔》。

④ 《红与黑》，同前引，第 679-680 页。

⑤ 同前引，第 669 页。

⑥ 同前引，第 711 页。

e）独白与沉默

因此虚构，细节，诗意的、缄默的交流，＝让各种事物说话，沉默的或暗示的语言。表达的~~古怪~~奇特性——

仍然是对这种奇特性的认识将告诉斯汤达他对各个主人公的展示。~~问题在于让一个人感觉到成了通过在他人面前说话而活着的某人，然而他也能从他人那里获得幸福和自己，然而也能够从他人那里获得幸福。a）在自己面前陷入危险~~

主人公被展示为在自言自语，因为正是这样他们才能够〈在行动中〉呈现自己的各种可能，在这里存在着是，但……正是这样他们才能够呈现为一些不是已经形成的，而是有待形成的存在：他们预见自身，对他们来说，对自身的预见乃是自身的一个要素*——内心独白是经历~~主体性的方式~~在与他人的关系中的分离〈-统一〉："唉！"他在听到自己嘴里的空谈之声时自言自语地说道，就像他制造了一种古怪的噪声一样，"要是我能够吻遍这些苍白的面颊就好了，要是你没有感觉到就好了"①。不仅他在自言自语这一事实，而且还有他自言自语的东西都表明了与他人的分离。这种内心独白，就是在这里而且始终考虑他人之为他人，即肯定他的不在场、肯定把玛蒂尔德的爱情转变成蔑视的魔法，——有时结合是与自己分离

① 《红与黑》，同前引，第727页。

（多种声音：在自言自语的于连那里的梅菲斯托费勒斯[1]那一面：我与某个射击很准的人决斗——他从来都不欠缺其男人｛即｝梅菲斯托费勒斯那一面）——

/［页边注］* 因此作为一些在自我构建的、任何东西
对于它们来说都不是绝对既得物的存在：各种断续：“她
不再拥有爱情”[2]——“他根本就不拥有爱情”[3]——“玛蒂
210 尔德在其旅行期间几乎忘记他了”[4]——作为一些当下的
存在。/

但与此同时，整个这些语言只不过是为了｛展示｝某种沉默、某种统一，以便勾勒他的轮廓、以便让他自己表达自己。~~1~~〈2）〉《红与黑》：于连-玛蒂尔德关系（它是骄傲的、征服的关系）中经常存在的内心独白，在｛结尾｝当瑞那太太出现在那里时消失了。｛然而｝“他不再有野心”[5]。“我始终爱你，我爱的/［第129页］（XIV4）/只是你”[6]。“如果你没有到这个监狱来看我，我就会没有感受到幸福而死去”。[7]在这里，他们不再操控，他们相互打断，他们停下来，他们讲述自己。

---

① 梅菲斯托费勒斯（Méphistophélès），瓦莱里的《我的浮士德》中的人物，魔鬼。

② 《红与黑》，同前引，第680页。

③ 同前引，第654页。

④ 同前引，第711页。

⑤ 同前引，第759页。

⑥ 同前引，第789页（斯汤达的文本是：“知道我总是在爱你，我爱的只是你”）。

⑦ 同前引，第802页。

1）~~更一般地~~：斯汤达在想展示〈某某获得肯定和〉他人被涉及（在恨或爱中）的欢欣鼓舞时刻时，突然让内心独白沉默下来，而去描述外部（于连去杀瑞那太太）（还是参瑞那太太和她的丈夫：《红与黑》，第 335 页）。那些出乎意料的行动在其中酝酿的这一内心沉默是一｛种｝正要发生的运动本身。再参于连，当玛蒂尔德对他说：随便什么人，都会扑向一把要杀死她的剑。[1] 这一举动伤害了他，她比任何向他讲话的人都更会这样做。

因此，斯汤达创造了一种表达方式，它~~好像沉默不语~~对于没有说出来的东西和说出来的东西同样有效，它呈示，但它也奇特［原文如此］，~~简言之它~~它给出现在，但也给出对现在的超越、给出一个时刻的永恒性。

真理即诗。

/［第 130 页］（XIV5）/

真理即诗。

写作与生活 211

〈斯汤达的写作方式，面向一切的灵活在场，对在亲历中存在着的无法认识到的东西的尊重，~~这一切表明关~~于沉默、关于各种真实的小事情，即关于奇特性、关于间接抒情风格、~~关于精心欺骗~~的文学，对精心欺骗、对主体性的接受，关于真实的诗歌：这一切表明文学活在一种悖论中、一种辩证法中。哪一种呢？〉[2]

---

① 《红与黑》，同前引，第 661 页。

② 整个这一段用一条划线圈起来了。

~~作家与爱情。语言~~

只寻找过爱情（1）

/［页边注］（1）“爱情对于我来说始终是最重要的事情，或毋宁说唯一的事情”[①]。/

只寻找过梦想并且写作（2）

/［页边注］（2）“我明白梦想是我喜好的胜过一切的东西，甚至胜过被视为一个精神的人”[②]/

这并不矛盾：因为爱情是想象的，而写作行为是为了让他生活。

作为作家他既整个地卷入到爱情中，又整个地摆脱了它（斯汤达的想法＝作家的想法）

作家＝在精神上成为全体的意志——“窥淫癖者”，好奇，——生活，但也获得补偿。

各种异议

/［随后段落的页边注］~~然而作家与他人的关系？~~/

斯汤达（与｛S.｝不同[③]）接受自己是作家，即接受不完全是一个人，并非因为他对其它东西而不是对人感兴趣，而是因为他以别的方式对他们感兴趣：没有成为“坚信无疑的”（例如，他的野心，因为这种野心是断断续续的，因为最终说来他从来都没有为它献身）。比人更人性和更不

---

① 斯汤达：《亨利·布吕拉传》，收入《私密作品》，第二卷，同前引，第767页。

② 同前引，第542页。

③ 这可能指萨特。

人性的作家：更人性，是在他不像一只虫子那样顽强和固执的意义上[1]，——更不人性，是在他从来都不完全在 212
他所在之处的意义上。（和葛朗台太太在一起的场面：她最初出于野心而爱他，然后谦卑起来并且对他说，她是出于激情而爱他，整个地昏倒在他的怀抱中了）。在这一时刻，吕西安想起来了，她自夸没有委身于因寒冷而被从里昂转移到巴黎的一些犯人的（被停止职务的）牧师。吕西安说过，他们将死在他们的大马车里。某个人回应说，对于巴黎的法庭来说，这已经等于最小的痛苦了。葛朗台太太没有气愤得跳起来。“……在一个爱情场面中，吕西安是有主见的人”（页边注：“成为人性的就是有主见的”）。而且甚至违背她成为人性的。他补充说：“应该成为人性的，应该为她说一些好话，并且应该不惜一切代价把她送回家”[2]而不让人看见她。成为人性的就是有主见——作家的问题：

/［页边注］“作家的内在生活一方面保留了它的各种细微差异和它的自由运动，另一方面构成为作品的那些手段的组成部分，虽然技术远非可以说是作者所拥有的一种伪装”[3]。

写作就是活着，但这是因为作家只是为了理解自己才活着。写作并不是人为的手法，而是独有的使命。所有这些特

---

① 页边划线一直到页末。

② 关于这一插曲，请参《吕西安·娄万》，收入《小说作品全集》，第二卷，同前引，第705页。

③ 费尔南德斯：《书信集》，同前引，第93页。

征“并没有向我们揭示一种形象和一些能够有效地运用到艺术中而不是生活中的精神手段，一种只会在作品行为中获得实现的潜在人格，即对于一些非个人的目的实质上是可自由支配的人格。”[①]（费尔南德斯）

“在想象的、被分析所规训的对话中，斯汤达发现了他的个人经验没有给予自己的、或者不完整地给予自己的肯定存在和意识存在的各种手段”[②]/

/［第131页］（XIV6）/

他相信通过成为作家而成为一切，但他是<u>某物</u>，而不是一切。

斯汤达因为他最初面对梅拉妮体验到的存在的困难而想
213 出的解决方法，只对于他来说才是解决办法：语言（一种与他人、与所有人汇合的自发语言）的发现，显示、揭示、启示的愿意只要接近他，就疏远了他。

/［页边注］结论：诗即真理。/

与此同时，1）其他人也想说话，~~2）他们的激情的绝对~~对伴随言语而开始的文学感兴趣~~2）~~。他们的生活沉浸在真理中。文学只不过是<u>在想象中恢复</u>~~生活的~~<u>生活由之构成的事物</u>。因此，问题不仅仅是作家的问题，而且是人的问题。在某种意义上说，作家是在向人学习。“……返回到自己的房间中，我

① 费尔南德斯：《书信集》，同前引，第99页。

② 同前引，第104-105页。

费力地写这一历史，它的所有细节都是严格真实的；但它有另一种长处吗？在梦想的哲学的这些时刻（没有被任何激情搅乱的精神在此期间带着一种愉悦享受自己的宁静，并且对人类精神的各种稀奇古怪进行反思），精神可以将自己对像这一历史的各种历史的盘算当作基础［……］这乃是它们对于小说的优势：后者是一个艺术家充满情绪地安排的，以非常不同的方式让人感兴趣，但一般地说，不能够充为任何盘算的基础”[①]……“我喜欢非常详细地梳理人的内心活动的那些故事的荒唐，我完全就是一些耳朵吗？”（《一个旅行者的见闻录》[②]）。“有人会说在巴黎甚至很少有人认识他们在其中过自己的生活的那个社会”[③]。

生活就是文学。真理就是诗，但因为诗就是真理。

斯汤达想要说的是：“作者是他自己的工具：写作、活着和思
考是合一的”（~~普雷沃~~）[④]“他相信把我们引向了他并且把 214
我们与他视为同一了……”[⑤]“把主人公、作者和读者统一
成一种唯一的冲动”[⑥]（我们在梅里美那里没有发现的东

---

① 斯汤达:《一个旅行者的回忆录》，巴黎，列维兄弟出版社，1854年，第52-53页。与梅洛-庞蒂指出的相反，下面的引用并不属于相同的作品，但它依据让-路易·沃杜瓦耶在他为斯汤达《160件真实的小事情》所写序言中前面的摘录，同前引，第10页。

② 参前面注释。

③ 斯汤达:《巴黎政治和文学界概况》，布鲁塞尔：无花果出版社，1983年，第322页。

④ 普雷沃:《斯汤达的创作》，同前引，第498页。

⑤ 同前引，第488页。

⑥ 同前引，第497页。

西："我们没有看出主人公创造了自己的思想，我们从来都不会无意中发现一种初生状态的梦想"①（普雷沃，第234、237、240、242页）。"应该让生活摇动起来，要不然它就会腐蚀我们"②：呼唤言语的灵巧，借助于它1）我们既创造自己又思考自己，我们写作、我们活着~~2）~~，口述作家（由此有了那些斜体字，由此有了即兴表演，由此有了计算诗文音节，即拒绝诗中存在的麻木、撒谎和兽性的东西的无能为力）2）我们理解他人，我们让他们存在。但这一言语的特性是成为间接的言语，抒情风格在这里永远不会被封闭，~~沉默和~~孤独只会被幸福的闪光——它是沉默或作品，无论如何不是生活——所中断。作家可以说是维持内在于语言、内在于"追逐幸福"*的张力的人/[页边注]*普雷沃：斯汤达≠文学的信仰，而是激情和幸福。/

/[第131页]背面（XIV6）/

与政治的类比关系：说过对它心存恐惧

说过政治的好奇已经把他从自杀中拯救出来（1830？）并且在他的作品中经常谈到它

这是因为他对它持一种非常特殊的态度，作家的态度。

问题：这一态度是表面的吗？

---

① 普雷沃：《斯汤达的创作》，同前引，第501页。

② 斯汤达：《普通通信集》，第一卷，同前引，第841页。

星期三的课程[①] 215

[第十五次课]

/[第132页](XV1)/

写作与生活

1)斯汤达的解决办法

作为独一无二的事情的爱情，去梦想、去写作独一无二的事情。

没有矛盾：因为他就像人们去梦想那样去爱，就像人们活着那样去写作。

“作者是他自己的工具：写作、活着和思考是合一的”(普雷沃)[②]

作者=~~一个走出了沉默的人，他建构一些生活~~模式~~，他让生活发出光辉，他把一种想象的社会投射其中~~不是一个分离的思考者，~~不是~~(被思考者)，不是与一些写下来的东西面对面，而是谈论他也处在其中的生活的一个人，他建构{~~一个~~}~~想象的社会并让它为其他人所认识~~关于生活的一些想象模式，并且通过谈论它们、即通过渗透到我们这里和谈论我们，使它们为其他人所接受：“他相信把我们引向了他并且把我们与他视为同一了……把主人公、作者和读者统一成

---

① 斜着写的。

② 普雷沃:《斯汤达的创作》，同前引，第498页。

一种唯一的冲动”[1]我们在梅里美那里没有发现的东西：“我们没有看出主人公创造了自己的思想，我们从来都不会无意中发现一种初生状态的梦想”（普雷沃）[2]。口述作家（那些斜体字，即兴表演，对作为麻木、撒谎和“兽性”的，不能计算诗文的音节的诗歌的忽视）。由此不像在福楼拜那里一样是文学的信仰，而是文学的激情与幸福。文学 = 在最高点上“让生活摇动起来”（“要不然它会腐蚀我们”[3]）借助言语的灵巧不理睬存在的困难，把我们提供给他人、把他提供给我们的向前运动。

216 **2）困难**

费尔南德斯：作家的整个生活都被呈现在其作品中，——因为它是朝向作品的——

结果，这真的是一种解决办法吗？

完全活着的和完全陌生的（不是“坚信无疑的”）= 既是介入的又是不受约束的，——相信~~一个人~~他是完全介入的却完全保持不受约束的难道不是“窥淫癖者”的特性？作家难道不总是有一种属于他的梦想的序列的资源（依据马克思主义者的看法，作为非无产者），而且从此以后，当他装出介入的样子，而他却只是因

① 普雷沃：《斯汤达的创作》，同前引，第 497 页。

② 同前引，第 501 页。

③ 斯汤达：《普通通信集》，第一卷，同前引，第 841 页。

为想要介入才介入的时候，难道他不是还要更加虚伪？这样一来，除了作家，他并非什么都不是。

正是其〈这一〉人性本身——他的形成必需的东西的意志本身——使作家陌生于人们。“因为成为人性的就是有主见”（《吕西安·娄万》）。[①] 吕西安让葛朗台太太感到陌生，1）因为他考虑只爱自己尊重的人，2）因为他表现出对她的尊重。[②] 这并不是/[第132页]（XV2）/她从他那里期盼的东西。斯汤达最因之痛苦的女人或许是他没有拥有过的那些。他只不过是在不在场中、在想象中爱过她们。

3）但是，这一辩证法将〈明确的〉人性转变成了孤立，它有一个对立面：不以文学为职业的、不寻找梦想而在活着时陷入梦想中的人，需要揭示并且在形象中看到自己。除了作家，谁会向他谈论他呢？

这样一来，一种非常特别却真实的关联在作家和其他人之间建立起来了（偏爱的不是他的邻人而是他的读者，还有激励他去写作的人、他的鼓励者）= 事情并不是全都发生在作家这边，还存在着读者的“回应”，读者的一种朝向想象物的运动。

读者和作者处于由实在物和想象物构成的相同的世界中。作家有人有凝视显示或揭示自己的各种书的眼睛，

① 斯汤达：《吕西安·娄万》，同前引，第705页。

② 同前引，第705-706页。

~~作家有（并且散发出）想象物｛却没有｝其~~｛ill｝〈并且
217 相信生活的秘密在那些书之中〉。作家有凝视人，特别是并非作家的人（斯汤达不像福楼拜是学院作家）的眼睛，而且他从来都不是有意地进入到想象物中。斯汤达"疯狂地"喜欢他在非作家那里发现的各种内心活动（读《一个旅行者的回忆录》）。这样一来，人站在作家一边，而作家站在人一边，~~但张力~~尽管这里毋宁是~~双重幻觉而不是两个幻觉~~｛ill｝两个整合的幻觉而不是一种综合：需要一种关于诸事物本身的语言。

/［第 134 页］（XV3）/

政治

1）斯汤达与政治

就此说道：

> 它是可恨的：一部小说中的政治，这是"在一场音乐会中开了一枪"（《拉辛与莎士比亚》）[①]
>
> "如果我知道世界上有一个角落，在那里人们不会比在 1770 年更多地谈论政治，我将飞向那里，就算它像阿尔米德[②]的那些花园一样遥远"（《罗马、那不勒斯和佛罗

① 斯汤达:《拉辛和莎士比亚》，同前引，第 494 页。——拉辛（Jean Racine，1639–1699），法国剧作家；莎士比亚（William Shakespeare，1564–1616），英国剧作家、诗人。

② 阿尔米德（Armide）是同名歌剧中的女主人公，有通神的法术。

伦萨》)[1]

为什么？这是因为政治就是为自己造一座并非生活之目标的房子（自由主义者们），而且因为没有必要为了生命[2]……“我不知道人们不停地忙于建制、忙于政治能够找到何种愉快”——（布鲁萨利，第 199、202 页）[3]

与此同时，不仅仅是个人幸福的手段——他提供了一种积极的因素：

它是实质性的：

“在 1821 年，我非常困难地抵制让我头脑发热的诱 218
惑……在我看来正是政治的好奇妨碍我结束它”（《关于自我中心的回忆录》）[4]——

甚至艺术作品也只是抛弃了政治中“对当前政治的暂时的、强烈的兴趣的各种暗示”（《拉辛与莎士比亚》）。[5]

---

① 参斯汤达：《意大利之旅》，巴黎，伽利玛出版社，1973 年，第 88 页。

② “我很想一劳永逸地在一座建造得牢固而出色的房屋里选择我的寓所，但我最终建造了这座房屋，为的是平静地在其中体验生活的全部愉快，而当一个人在一个客厅中与一些美丽的女人在一起时，将对房屋的屋顶状况感到不安，这在我看来应该是非常不幸的，为了生活而失去生活的根基（Et propter vitam vivendi perdere causas）”（斯汤达：《海顿、莫扎特、梅达斯太斯的生平》，巴黎，荣冠出版社，1914 年，转引自布鲁萨利（Manuel Brussaly）：《斯汤达的政治观念》，纽约：哥伦比亚大学法国研究所刊物，1933 年，第 202 页）。——海顿（Joseph Haydn，1732-1809），奥地利作曲家；莫扎特（Leopold Mozart，1719-1787），德国作曲家、指挥家，小提琴演奏家；梅达斯太斯（Pietro Métastase，1698-1782），意大利诗人、剧作家。

③ 布鲁萨利：《斯汤达的政治观念》，同前引，第 199 页。引文仍取自《海顿、莫扎特、梅达斯太斯的生平》。

④ 斯汤达：《私密作品》，第二卷，同前引，第 432 页。

⑤ 斯汤达：《拉辛与莎士比亚》，同前引，第 495 页。

《吕西安·娄万》的页边注："有主见的人在五十岁时将是非常冷酷的。当诉讼将要被裁决时，他仅仅使它成为有利的东西。"[1] 即：普遍的、人类的、透明的、未来的问题，而不是作为事件的事件。

艺术作品——如果它分析生活学徒期的话——应该是政治的，因为做一个人，就是在与实在的各种关系中做其他人。

"一个不了解成年男人的年轻人是什么呢？他只和一些彬彬有礼的人、一些服从的人、一些他没有触犯其利益的人一道生活过吗？埃德加[2] 只把他向自己做出的漂亮的诺言作为自己的长处的保证［……］。他一点也没有证明他人对于他的后果，他不确定任何东西，不管是对于他人，还是对于自己。这最多只不过是一种辉煌的或许。他实际上知道什么呢？骑上马背，/［第134页］背面（XV3）/ 因为他的马并不是彬彬有礼的，如果它做出一个错误的动作的话，会把他摔在地上。他的社交界越是彬彬有礼，就越不像他的马，他就越没有价值。这让他逃离从18岁到30岁的匆忙的岁月，而没有像蒙田所说的那样与必然性作斗争，他甚至不再是一个或许［……］"

（《吕西安·娄万》，第三十九章）[3]

---

① 斯汤达：《吕西安·娄万》，同前引，第927页。

② 埃德加（Edgar），《吕西安·娄万》中的人物。

③ 同前引，第369页。

甚至走到说政治是时代的表达手段的程度（鲁瓦，第 149 页）[①]

〈他带着对文学的惋惜真实地引述。〉

因此：作为人与人的关系的有价值的政治。

但它一开始被表述为困难的、危险的（马）、尖锐的关系，

这使我们理解了向个人幸福逃逸。

我们感觉到，既不和你一道，也不是没有你，——利益攸 219

关却不会令人满意的政治，——

2）<u>斯汤达的政治</u> 〈太变化无常：对贵族制度的喜好

共和党人

开明的拥护君主政体者（1814 和 1830 的省长

候选人；1830：我应当去望弥撒吗？）〉

a）原动力 = 人与人的关系：贫苦，受他人压迫

<u>贫苦</u>

<u>《为了那些敏感的心灵》</u>，第 41 页 = 绝望，遗弃的绝对

参他在《红与黑》中使之保持沉默的那些犯人。

= 贫苦 = 财产和“优雅”的终结。

这是死亡，但不戴面具的死亡，纯粹的荒谬性。

参死亡｛生命｝《吕西安・娄万》（第 1102 页）

“他不害怕死亡，但他不喜欢谈论它，视之为一种肮脏、

丑恶而非恐怖的东西”（梅里美）[②]——对贵族制度的

---

① 参鲁瓦（Claude Roy，1915-1997，法国作家）：《斯汤达本身》，巴黎，色伊出版社，1951 年，第 149 页。

② 梅里美：《斯汤达（亨利・贝尔）未刊通信集》“导论”，巴黎，米歇尔・列维出版社，1855 年，第一卷，第 24 页。

喜好，不愿意和作坊主一道生活，厌恶肮脏的、黑色的东西＝就像死亡一样，贫苦不可能被喜爱，感觉它是丑的和憎恨它是同一回事。

但这个民族“在与各种真正的需要做斗争”[1]。

但这会把它导向何种政治选择呢？

这足以构成一种政治吗？

b）是共和党人？~~共和党人是~~是社会党人？

是共和党人？

“自由的蠢话”——那些“百万富翁市侩”[2]——讨好“一些狂热的小艺人”[3]—

220 是圣西门[4]主义者？傅立叶主义者？傅立叶[5]：鲁瓦第138页[6]

圣西门：“所有的杰作都是针对您的体系的一些讽刺短诗”[7]——由个体而不是｛工业｝形成的。

---

① 《亨利·布吕拉传》，收入《私密作品》，第一卷、第二卷，同前引，第547页。

② 鲁瓦：《斯汤达本身》，同前引，第44页（同时参第115页），这一表达出现在《亨利·布吕拉传》第二章中。

③ 参鲁瓦，同前引，第116–117页。引用取自《一个旅行者的回忆录》，1837年4月10日。

④ 圣西门（Claude-Henri de Rouvroy, Comte de Saint-Simon，1760–1825），法国社会哲学家，空想社会主义思想家。

⑤ 傅立叶（Charles Fourier，1772–1837），法国哲学家、思想家、经济学家、空想社会主义者。

⑥ 参鲁瓦，同前引。参［第145页］。

⑦ 圣西门的人物对收在《生产者》中的“德·斯汤达先生”的反驳。《德·沙米伊子爵夫人留下的当代新场面和历史场面》，布鲁塞尔：路易斯·豪曼及伴侣出版社，1830年，第271页。

憎恨美国、憎恨{工业}、/[135页](XV4)/憎恨(理性)政府，没有张力；“处于烦恼中”

反对遮掩各种问题的现实之解决办法(英国)

c)是革命者？

=知道自由和平等的全部价值只能通过暴力行动获得实现。《吕西安·娄万》中的娄万先生。您所谓的无赖，就是任何进行统治的人。“一个无赖[……]，我愿意说一个政治人物[……]。在您的时代和您的日记中，您称那是一个无赖。在十年中，您知道科尔伯特[①]、苏利[②]、黎塞留红衣主教[③]，总之，任何一个政治的，即统治人们的人物，都至少已经升格为我希望您看到的这种第一层次的无赖”[④]。

因此大政治家。丹东[⑤]、米拉波[⑥]出卖自己，成为欺诈者，而这正是使他们能够采取行动的东西——“通过一些犯罪来危害人民”[⑦]被用来应对人民的软弱——将人民作

① 科尔伯特(Jean-Baptiste Colbert，1619–1683)，法国路易十四时代的财政大臣，被视为法国“工业之父”。

② 苏利(Duc de Sully，1560–1641)，法国政治人物、首相。

③ 黎塞留(Armand Jean du Plessis de Richelieu，1585–1642)，红衣主教，法国路易十三时代的首相。

④ 斯汤达:《吕西安·娄万》，同前引，第365页。

⑤ 丹东(Georges-Jacques Danton，1759–1794)，法国大革命领袖，雅各宾派的主要领导人之一。

⑥ 米拉波(Honoré-Gabriel Riqueti, comte de Mirabeau，1749–1791)，曾任法国国民议会的议长，他放纵奢侈，早年多次被监禁。

⑦ 斯汤达:《红与黑》，同前引，第619页。

为手段*——《红与黑》，第 499 页“那个打算驱逐大地上的无知和犯罪的人……”①——

为**大恐怖**作辩护，鲁瓦，第 110 页②

/[页边注]*反美术（但不是无自由的美术）的代表。那些日记的江湖骗术。但他需要它们。/

221 阿尔塔米拉③的回应：死亡始终是死亡 =“我将对您作出回应，等等。”（阿尔塔米拉，《红与黑》，第 495 页）④

通过一些犯罪来危害人民的手段也是警察的手段：在工人与战士之间制造分化

“为了实现各种改革，流血（理论上）算不上什么代价”——（社会的{一种功能}）

人们让“所有政府”原地绕圈的可能性（鲁瓦，第 115 页）⑤

〈“过于激烈的”民主——人民只是在发怒时才是令人满意的——在否定的方面有道理，在肯定的方面则错了，反对社会“再生”的要求。〉（1）/[页边注]

① 斯汤达：《红与黑》，同前引，第 619 页。

② “巴耶尔（M. Bailleur）最终说明了这一可怕的时代的为什么和如何：大恐怖。人们不断密谋反对政府，人们在法国所有地方密谋”（“致斯特里奇（M. Strich）的信”，1822 年 9 月 7 日，转引自鲁瓦，同前引，第 110 页）。

③ 阿尔塔米拉（Altamira）伯爵，《红与黑》中的人物。

④ 斯汤达：《红与黑》，同前引，第 615 页。

⑤ 斯汤达：《吕西安·娄万》，同前引，第 372 页。在斯汤达的文本中：“[……]所有政府，甚至美国政府都始终在撒谎，在所有事情上撒谎，当它不能在根本上撒谎时，就在各种细节上撒谎。”

（1）“｛发疯的｝”共和党人，“未来的｛疯子们｝”/ 因此，没有积极的解决办法。娄万的独白。鲁瓦，第118页[1]

这仅仅是一些~~无法被超越的~~矛盾吗？

一些难以调和的点

犬儒和坦诚的二者择一吗？就像在爱情中吗？

不，这乃是这样的观念：未来不可能被构想（共和党人）——

在他的时代的各种处境中，不存在可能的位置：/［第135页］背面（XV4）/ 法国大革命开启了｛天生的｝财产所有者的孙辈可能会关闭的一个循环：“没有什么东西会像走向1900年的道德法兰西那样会是美好的、公正的、幸福的”，[2] 参一些女人的例子，鲁瓦，第28页。按定义，政治不可能是积极的：应该形成一些｛开放的｝方向，但我们不再能够谈论——

作家＝写作而不是工作的人，按定义不能缺少批判功能。也介入，但不同于人的介入。

作家的模棱两可。卢卡奇[3]：这是｛ill｝｛的｝发展的不均衡规 222

① 涉及第二卷中的独白。

② 斯汤达：《论爱情》，第二卷，同前引，第二册，零碎片断，编号152，第219-220页。

③ 卢卡奇（Georg Lukács，1885-1971），匈牙利著名的马克思主义哲学家和文学批评家。

律：斯汤达和巴尔扎克的模棱两可。但这只不过是他们的｛阶级｝的｛ill｝——它想向后回头（巴尔扎克）或重新迈步向前（斯汤达），但却不能够做到。作家在超越的同时不能不保留的~~他想要的东西~~难道不正是作家的模棱两可？

卢卡奇似乎认识到了这一点，他说这乃是创作的条件。巴尔扎克的“单纯性”是“不可避免的和生产性的，正是它使他能够进展到生活的全部丰富性的一个｛ill｝中”[①]（对手不像于连相信的那样是一些无耻的人）

总是相同的问题：作家想要形成一个全体，不想缺失其生活，——或许由此远离自己——

然而，所有的｛ill｝都在期望作家。他只能够期待并且做他不得不做的事情。

［我们在这里发表一份与第十五次课的最终主题直接相关的工作笔记］

/［第 145 页］/

反对作为〈｛严肃的｝〉虚荣心、｛ill｝等或理性的政治〈或功利《红与黑》，第 497 页〉

赞成激情的政治：

---

① 梅洛-庞蒂可能翻译自当时还没有翻译成法语的《巴尔扎克与法国现实主义》（柏林：建设出版社，1952 年）。后来，卢卡奇：《巴尔扎克与法国现实主义》，巴黎，发现出版社，1999 年。

作为训练的政治（“大政治”）*/[页边注]* 省长候选人 /〈和危险（假定“预想死亡的方式”）**《红与黑》，第 497 页）〉

/[页边注]** 这处于两种情形中：阴谋与警察（警察 =~~采取行动 {ill}~~ 进行治理而没有因为 {利用} 贫苦进行煽动（使战士和工人不和）而来的公开的暴力。“我把公众的蔑视和死亡相提并论”（《吕西安·娄万》，第 1107 页）①

参作为时代的表达手段的政治，鲁瓦，第 149 页 /

作为 ~~{反}~~ 贫苦的 {力量} 的政治

贫苦与死亡——正是相同的人感受到贫苦 ~~{和} 面临着死亡~~ 223

和发现其丑陋（参《吕西安·娄万》，第 1102 页）〉

参《为了那些敏感的心灵》致波利娜的一封信的注释——参维利耶市那些犯人的插曲

参柯尔蒂的纠纷②

具有一些实际需要的阶级。***/[页边注]*** “为了各种真正的需要而斗争的”阶级（鲁瓦第 111 页）/

〈两个要素构成了革命政治？〉

它是革命的吗？“想要目的者想要各种手段”（《红与黑》，第 495 页），甚至欺诈和出卖自己（第 497 页）——“通过一些犯罪来危害人民”（第 498 页）③，这乃是革命政治。〈（第 499 页）〉

斯诈和出卖自己是米拉波和丹东做过的事情：革命不

① 斯汤达:《吕西安·娄万》，同前引，第 437 页。

② 参前文［第 83 页］（VII2）。

③ 斯汤达:《红与黑》，同前引，第 619 页。

是由一些有所顾忌的共和党人进行的，而是由一些无所顾忌的人进行的。

斯汤达：对人与人的关系的敏感——~~激进主义保守主义~~〈但反对那种想要立即确立它的“合理的”（共和）政治〉
~~想要并且｛拥有｝那阻止它的和那……的整个机器~~
感受到社会是危险的“我把公众的蔑视和死亡相提并论”①——而且还远不只是在阴谋中。在整个社会中
因此一种大政治的必然性（丹东）——它与公安是等值的。即它承认一些｛内幕｝#
/[页边注]#马克西姆·勒鲁瓦（1）/
如何调和~~暴力~~诡计和天真两个要素（参幸福和犬儒）
革命政治：丹东等 ## 圣西门主义者？
/[页边注]## 大恐怖，鲁瓦，第 110 页，公正，鲁瓦，第 126 页 /

然而：不仅仅反对自由的蠢话 ###
/[页边注]### 那些百万富翁市侩，鲁瓦，第 115 页　那些狂热的小艺人，鲁瓦，第 116 页 /

/[第 145 页] 背面 /
224 反美术的政治，鲁瓦，第 124 页，第 145 页——但无艺术，艺术死了，鲁瓦，第 146 页

---

① 斯汤达：《吕西安·娄万》，同前引，第 437 页。

那些日记的江湖骗术 */[页边注]* 鲁瓦　第 115 页 /，但仍然反对通过牺牲他人来获得社会的恢复（布鲁萨利，第 1 页背面[①]）

反对所有政府都在撒谎（同上）

1）过于激烈的民主（同上）对各种贵族制度社会的喜好

2）人民只是在发怒时才是｛令人满意的｝，鲁瓦[②]，第 138-139 页（布鲁萨利，第 1 页背面）

3）阿尔塔米拉｛说｝：我们无法猜测死亡 **

/[页边注]** "当您在决斗中杀死了一个人时，我将对您作出回应，这远没有通过一个刽子手来执行那么丑陋。"（《红与黑》，第 495 页）[③]

"为了实现各种改革，流血（理论上）算不上什么代价。"

"那些召唤各种革命的力量"（马克西姆 · 勒鲁瓦，第 1 页背面）[④]

〈那些共和党人"崇尚未来"〉

最大的善举：一个公正而镇定的政府

---

① 梅洛-庞蒂明显参考了他自己对前面引用过的布鲁萨利文本（《斯汤达的政治观念》，同前引）所做的阅读笔记。

② 鲁瓦：《斯汤达本身》，同前引。第 138 页开始了"斯汤达在 1848 年前去世 6 年了"一节。

③ 斯汤达：《红与黑》，同前引，第 615 页。

④ 可能涉及到马克西姆 · 勒鲁瓦，《政治的斯汤达》的作者，同前引。

不“生气和指责”，不“悲伤”

（马克西姆·勒鲁瓦，第 2 页）①

{ill} 的 {ill}，它 {将恢复} 傅立叶想要取消的一切

（鲁瓦，第 138 页）②

吕西安·娄万的独白，鲁瓦，第 118 页 ③

结论——斯汤达的模棱两可和作家的模棱两可（卢卡奇，第 2 页）

225 但作家的模棱两可被卢卡奇重新恢复为资产阶级的模棱两可（资产阶级的儿子斯汤达期望接近 1880 年时有一次新的突飞猛进，并且在等待时从世界中退隐）（“没有什么东西会像走向 1900 年的道德法兰西那样会是美好的、公正的、幸福的”④）（鲁瓦，第 1 页）

在斯汤达那里有关于一个过渡社会的非常强烈看法，他自己所处时代是法国大革命已经开启其循环的……X 的准备（参鲁瓦，第 28 页：未来的女人不可能从一些获得解放者出发被推测出）

参鲁瓦，第 24 页——参鲁瓦，第 128 页。

---

① 可能再次涉及马克西姆·勒鲁瓦。

② “生活在孤独中的或和一些不敢提出异议的弟子生活在一起（这是一回事）的傅立叶 [……] 没有看到，在每一个村庄里，一个活跃的、能说会道的无赖（某个若贝尔·马凯尔）会成为协会的头头并且败坏其全部的美好结果。”这段出自《一个旅行者的回忆录》的文字转引自鲁瓦，同前引，第 138 页。——若贝尔·马凯尔（Robert Macaire）是法国 19 世纪剧作家安提尔（Benjamin Antier，1787-1870）作品中的一个想象的人物。

③ 参 [第 135 页]（XV4）。

④ 斯汤达：《论爱情》，第二卷，同前引，第二册，零碎片断，编号 152，第 219-220 页。

他与之对立的政治：暂时而苦涩的利益（鲁瓦，第1页）

——赞成各种派别，它们就是激情（鲁瓦，第112页）

没有派别，因为他不是在在这里或在那里的意义上，而是在

他知道他在做什么的意义上介入

227 # 附录
“萨特-帕兰”，阅读笔记

/[第160页]/

[我们在这里翻印的稿页致力于萨特（“往返”，载《境况种种》，第一卷）对白瑞斯·帕兰《关于语言的本性和多重功能的研究》(巴黎：伽利玛出版社，1942年）进行的评论；用打字机打在带有《现代》杂志笺头的纸上，它们是从与备课同时的那些笔记中抽取出来的，与对其它论著所做的那些阅读笔记——我们将发现它们的更长的名单——相反，这些阅读笔记不仅量大，而且经常通过与萨特关于文学和语言的各种看法的对话而得以延伸。]

萨特-帕兰

《境况种种》，第一卷

/[第162页](1)/

萨特:《境况种种》，第一卷

“伴随着列宁，词（mot）成为了口令（mot d’ordre)”（第

205 页）[①]

“当词是一个链条中的一个链环：

在‘把那里的那个……那个……传递给我！’中，它被抹去了，我们没有听到它、没有看到它但却听从它。但是，当它不再承载的时候，它展示自己，它把自己作为词揭示出来，按这种方式，对于柏格森来说，正是反作用中的不确定性勾画出了一幅世界形象的轮廓。正是最新从人嘴里出来的这一仍然全副武装的、完全有生命的语言，正是这一中断了所有实际运用然而却更加萦绕在心头的语言将从此以后成为 228
帕兰的各种研究的对象。”（第 197 页）[②]

马克思：“知道人的在场是不是能够通达一种客观真理的问题不是一个理论问题，而是一个实践问题。在实践中，人应该证明真理，也就是证明实在，证明他的思想的客观性……哲学家迄今为止所做的只不过是以种种不同的方式解释世界，如此等等。”转引自帕兰：《研究》，第 121 页萨特，第 204 页。[③]

帕兰：“这里最终说来赞同的是一种实用主义的和相对主义的威权主义~~，在这里那些关于爱情和希望的词~~”（第 207 页）[④]

① 让-保罗·萨特：“往返”，收入《境况种种》，第一卷，新扩展版，巴黎，伽利玛出版社，2010 年，第 231 页。

② 同前引，第 224 页。

③ 同前引，第 230 页。

④ 同前引，第 233 页。

“帕兰为了放弃对我所说的亚沉默——这种与我不知道的何种‘自然状态’相一致的、应该是先于语/[第 162 页]背面（1）/言的沉默——的研究，没有同等地放弃保持沉默的计划。他目前达到的沉默向着整个语言领域延伸，它被视为与语言本身同一，它乃是低语、命令和呼唤的沙沙声响。这一次它不是通过词的不可能的瓦解，而是通过它们的彻底贬值而获得的。他后来会在评价自己的尝试时说：‘布尔什维克主义那时是一种绝对反理性主义的态度，通过一种一直被推进到英雄主义的对言语的瓦解（它不会在一种整体牺牲中得以完成），它完成了对个体的意识形态瓦解’”（第 208 页）[①]

巴塔耶[②]把诗定义为“对词的一种大屠杀”

“词的战火是一个绝对事件。由此有了超现实主义者与布尔什维克主义的调情，他们从中看到了人为了绝对地塑造自己的命运所做的努力。正是在这里他们与 1925 年的帕兰汇合了。那时帕兰没有这样写道：‘言语应该被一种更直接、更有效的行动方式，被一种即时的行动方式取代，它没有任何中间环节地发生，它不会放弃任何为其来源的不安。’这是因为他就像他们一样被构成战后之精神的强有力的形而上学骄傲所推动。我们跟随他到达了人类状况的极限、到达了人在那里观看自己的这一张力点，仿佛他是关于他自己的一个非人的见证者”（第 210 页）[③]

---

① 让-保罗·萨特：“往返”，收入《境况种种》，第一卷，同前引，第 234 页。

② 巴塔耶（Georges Bataille，1897-1962），法国评论家、思想家、小说家。

③ 同前引，第 236 页。

帕兰在结束时称，我们是自己的语言所造就的东西，我 229
们的环境造就的东西。“我们忽略语言的意愿方面，也就是它的超越性。”（第 218 页）[1]

帕兰在“我们什么都不是，那些词都是不变的”——和“那些词都是变动的，我们的本质在后面，是稳定的”之间左右摇摆。

/［第 136 页］（2）/

帕兰的解决办法：“人离不开语言，但也无法驾驭语言”（第 220 页）[2]

正是语言产生了客观性。它产生了客观性，因为它是客体、是事物。我们“处在语言中”（《研究》，第 183 页），而它是事物。帕兰说得好：它“既不是主体，也不是客体；既不附着于前者，也不附着于后者。在我说时是主体，在我听时是客体……然而不同于其它那些存在，同样也不同于我”（第 221 页）。[3]“因此[4]，由于拒绝了知觉的物化论，并且将太阳、墙壁和桌子还原成了各个感觉的一些转瞬即逝的、主观的构造，帕兰刻意接受了一种语言的物化论。词是一奇特的存在，一种观念事物。它同时拥有事物的不可渗透性和观念的透明性，事物的惰性和观念的驱动力。［……］我们面对着它，就像魔法师的学徒面对着其师父的扫帚。［……］。在一

① 让-保罗·萨特：“往返”，收入《境况种种》，第一卷，同前引，第 243 页。

② 同前引，第 245 页。

③ 同上。

④ 页边划线，从这里一直到页末。

种意义上是完全有责任的，因为是我们在说话，在另一种意义上是完全无辜的，因为我们不知道自己在说什么。不能够撒谎，如同不能够说真话，因为正是那些词教会我们借助一些词想要说出的东西［……］。帕兰的语言，乃是魔法界。被物质堵塞的那些盲目的观念，被精神拥有并且反叛精神的物质。并不是笛卡尔的恶灵：反面的恶灵”（第 222 页）[1]

/［第 163 页］背面（2）/

语言是“一种未知的存在的理性的背面”（萨特，第222页）[2]

可是，如何调和这一点与词的意义之历史演变呢？存在着一些超越的含义，抑或正是社会的使用形成了各个词的意义？“既不是前者也不是后者。这是[3]因为词具有柏格森谈
230 论‘开放’社会时那种意义上的一些开放的含义。词既是一些‘存在的种子’，又是（我们做出的）一些允诺”（第 222 页）。[4]词是一个主人，它需要我们，为的是能够支配我们。在这一意义上停留为表达主义的：正是我们在允诺，而且在大地上面、大地下面和大地之外不存在我们的命运被记载的地方。但“允诺的那些最伟大的特征已经被记载在词中”，“词可以说是要用我的生命、我的劳作和我的血液去填补的一种非人格的状况”（萨特，第 223 页）。[5]因此，我们的真理之

① 让-保罗·萨特：“往返”，收入《境况种种》，第一卷，同前引，第 246 页。
② 同前引，第 247 页。
③ 页边划线，从这里一直到“我们做出的（第 222 页）”。
④ 同上。
⑤ 同前引，第 248 页。

爱并不是徒劳的。应该使真理存在。应该逐步成为我说我所是的东西，应该在我的肉中实现普遍，应该承担起语言的责任。“对于帕兰来说，存在意指不变性、有密度的丰富性、普遍性。这乃是他从一开始就通过自由选择自己的实存而指定的理想。但虚无如何能够存在？”（第 226 页）[①]

与此同时，“存在着比地震更危险的词震”（第 226 页）。[②] 这里的唯一的补救是：神作为语言的保证（神学证明或道德证明），神将提供一幅“运动的不动形象”（黑格尔），即一种语言规则。不动的“和沉默的”形象（第 229 页）[③]

“存在着神的言词，它既向我们提示又向我们掩饰神的事实。我们应当诚实地通过信仰和各种作品重建这一言词的意义”（第 229 页）。[④] 离开 /［第 164 页］(3)/“沉默，它又回归于沉默，但这并不是相同的沉默。它的起点是一种亚沉默，瞬间的粗暴缄默，它穿破了语言。”[⑤] 但“保持沉默，这暗含了那些词，这就是一切”（第 229、230 页）。[⑥] 超出于各个词，另一种沉默，“一种超沉默聚集在语言那里并且穿透整个语言，就像海德格尔[⑦] 式的虚无环抱世界，就像在布朗肖那里、在巴塔耶那里，非知包裹知识并且支撑着它。”[⑧] 这种超沉默乃是语言的一种整体性，而整体化对于人来说

---

① 让-保罗·萨特：“往返”，收入《境况种种》，第一卷，同前引，第 250 页。
② 同前引，第 251 页。
③ 同前引，第 252 页。
④ 同前引，第 253 页。
⑤ 同上。
⑥ 同上。
⑦ 海德格尔（Martin Heidegger，1889-1976），德国哲学家。
⑧ 同前引，第 253 页。

是不可能的，因为它是通过各种词形成的。沉默只不过是帕兰已经超越了的“一种宏大的乐观主义神话”。[①]

231 萨特责备帕兰开始于内省心理学：各种需要和言语。对于萨特来说，语言不能够确立客观性，因为它本身需要在其客观性中获得确立：雪子这个词在哪里？“这个既不在昨天，也不在前天，不在今天，不在明天，但同时在前天、昨天和今天显示自己，以至于每当我听见它，我都把声音现象领会为它的各种具体化之一种而不是领会为一个绝对事件的词在哪里？”（第 232 页）[②] 词在自己那里和在神那里的同一性[③] 没有任何助益，因为需要我去认识它。普遍不是在语言的层次，而是在视为同一的综 /［第 164 页］背面（3）/ 合的层次起作用。

对于萨特而言，只是“在我有意识地理解一个词的时候”，我们才能说语言借助于自身意识的中介，“没有任何一个词插入我与我自己之间：词，所涉及的独一无二的词，它作为获得理解的东西就[④] 在我的面前”（第 235 页）[⑤]。这就是“意识的沉默”（第 235 页）。[⑥]“我想要表达什么，我是知道的，因为我没有中间环节地就是它。语言可能[⑦] 抵制我，使我误入迷途，但是，我只有愿意才会受到它的欺骗，因为我具有始终重新回到我之所是、回到这一空

① 让-保罗·萨特：“往返”，收入《境况种种》，第一卷，同前引，第 254 页。
② 同前引，第 256 页。
③ 页边划线，从这里一直到页末。
④ 页边的双划线，从这里一直到“意识的沉默”。
⑤ 同前引，第 258 页。
⑥ 同前引，第 259 页。
⑦ 页边划线，从这里一直到“存在着一个世界”。

虚、回到我所是的这一沉默的可能性，然而，由此存在着一种语言，存在着一个世界”（第237页）[1]

有人会反驳萨特说：存在着他人。但这不是帕兰会做的反驳。帕兰几乎不谈论他人。“谁是第一位的，他者还是语言？［……］如果**他者**必定只是在被命名时才向我显现，那么正是词产生了**他者**，就像正是它产生了白色的蠕虫或者雪子［……］我不能够摆脱唯我论［……］但我完全独自地谈论一切。他人的各种所谓的干预只不过是我的语言对于我的语言的一些反应。如果相反，自从我说话我就焦虑不安地确信词逃离了我，而且它们将在那边、在我之外获得一些不可怀疑的视角，一些没有预料到的含义，那么应被一种不属于我的自由之自由所理解难道不是语言的结构本身？总之[2]，难道不是他者形成了语言，难道不是他者是第一位 232
的？帕兰可以说有违自己地同意这一点，因为他诉诸于这一**他者**，诉诸于神所是的这一他者的精华。但他为什么需要神呢？［……］如果我原初地只是通过并且为**他者**而实存，如果我自从一出/［第165页］（4）/现就被抛在他的目光下面，如果**他者**如同自己一样对于我是确定的，那么我就是语言，因为语言除了是面对他人的实存不会是任何别的东西［……］。我的所有姿势刚一从我这里被让渡、被夺走，它们就在那边被编织成我不知道的令人恐惧的一束。在那边，我是歪斜的、可笑的。在那边，在那一炯炯有神的目光中。我挺直腰板，我与这一让我麻木的外来的沉重作斗争。

① 让-保罗·萨特：“往返”，收入《境况种种》，第一卷，同前引，第259页。
② 页边划线，从这里一直到“形成了一种语言”。

我在那边成为非常介入的、非常自负的，仍然是可笑的（斯汤达的“自然物”，乃是[①]实际地获得了解决的他人问题；乃是对斯汤达的这些困难的超越，对他人的萦绕的超越，对那种使斯汤达不是去爱，而是止于享受给予他的东西的感觉行为的粘性的超越；乃是一种透明性——既非被给定的，也非反思的透明，而是改造它的所予的一种实践的超越性——在与他人的关系中的降临）

“这就是[②]整个的语言：它乃是这一沉默而绝望的对话。语言乃是为他的存在。我们从神那里需要什么呢？**他者**就够了，不管哪个他者。他进来了，我不再不受约束；正是他插入了[③]我与我自身之间。不是在我思的沉默的深处，而是在我与我在大地上所是的幸福的、不幸的、美的、丑的、卑微的或崇高的一切东西之间：因为需要他者的协助我才会是这一切。但是，如果说话真的就是行动

> /[页边注，手写]* 只是在它不被理解的范围内，只是作为不一致的原则，萨特才谈论语言。但交流成功吗？但在我为自己辩解的情形中，人们在哪里对我进行回应？/

/[第165页]背面（4）/

在他人目光之下，关于语言的那些著名的问题，冒着只不过是关于他人实存的宏大本体论问题的一种局部规定的极大危险。他者之所以不理解我，是因为我在说话还是因为他是他者？语言之所以背叛了我，这出自于它特有的一种危险性，或毋宁说这只

---

① 页边划线，从这里一直到“对斯汤达的这些困难的超越”。

② 页边划线，从这里直至“这一沉默的对话”。

③ 页边划线，从这里直至“崇高”。

不过因为它可以说是我与他人之间的简单接触面”（第237面）。[1]（萨特或许没有充分地看出：在关于心理“状态”系列的整个经 233
验主义之外，还存在着语言的意义之诞生的难题，存在着知道我的亲历如何变成为可交流的意义的问题；总而言之，只有我完全同等地是语言和他人经验，只有[2]我是说话的他人的经验并且最终说来我自己是说话的经验，这才是可理解的。在他那里有区分意识的主要谓词和次要谓词的倾向，而对于我来说，语言说明他人意识和他人意识说明语言是完全同等的：只是由于向着他人超越在事实上实现的语言之神秘，它们才是相等的，在这里，语言材料并不是可以同等地无需它们的意向的简单规定，它们独自实现自身意识和他人意识。但是，萨特在指出整个语言从我默默地与另一目光相对的时刻起涌现出来时，他完全是有道理的。他对原初沉默的这一诉诸有着如下这一优点：让我们看到*/［页边注］*悖谬地，~~存在着真正的东西~~在言语中存在着创造性的东西，因为它从我们这里废除了完全给定的语言，因为它让我们看到了语言在沉默的基础上的形成。/意义的整个展开由此已经被允诺了。整个[3]问题最终是要理解，对于语言就如同对于自由一样，为何我们必须说话，尽管我们只看一眼就知道，为何我们必须解放自己，尽管我们是自由的，并且最终要给予“成为你之所是”一种意义。）

---

① 让-保罗·萨特：“往返”，收入《境况种种》，第一卷，同前引，第260-261页。

② 页边划线，从这里一直到“说话的经验”。

③ 页边划线，从这里一直到页末。

/[第 166 页](5)/

“因此，对立于帕兰，应该坚持我思、普遍化的综合、直接的他人经验的在先性。因此，让我们把语言重新置于它真正的位置。”(第 238 页)[1]

(但是，如果存在着普遍化的综合，那么他人是第二位的，不再像在帕兰那里那样相对于语言，而是相对于这一综合，而且真正说来，就像[2]胡塞尔在《笛卡尔式的沉思》中指出的，他人只是我自己的影子。我们能够在萨特经常谈到的“流失”与“普遍化的综合”的观念之间恢复无论什么样的一种关系吗？就像萨特在笔记中所说的(第 238 页)，[3]应该涉及的不再[4]是康德式的综合，
234 而是“被动的综合”，也就是说“人的实在通过自我时间化而利用一些已被综合的复合体”

这[5]将一切重新置于疑问中。如果语言是一种已被综合的复合体，那么这意味着它只是被个体意识重构，这无疑没有授权由**神**来提供它，但这要求一种主体间性理论，在其中**我**连同它的各种综合的视角真正被超越了，不是走向把我们全都还原为客体的**绝对**，而是走向关于**我**和他人的辩证法。萨特在这里的立场[6]不是下面这样的辩证法：他人在其中单纯地是对在我的经/[第 166 页]背面(5)/验中被体验到的我的积极否定，这一经验并不因此在其首先所是

① 让-保罗·萨特：“往返”，收入《境况种种》，第一卷，同前引，第 261 页。

② 页边划线，从这里一直到“我自己的影子”。

③ 同上。

④ 页边划线，从这里一直到“已经被综合”。

⑤ 页边双划线，从这里一直到“由神来提供它”。

⑥ 页边划线，从这里一直到页末。

的意义上、在普遍化综合的意义上停止是我的。这样采取的步骤不是改变最初的步骤，而是干脆地取消它。萨特完全有理由拒绝那种通过向客观过渡（就像在帕兰那里）而调和、消除张力的意义上的辩证法。但他应该表明自身意识如何也是他人意识。为了表明这一点又不像帕兰或黑格尔那样表现为综合，为了保持“开放的”和“在场的”世界，需要一种他人知觉理论：它直至把被动性置于我们这里，使之与我们的主动性同一，并且先于任何知觉或言语把我思还原为一种总是被卷入到存在中的伪虚无。

语言的力量因此从上面被限制了，但也从下面被限制了。帕兰希望这是赋予饥饿以含义，具有犯错的可能性的语言，就像在那些截肢者的幻觉中出现的那样。对于萨特来说，这是人为的：含义内在于当然地瞄准一个客体的体验（Erlebnis）。在存在着情感状态＋解释的那些例子中，并不存在饥饿（萨特引用了一个遭受痛苦并且用饥饿来解释痛苦的胃溃疡患者的例子）：“饿了，相反地是意识到饿了（因此，对某物的意识就是对自身的意识这一表述，在萨特那里并不意指叠放到各种质料之上的赋义（Sinngebung），而是意指这些质料超越自身通向它们的意向客体，即内在的含义）；这是被抛入到饥饿的世界中，这是看到各种面包、各种肉类在各个商店的橱窗中发出一阵让人痛苦的光，这是突然发现自己梦到了一只小鸡”（第 239 页）。[1] 在这里不像帕兰说的那样存 235
在评判或“诊断”，也就是说 /［第 167 页］（6）/ 不存在“倾向于解释沉默的所予的盲目归纳”，“而且[2] 医生在这里无话可说。他可

① 让-保罗·萨特：“往返”，收入《境况种种》，第一卷，同前引，第 262 页。
② 页边划线，从这里一直到“这种饥饿是暧昧不明的”。

能向我解释说我不应该吃饭，解释说这种饥饿是暧昧不明的，解释说它对应于我的机体的某种离营养不良非常远的状态。但他无法否认我的欲望”（第 239 页）[①]

（萨特关于意识贯穿地是意识的观念在这里被援引来反对一个论题，依据这一论题，意识以语言为起点自己教会自己。不过这里存在着含混之处。萨特设定为先于语言的东西是一种论题意识吗？这样一来[②]，语言不会教我关于自己的任何东西，我的独特性对于它自己来说是透明的，换句话说，我并没有在语言中被处境化，任何处境都假定我并不环抱围绕着我的东西。因此，这是一种先于语言的非论题意识，一种并不拥有它自己的各种含义并且局限于让自己被它们投向这些或那些存在区域的意识，比如饿了就是意识到饿了 = 当我饿了，我被自己的作为支撑工具的身体投向使它吃饱的那些事物。这里的这一含义可以说是[③]一个姿势的含义：它赋予意义，但借助于一种实践、一种密切关系，它假定了自然而然的、我所“经常接触”的一个世界和一个身体。相反，语言含义假定这种自我理解（Selbstverständlich）/［第 167 页］背面（6）/ 已经“失效了”（aufgehoben），假定存在着立场的采取而不仅仅是位置的占有，假定存在着进行了解的努力。可以在所有层次上进行恢复，因为存在着语言（儿童的语言）的传承下来的使用：在语言中就像在姿势中一样，我们使用一种装置，一种已形成的综合，但不质疑这一综合。有必要做的事情是：1）比萨特

① 让-保罗·萨特：“往返”，收入《境况种种》，同前引，第 262。

② 页边划线，从这里一直到“围绕着我的东西”。

③ 页边划线一直至页末，然后继续延续到“进行了解”。

所做还要准确地描述先于语言的意识，并且把它描述为[1]含混地在场，不是对世界的设定或表象，而是经常的接触，意识也是非意识，它逃到事物之中。2）相应地描述主体在这一层次上之所是，即生成性，有身体的人们，连同对一个真正的我的召唤。3）指出语言在这里的插入不仅仅被召唤我的表达的他人之在场，而且被我自己的实存（作为生产性的实存，它希望自我恢复）所要求。236
4）最终，这一恢复本身永远不能被完成，因为语言的使用本身是前反思的。——换言之，普遍性不仅仅是以作为综合化的纯粹意识的自我为起点被引入的，而且[2]我是被我的意识向之开放的世界本身、被语言的精神以及它的一般性带到那里的。绝对有必要最终把原初意识描述为含糊不清的、描述为能够艰难地重新出现在语言的各种普遍含义中，尽管它本身并不明确地提供它们或实现它们。根本的问题：怎么会存在一种传统性、一种比创设（Stiftung）更容易的重新激活？）

/[第168页]（7）/

“需要语言来确保它们之所是的快乐、痛苦、性欲是什么？语言无疑将危险地延伸它们的范围，将把它们向我揭示为‘普遍的欲望’，将提议我做出一些满足它们的特有举止。但是，一种不自己把自己宣布为欲望的欲望不能在任何方面把自己与冷漠和顺从区别开来。在我头疼的时候，我假定一片阿斯匹林将缓和我的痛苦，但我的头疼绝不是对药片的欲望。在我欲望一个女人的时候，

① 页边划线，从这里一直到“也是非意识”。

② 页边划线，从这里一直到“它的一般性”。

相反地，我的欲望[①]绝不希望被缓和而是希望被实现，而且我不需要做出假说以便知道我如何能够实现它。在怀抱中的、喉咙里的这种欲望，是对这个女人的欲望，或者它根本就不存在。”（第239页）[②]

（萨特看起来没有看到，如果含义实际上不是被语言添加的，如果我们应当在欲望本身中觉察到它的意向性，那么对意识的相同的忠诚就会迫使我们也承认语言不是作为补充的、随意的一层被添加给欲望知觉的。存在着一种前客观的语言，它在我这边，它可以说是我的身体的延伸，它首先是知觉者而不是被知觉者。萨特会说说话就是意/［第168页］背面（7）/识到在说话。但也应该反过来说，意识到在说话，首先就是在说话。不存在无含义的感性材料，但在活的言语中、在言语实践中，不存在没有一种
237 本地含义的词（它在任何决定性的主题化之前寓于词之中）；那掩盖它的东西，在语言中乃是被给予那些直陈陈述的优势，在它们那里，含义似乎必然地属于被表象者的秩序，实际上属于过去的秩序，因此在那里，语言似乎显示了一种沉思功能，而这实际上就是我们通过意识理解到的东西。或许应该用一种非焦点主义对抗萨特的这一倾向：不存在中心和边缘、不存在等级、不存在意识集中于之的可知的地方，意识按定义就是无所不在，它从来都不在这个词中、不在语言中，它从来都只在它形成的东西中，而不是在别处。）

---

① 页边划线，从这里一直到“实现它”。

② 让-保罗·萨特：“往返”，收入《境况种种》，第一卷，同前引，第262页。

有人会说：“外部客体留下来了：树、桌子、这个夜晚。在这里，我们对此并不否认，语言形成了事物的一个构造层次。但并不是它赋予事物以其内聚性、其形式或其持久性”（第 240 页）[①]（犹豫不决[②]：语言相对于事物是构造者，相对于意识是被构造者。萨特在这里隐约地看出了身体也隶属的——最终说来所有的现象、语言和主体都隶属的被构造-构造的秩序）。

“语言处在并不等待它以便获得揭示的一些稳定而具体的客体（一些意向性欲望、一些外部知觉形式）和依据其本性是会说话的，并由于这一事实处在言语之外的一些人类实在（因为它们/[第 169 页]（8）/彼此是直接通达的，并且是一些面对另一些没有中间环节地被设定的）之间。从它不合时宜地撒谎、欺骗、改变、普遍化起：它提出的那些问题乃是技术的、政治的、美学的、道德的。在这一土壤上，帕兰的那些分析维护了它们的恰当性。但[③]并不存在关于语言的形而上学问题”（第 241 页）[④]

① 让-保罗·萨特：“往返”，收入《境况种种》，第一卷，同前引，第 263 页。

② 页边划线，从这里一直到“相对于意识”。

③ 页边划线，从这里一直到页末。

④ 同前引，第 264 页。

中法术语对照表

爱　爱情 amour

拜物教 fétichisme
办法 moyen
半沉默 demi-silence
贝尔主义 beylisme
悖论 / 悖谬 paradoxe
被动性 passivité
被动综合 synthesis passive
被言说的语言 langage parlé
本地含义 signification autochtone
本体论 ontologie
本性 nature
本质属性 attribute essential
必然性　必要性 nécessité
辩证法 dialectique
表达 expression
表达方式 moyen d'expression
表达性 expressivité
表达主义 expressionnisme
表面现象 apparence
表象 réprensentation
不可渗透性 impénétrabilité
不在场 absence
布尔什维克主义 bolchévisme
才华 talent
操作性语言 langage opérant
层面 plan
插曲 épisode
差异 différence
差异化 différentiation
场所 lieu
超沉默 ultra-silence
超客观性 surobjectivité
超理性的东西 surrationnel
超现实主义 surréalisme
超现实主义美学 esthétique surréaliste
超越性 transcendence
沉淀 sédimentation
沉默 silence
沉默的我思 cogito silencieux
陈述 énoncé, énonciation
诚实 vérité
冲动 impulsion
处境 situation
创造　创作 création
创造性 créativité
创造者 formateur
创作 travail
词 mot

词素 morphème
词震 tremblements des mots
词组 locution
存在 être

大语言 grand langage
单词 vocable
倒错 inversion
道德 moral
道德证明 preuve morale
德性 moralité
动力学 dynamique
动物性 animalité
独白 monologue
读者 lecteur
断裂 rupture
对话 dialogue
对换 transposition
对立 opposition
多种意义 plurivocité
惰性 inertie

二分 dichotomie

发明 invention
发声 phonation
反讽 ironie
反理性主义的 antirationaliste
反射 réflexe
反思 réflexion
反文学 anti-littéraire
反-我思 anti-*cogito*
反应 réaction
反哲学 anti-philosophie
反哲学家 anti-philosophe
反作用 réaction
犯罪 culpabilité
范畴 catégorie
范式 paradigme
方案 plan schéma
方式 moyen
非理性的（东西）irrationnel
非理性主义 irrationalisme
非论题意识 conscience non-thétique
非实在化 irréalisation
非-虚构 non-fiction
非自愿的文学 littérature involontaire
分节语言 langage articulé
风格 style
符号 signe
复合体 complexe
复杂体 implexe

概念 conception notion concept
感受性 sensibilité
感性世界 monde sensible
干预 intervention
个人运用 usage personnel
功能 function
功能性 fonctionnalité
共存 coexistence
共和党人 républicain
共同-在场 co-présence
构成 formation
构建 construction
构造 constitution

观念 idée notion conception
观念事物 idée-chose

含混性 ambiguïté
含义 signification
合理性 rationalité
厚度 épaisseur
话语 discours
怀疑主义 scepticisme
幻景 mirage
幻觉 illusion
幻象 vision
荒诞 荒谬 absurdité
荒诞主义 absurdisme
活动 action geste movement
活动性 activité
活着 vivre
获得 acqusition

机能 faculté
机制 mécanisme
激情 passion
极限经验 expérience limite
即兴创作 improvisation
集体意识 conscience collective
计划 plan
记忆 mémoire souvenir
技巧 technique
价值 valeur
间接语言 langage indirect
建构 construction
鉴赏力 goût
降临 avènement
交换 échange
交际 communication
交流 échange communication
交织 chiasma
骄傲 orgueil
焦虑 angoisse
角色 rôle personage
接受 réception
接受者 destinataire
节奏 rythme
结果 effet
结晶 cristallisation
解放 liberation
解构 destruction
解释 interprétation
介入 engagement interposition
介入的文学 litterature engagé
经验 expérience
经验主义 empirisme
精神 esprit
精神分析 psychanalyse
精神分析解释 interprétation psychanalytique
精神世界 monde spirituel
境遇 situation
镜像游戏 jeu de miroir
举止 conduite
具体化 incarnation

看法 vision idée
考问 interrogation
可塑性 plasticité
客观性 objectivité

客观主义 objectivisme
空间 espace
口头表达 expression verbale
口音 accent
窥淫癖 voyeurism

劳作 travail
类妄想狂 paranoïa
类妄想狂性格 caractere paranoïde
理性 raison
理性主义 rationalism
理智生活 vie intellectuelle
历史 histoire
连续性 continuité
练习 exercice
灵感 inspiration
流动性 fluidité
卢梭主义 rousseauisme
论据 argument
论题意识 conscience thétique
论证 argumentation

马基亚维里主义 machiavélismc
马克思主义 marxisme
盲目崇拜 fétichisme
美 beauté
美学问题 question esthétique
密切关系 intimité
绵延 durée
敏感性 sensibilité
命题 proposition
模仿 imitation mimétisme
魔鬼崇拜 santanisme

目光 regard

内容 fond substance
内省 introspection
内省心理学 psychologie d'introspection
内心独白 monologue intérieur
内在经验 expérience intérieure
内在联系 intimité
能指 signifier
懦弱 faiblesse

偶然　偶性 accident

判断 jugement
平实的散文　平实散文般的 prosaïque
普通语言 langage commu

欺骗 imposture
器官 organe appareil
前意识 préconscience
前语言表达 expression prélinguistique
潜在性 virtualité
亲历 vécu
亲身经历 vécu
情感 sentiment
情境 situation
情绪 émotion
区分 différenciation
区分符号 signe diacritique
驱动力 force agissante
去性欲化 désexualisation
权力 pouvoir
权利 droit

人格 personnalité
人工主义 artificialisme
人物 personage
认同 identification
认知的身体 corps-connaissant
日常经验 expérience ordinaire
日常言语 parole ordinaire
肉（体）chair
肉身化 incarnation

散文式的语言 langage prosaïque
社会 société
社会党人 socialiste
社会学 sociologie
摄取 introjection
神 Dieu
神秘主义 mythique
神性 divinité
神学证明 preuve téléologique
审美选择 choix esthétiqhe
升华 sublimation
生产者 producteur
生活 vie vivre
生活方式 manière de vivre
生活能力 pouvoir de vivre
生命 vie
生命力 vitalité
生命选择 choix vital
声音 son voix
圣宠 grâce
诗歌 poème poésie
诗歌功能 function poétique
诗论 poétique
诗人 poète
诗意 poésie
施事方面 aspect performatif
施事特征 caractère perfomatif
施事性 performativité
时间　时代 temps
时刻 moment
实存 existence
实存的精神分析 psychanalyse existentielle
实际经验 vécu
实体 substance
实在 réel
实在（性）réalité
实在物 réel
使命 vocation
事件 événement
视点 vue point de vue
视觉 vision vue
视为同一 identification
视域 horizon
手段 moyen
首创者 initiateur
受虐狂 masochisme
抒情诗　抒情风格 lyrisme
属性 attribute propriété
双关 calembour
双性恋 bisexualité
说话 parole
说话者 sujet parlant
说话主体 sujet parlant
说明 explication
思维主体 sujet pensant

死亡冲动 Thanatos

他律 hétéronomie
他律原则 principe hétéronome
他人 autre autrui
他性 altérité
他者 autre
坦诚 franchise
特洛伊木马 cheval de Troie
特殊性 particularité
特性 specialité
提问 questionnement
提问法 problématique
体验 vécu
天赋 genie
天职 vocation
同性恋 homsexualité
同音异义词 homonyme
同质性 homogénéité
投射 projection
透明性 transparence
透视 perspective
透视主义 pcrspcctivismc
图式 schéma
图形 figure

外在性 extériotė
完善 perfection
完整倾向 prégnance
唯我论 solipsism
伪虚无 pseudo-néant
为他 pour autrui
为他的存在 être-pour-autrui

未来主义 futurisme
文本 texte
文化系统 système culturel
文化哲学 philosophie de la culture
文明 civilisation
文人 homme de lettres
文体学 stylistique
文学本体论 ontologie de la littérature
文学风格 style littéraire
文学类型 genre littéraire
文学理论 theorie de la littérature
文学认识论 épistémologie de la littérature
文学事业 entreprise littéraire
文学虚构 fiction littérraire
文学语言 langage littéraire
文学语言观 conception du langage littéraire
我思 cogito
乌有 rien
无意识 inconscient
无-意义 non-sens
物化论 chosismc
物质性 matérialité
误解 malentendu

喜剧 comédie
显象 apparence
现实 réel
现实主义 réalisme
想象 imagination
想象物 imaginaire
象征表示　象征主义 symbolisme

消费者 consommateur
小说 roman
小语言 petit langage
写生 sur le vif
写作 écrire écriture
写作能力 pouvoir d'écrire
心理状态 états psychologiques
信号 signal
信仰 religion
星座 constellation
行动 action geste
行动主义 activisme
行为 acte comportment conduite
形而上学选择 choix métaphysique
形式研究 recherche formelle
形象 image figure
形状 figure
幸福 bonheur
性情 humeur
性欲化 sexualisation
修辞学 rhétorique
虚构 fiction
虚构文学 littérature de fiction
虚荣 vanité
虚无化 néantisation
虚无主义 nihilisme
叙事 récit
悬置 suspension
选择 choix
训练 exercice

压抑 refoulement
亚沉默 infra-silence
言说 parole
言说着的语言 langage parlant
言语 parole
要素 élément
野性状态 état sauvage
艺术 art
艺术效果 effet de l'art
异性 autre sexe
意识 conscience
意向　意图 intention
意向性 intentionalité
意义 sens
意志　意愿 volonté
音素 phonème
隐藏的理性 raison cachée
印象 impression
英雄主义 héroïsme
映像 reflet
有机性 organicité
有生命之物 vivant
愉快 plaisir
语调 intonation ton
语式 modalité mode
语言 langage
语言的动物性 animalité du langage
语言的机器 machine de langage
语言的陷阱 piège du langage
语言的有机性 organicité du langage
语言的自发性 spontanéité du langage
语言器官 organe verbal
语言学 linguistique
语言哲学 philosophie du langage
语义学 sémantique

欲望 désir
元素 élément
原理 élément
原文学的 méta-litteraire
原因 cause
运动 movement
运作 travail

再现 reproduction
真诚 sincérité
真理 vérité
真实（的）vrai
真实物 vrai
真实性 véridicité
真相 vérité
征服性的言语 parole conquérant
征服性的语言 langage conquérant
政治 politiquc
政治立场 position politique
职业 métier
职责 devoir
指称 désignation
指事行为 acte d'élocution
智能 intellet
滞留 retention
主动性 activité
主观主义 subjectivisme
主题 thème, subjet
主题化 thématisation
主体 subjet
主体间性 intersubjectivité
主体性 subjectivité
注视 regard
转义使用 emploie figure
装置 appareil dispositif
姿势 geste
自爱 amour-propre
自动写作 écriture automatique
自动性 automatisme
自发性 spontanéité
自己 soi-même
自恋 narcissime
自然 nature
自然主义 naturalisme
自身 soi
自身反思 auto-réflexion
自身解构 auto-destruction
自体性欲 autoérotisme
自我 ego, moi, soi
自我崇拜 égoïsme
自由 liberté
字词 verbal
字词动物 animal de mots
综合 synthèsis
作家 écrivain
作品 œuvre
作用 action
作者 auteur
做作 affectation

法中术语对照表

absence 不在场
absurdisme 荒诞主义
absurdité 荒诞　荒谬
accent 口音
accident 偶然　偶性
acqusition 获得
acte 行为　活动
acte d'élocution 指事行为
action 行动　作用　活动
activisme 行动主义
activité 活动　活动性　主动性
affectation 做作
altérité 他性
ambiguïté 含混性
amour-propre 自爱
amour 爱　爱情
angoisse 焦虑
animal de mots 字词动物
animalité du langage 语言的动物性
animalité 动物性
anti-cogito 反-我思
anti-littéraire 反文学
anti-philosophe 反哲学家
anti-philosophie 反哲学
antirationaliste 反理性主义的
appareil 装置　器官
apparence 显象　表面现象
argumentation 论证
argument 论据
artificialisme 人工主义
art 艺术
aspect performatif 施事方面
attribute 属性
attribute essential 本质属性
auteur 作者
auto-destruction 自身解构
autoérotisme 自体性欲
automatisme 自动性
auto-réflexion 自身反思
autre sexe 异性
autre 他者　他人
autrui 他人
avènement 降临

beauté 美
beylisme 贝尔主义
bisexualité 双性恋
bolchévisme 布尔什维克主义

bonheur 幸福

calembour 双关
caractere paranoïde 类妄想狂性格
caractère perfomatif 施事特征
categorie 范畴
cause 原因
chair 肉（体）
cheval de Troie 特洛伊木马
chiasma 交织
choix esthétiqhe 审美选择
choix métaphysique 形而上学选择
choix vital 生命选择
choix 选择
chosisme 物化论
civilisation 文明
coexistence 共存
cogito silencieux 沉默的我思
cogito 我思
comédie 喜剧
communication 交际
complexe 复合体
comportment 行为
conception 概念　看法　观念
conception du langage littéraire 文学语言观
concept 概念
conduite 举止　行为
conscience collective 集体意识
conscience non-thétique 非论题意识
conscience thétique 论题意识
conscience 意识
consommateur 消费者
constellation 星座　群　系列
constitution 构造
construction 建构　构建
continuité 连续性
co-présence 共同-在场
corps-connaissant 认知的身体
création 创造　创作
créativité 创造性
cristallisation 结晶
culpabilité 犯罪

demi-silence 半沉默
désexualisation 去性欲化
désignation 指称
désir 欲望
destinataire 接受者
destruction 解构
devoir 职责
dialectique 辩证法
dialogue 对话
dichotomie 二分
Dieu 神
différence 差异
différenciation 区分　差异化
discours 话语
dispositif 装置
divinité 神性
droit 权利
durée 绵延
dynamique 动力学

échange 交换　交流
écrire 写作

écriture automatique 自动写作
écriture 写作
écrivain 作家
effet de l'art 艺术效果
effet 结果　效果
égoïsme 自我崇拜
ego 自我
élément 要素　元素　原理
émotion 情绪
empirisme 经验主义
emploie figure 转义使用
engagement 介入
énoncé 陈述
énonciation 陈述
entreprise littéraire 文学事业
épaisseur 厚度
épisode 插曲
épistémologie de la littérature 文学认识论
espace 空间
esprit 精神
esthétique surréaliste 超现实主义美学
état sauvage 野性状态
états psychologiques 心理状态
être-pour-autrui 为他的存在
être 存在
événement 事件
exercice 练习　训练
existence 实存
expérience intérieure 内在经验
expérience limite 极限经验
expérience ordinaire 日常经验
expérience 经验
explication 说明
expression prélinguistique 前语言表达
expression verbale 口头表达
expressionnisme 表达主义
expression 表达
expressivité 表达性
extérioté 外在性

faculté 机能
faiblesse 懦弱
fétichisme 盲目崇拜　拜物教
fiction littérraire 文学虚构
fiction 虚构
figure 图形　形象　形状
fluidité 流动性
fonctionnalité 功能性
fond 内容　背景
force agissante 驱动力
formateur 创造者
formation 构成
franchise 坦诚
function poétique 诗歌功能
function 功能
futurisme 未来主义

génie 天赋
genre littéraire 文学类型
geste 姿势　活动　行动
goût 鉴赏力
grâce 圣宠
grand langage 大语言

héroïsme 英雄主义
hétéronomie 他律

histoire 历史
homme de lettres 文人
homogénéité 同质性
homonyme 同音异义词
homsexualité 同性恋
horizon 视域
humeur 性情

idée-chose 观念事物
idée 观念看法
identification 视为同一认同
illusion 幻觉
image 形象
imaginaire 想象物
imagination 想象
imitation 模仿
impénétrabilité 不可渗透性
implexe 复杂体
imposture 欺骗
impression 印象
improvisation 即兴创作
impulsion 冲动
incarnation 肉身化　具体化
inconscient 无意识
inertie 惰性
infra-silence 亚沉默
initiateur 首创者
inspiration 灵感
intellet 智能
intentionalité 意向性
intention 意向　意图
interposition 介入
interprétation psychanalytique 精神分析解释
interprétation 解释
interrogation 考问
intersubjectivité 主体间性
intervention 干预
intimité 密切关系　内在联系
intonation 语调
introjection 摄取
introspection 内省
invention 发明
inversion 倒错
ironie 反讽
irrationalisme 非理性主义
irrationnel 非理性的（东西）
irréalisation 非实在化

jeu de miroir 镜像游戏
jugement 判断　评判

langage articulé 分节语言
langage commu 普通语言
langage conquérant 征服性的语言
langage indirect 间接语言
langage littéraire 文学语言
langage opérant 操作性语言
langage parlant 言说着的语言
langage parlé 被言说的语言
langage prosaïque 散文式的语言
langage 语言
lecteur 读者
libération 解放
liberté 自由
lieu 场所

linguistique 语言学
litérature involontaire 非自愿的文学
littérature de fiction 虚构文学
litterature engagé 介入的文学
locution 词组
lyrisme 抒情诗　抒情风格

machiavélisme 马基亚维里主义
machine de langage 语言的机器
malentendu 误解
manière de vivre 生活方式
marxisme 马克思主义
masochisme 受虐狂
matérialité 物质性
mécanisme 机制
mémoire 记忆
méta-littéraire 原文学的
métier 职业
mimétisme 模仿
mirage 幻景
modalité 语式
mode 语式
moi 自我
moment 时刻
monde sensible 感性世界
monde spirituel 精神世界
monologue intérieur 内心独白
monologue 独白
moralité 德性
moral 道德
morphème 词素
mot 词　语词
movement 活动　运动
moyen d'expression 表达方式
moyen 办法　方式　手段
mythique 神秘主义

narcissime 自恋
naturalisme 自然主义
nature 本性　自然
néantisation 虚无化
nécessité 必然性　必要性
nihilisme 虚无主义
non-fiction 非-虚构
non-sens 无-意义
notion 概念　观念

objectivisme 客观主义
objectivité 客观性
œuvre 作品
ontologie de la littérature 文学本体论
ontologie 本体论
opposition 对立
organe verbal 语言器官
organe 器官
organicité du langage 语言的有机性
organicité 有机性
orgueil 骄傲

paradigme 范式
paradoxe 悖论　悖谬
paranoïa 类妄想狂
parole conquérant 征服性的言语
parole ordinaire 日常言语
parole 言语　言说　说话
particularité 特殊性

passion 激情
passivité 被动性
perfection 完善
performativité 施事性
personage 人物角色
personnalité 人格
perspective 透视 \ 视角
perspectivisme 透视主义
petit langage 小语言
phènome 音素
philosophie de la culture 文化哲学
philosophie du langage 语言哲学
phonation 发声
piège du langage 语言的陷阱
plaisir 愉快
plan 方案　计划　层面
plasticité 可塑性
plurivocité 多种意义
poème 诗歌
poésie 诗歌　诗意
poète 诗人
poétique 诗论
point de vue 视点
politique 政治
position politique 政治立场
pour autrui 为他
pouvoir d'ecrire 写作能力
pouvoir de vivre 生活能力
pouvoir 权力能力
préconscience 前意识
prégnance 完整倾向
preuve morale 道德证明
preuve téléologique 神学证明

principe hétéronome 他律原则
problématique 提问法
producteur 生产者
projection 投射
proposition 命题
propriété 属性
prosaïque 平实的散文　平实散文般的
pseudo-néant 伪虚无
psychanalyse existentielle 实存的精神分析
psychanalyse 精神分析
psychologie d'introspection 内省心理学

question esthétique 美学问题
questionnement 提问

raison cachée 隐藏的理性
raison 理性
rationalism 理性主义
rationalité 合理性
réaction 反应　反作用
réalisme 现实主义
réalité 实在（性）
réception 接受
recherche formelle 形式研究
récit 叙事
réel 实在　实在物　现实
reflet 映像
réflexe 反射
réflexion 反思
refoulement 压抑
regard 目光注视
religion 信仰　宗教

réprensentation 表象
reproduction 再现
républicain 共和党人
retention 滞留
rhétorique 修辞学
rien 乌有
rôle 角色
roman 小说
rousseauisme 卢梭主义
rupture 断裂
rythme 节奏

santanisme 魔鬼崇拜
scepticisme 怀疑主义
schéma 方案　图式
sédimentation 沉淀
sémantique 语义学
sensibilité 感受性　敏感性
sens 意义
sentiment 情感
sexualisation 性欲化
signal 信号
signe diacritique 区分符号
signe 符号
signification autochtone 本地含义
signification 含义
signifier 能指
silence 沉默
sincérité 真诚
situation 处境　情境　境遇
socialiste 社会党人
société 社会
sociologie 社会学
soi 自我　自身
soi-même 自己
solipsism 唯我论
son 声音
souvenir 记忆
specialité 特性
spontanéité du langage 语言的自发性
spontanéité 自发性
style littéraire 文学风格
style 风格
stylistique 文体学
subjectivisme 主观主义
subjectivité 主体性
subjet 主体　主题
sublimation 升华
substance 实体　内容
sujet parlant 说话者　说话主体
sujet pensant 思维主体
sur le vif 写生
surobjectivité 超客观性
surrationnel 超理性的东西
surréalisme 超现实主义
suspension 悬置
symbolisme 象征表示　象征主义
synthesis passive 被动综合
synthesis 综合
système culturel 文化系统

talent 才华
technique 技巧
temps 时间　时代
texte 文本
thanatos 死亡冲动

thématisation 主题化
thème 主题
theorie de la littérature 文学理论
ton 语调
transcendence 超越性
transparence 透明性
transposition 对换
travail 创作 劳作 运作
tremblements des mots 词震

ultra-silence 超沉默
usage personnel 个人运用

valeur 价值
vanité 虚荣
vécu 亲历 亲身经历 实际经验 体验
verbal 字词
véridicité 真实性
vérité 真理 真相 诚实
vie intellectuelle 理智生活
vie 生活 生命
virtualité 潜在性
vision 视觉 看法 看幻象
vitalité 生命力
vivant 有生命之物 活着
vivre 生活 活着 体验
vocable 单词
vocation 使命 天职
voix 声音
volonté 意志 意愿
voyeurism 窥淫癖
vrai 真实（的）真实物
vue 视点 视觉

西中人名对照表

Alain（É. A. Chartier）阿兰
Albertine 阿尔贝蒂娜
Alfieri 阿尔菲耶里
Alloa 艾洛亚
Altamira 阿尔塔米拉
Ancelot 昂斯洛
Antier（Benjamin）安提尔
Aphrodite 阿弗洛狄特
Arbelet 阿尔伯莱
Armance 阿尔芒斯
Armide 阿尔米德
Artaud（Antonin）阿尔托
Astaroth 阿斯达洛特

Bailleur 巴耶尔
Balzac 巴尔扎克
Bataille 巴塔耶
Baudelaire 波德莱尔
Beauvoir（Simone de）西蒙娜·德·波伏瓦
Bélial 贝利亚那
Benjamin 本雅明
Bergler 伯格勒
Beyle（Marie-Henri）马里-亨利·贝尔
Beyle（Pauline）波利娜·贝尔
Blanchot 布朗肖
Bombet（Alexandre César）凯撒·邦贝
Bourget 贝尔热
Bovary 包法利
Breton 布勒东
Brulard（Henry）亨利·布吕拉
Brussaly 布鲁萨利
Bucci 布赛
Bülow（von Philippine）菲利宾娜·彪洛
Byron 拜伦

Camus 加缪
Caracalla 卡拉卡拉
Chardon（Marguerit Louise Virginie）玛格丽特·路易·维吉丽·夏尔东
Charles 夏尔
Chasteller（Mme de）德·夏斯特莱
Chateauneuf（Agricol-Etienne de Lapierre de）德·夏多诺夫
Cheramy 切拉米
Claudel 克洛代尔
Coculescu（Pie-Serban）皮-塞尔维安·科库列斯库
Colbert 科尔伯特

Constant（Benjamin）本雅明・贡斯当
Conti（Clelia）克莱莉娅・孔蒂
Crescimanno 克雷希曼诺
Crozt（Lois-Joseph-Mathias）路易-约瑟夫-玛蒂亚・克罗泽
Curial 库里亚

Danton 丹东
Daru（Martial）马齐亚尔・达吕
Daru（Pierre）皮埃尔・达吕
Degas 德加
Del Litto（Victor）维克多・戴尔・李托
Delacroix 德拉克罗瓦
Delécluze（Étienne Jean）艾蒂安・让・德雷克鲁兹
Dembowski（Matilde Viscontini）玛蒂尔德・登博夫斯基
Derrida 德里达
Descartes 笛卡尔
Desdémone 苔丝狄蒙娜
don Juan 唐・璜
Du Bos 杜博
Dumas 迪马
Duras 杜拉斯

Edgar 埃德加
Estourmel（Josephe d'）约瑟夫・德斯图梅尔
Fabrice 法布利斯
Faust 浮士德
Félipe（Divine）狄韦娜・费利普
Fernandez 费尔南德斯
Flaubert 福楼拜
Fouché 富歇
Fourier 傅立叶
Frédéric 弗里德里克
Freud 弗洛伊德

Gagnon（Romain）罗曼・加侬
Genet（Jean）让・日奈
Gide 纪德
Grabbe 格拉贝
Grandet（Mme）葛朗台太太
Gueroult 盖鲁
Guilbert（Mélanie）梅拉妮・吉尔贝
Guiraudet 吉劳德

Haydn 海顿
Hegel 黑格尔
Heidegger 海德格尔
Hugo 雨果
Husserl 胡塞尔
Hytier 海蒂尔

Jacquemont（Victor）维克多・雅克蒙
Janus 雅努斯
Jarrety（Michel）米歇尔・贾雷蒂
Jdey 杰迪
Jourda 卓丹

Klossowski 克洛索斯基
Kortis 柯尔蒂
Kristensen（Stefan）斯特芬・克里斯滕森

La Bruyère 拉・布吕耶尔

La Mole (Mathilde de) 玛蒂尔德・德・拉・莫尔
La Rochefoucauld 拉罗什福科
Laclos 拉克洛
Lamartine (Alphonse de) 拉马丹
Lamiel 拉米尔
Latouch (Hyacinthe) 拉图什
Lavelle (Louis) 路易・拉威勒
Le Blanc 勒・勃朗
Lefort (Claude) 克洛德・勒福尔
Leiris (Michel) 米歇尔・莱里斯
Leroy (Maxime) 马克西姆・勒鲁瓦
Leuwen (Lucien) 吕西安・娄万
Louason (Mélanie) 梅拉妮・卢瓦松
Louÿs (Pierre) 皮埃尔・路易
Lukács 卢卡奇
Lust 吕丝忒

Macaire (Robert) 若贝尔・马凯尔
Machiavel 马基雅维里
Mallarmé 马拉美
Malraux 马尔罗
Mante 芒特
Marinetti (Filippo Tommaso) 菲利波・托马索・马利内特
Marivaux 马里沃
Martineau 马蒂诺
Marx 马克思
Maxwell 麦克斯韦
Mélia 梅莉亚
Méphistophélès 梅菲斯托费勒斯
Méphisto 梅菲斯托
Mérimée 梅里美
Métastase 梅达斯太斯
Métilde 梅蒂尔德
Millet 米勒
Mirabeau 米拉波
Molé 摩莱
Molière 莫里哀
Mondor 蒙多
Monet 莫奈
Montaigne 蒙田
Mounier (Victorine) 维克托里娜・穆尼埃
Mozart 莫扎特

Napoléon (Bonaparte) 拿破仑
Narcisse 那喀索斯
Nietzsche 尼采

Octave 奥克塔夫
Olivier 奥利维埃

Parain (Brice) 帕兰
Pascal 帕斯卡尔
Pasteur 巴斯德
Paulhan 波朗
Paupe 保佩
Percevant 佩塞万
Picasso 毕加索
Pietragrua (Angela) 安吉娜・皮特拉鲁阿
Pius Servien 皮斯・塞尔维安
Plana 普拉纳
Poe 坡
Poquelin (Jean Baptiste) 让・巴蒂斯

特·波克兰
Prévost(Jean)让·普雷沃
Proust 普鲁斯特
Pythie 皮提亚

Racine 拉辛
Rênal(Mme de)瑞那太太
Renan(Ernest)勒南
Richelieu(Armand Jean du Plessis de)黎塞留
Roland 罗朗
Rousseau 卢梭
Roy 鲁瓦
Rubempré(Alberte de)阿尔贝蒂·德·吕邦泼雷
Rustinlor 卢斯丁诺

Sagace 沙加西
Saint Aubert(Emmanuelde)艾玛纽尔·德·圣·奥贝尔
Saint Aulaire 圣奥奈尔
Sainte-Beuve 圣伯夫
Saint-Preux 圣·普赫
Saint-Simon 圣西门
Sand(George)乔治·桑
Sanseverina 桑塞维利娜
Santeuil(Jeans)让·桑德伊
Sarraute(Nathalie)娜塔丽·萨洛特
Sartre 萨特
Saussure 索绪尔
Sémiramis 塞米勒米斯
Seyssins 塞桑
Shakespeare 莎士比亚
Sorel(Julien)于连·索黑尔
Spach(Louis)路易·斯巴奇
Stendhal 斯汤达
Strich 斯特里奇
Strombeck 斯通贝克
Sully 苏利

Taine 泰纳
Talleyrand(Charles Maurice de Talleyrand-Périgordt)塔莱朗
Teste 德斯特
Tracy(Mme de)特拉西太太

Valéry 瓦莱里
Vallery-Radot 瓦勒里-拉多
Valmont 瓦尔蒙
Vanghel(Mina de)米娜·德·旺格尔
Vanini(Vanina)瓦妮娜·瓦尼尼
Vaudoyer(Jean-Louys)让-路易·沃杜瓦耶
Vigneron 威尼荣
Vinci(Léonard da)列奥纳多·达·芬奇

Wagner(Richard)瓦格纳

Zaccarello(Benedetta)伯纳戴塔·扎卡里罗
Zola 左拉

中西人名对照表

阿尔贝蒂·德·吕邦泼雷 Rubempré (Alberte de)
阿尔贝蒂娜 Albertine
阿尔伯莱 Arbelet
阿尔菲耶里 Alfieri
阿尔芒斯 Armance
阿尔米德 Armide
阿尔塔米拉 Altamira
阿尔托 Artaud
阿弗洛狄特 Aphrodite
阿兰 Alain (É. A. Chartier)
阿斯达洛特 Astaroth
埃德加 Edgar
艾蒂安·让·德雷克鲁兹 Delécluze (Étienne Jean)
艾洛亚 Alloa
艾玛纽尔·德·圣·奥贝尔 Saint Aubert (Emmanuel de)
安吉娜·皮特拉鲁阿 Pietragrua (Angela)
安提尔 Antier (Benjamin)
昂斯洛 Ancelot
奥克塔夫 Octave
奥利维埃 Olivier

巴尔扎克 Balzac
巴斯德 Pasteur
巴塔耶 Bataille
巴耶尔 Bailleur
拜伦 Byron
包法利 Bovary
保佩 Paupe
贝尔热 Bourget
贝利亚那 Bélial
本雅明·贡斯当 Constant (Benjamin)
本雅明 Benjamin
毕加索 Picasso
波德莱尔 Baudelaire
波朗 Paulhan
波利娜·贝尔 Beyle (Pauline)
伯格勒 Bergler
伯纳戴塔·扎卡里罗 Zaccarello (Benedetta)
布朗肖 Blanchot
布勒东 Breton
布鲁萨利 Brussaly
布赛 Bucci

丹东 Danton
德·夏多诺夫 Chateauneuf (Agricol-Etienne de Lapierre de)
德·夏斯特莱 Chasteller (Mme de)

德加 Degas
德拉克罗瓦 Delacroix
德里达 Derrida
德斯特 Teste
狄韦娜·费利普 Félipe（Divine）
迪马 Dumas
笛卡尔 Descartes
杜博 Du-Bos
杜拉斯 Duras

法布利斯 Fabrice
菲利宾娜·彪洛 Bülow（von Philippine）
菲利波·托马索·马利内特 Marinetti（Filippo Tommaso）
费尔南德斯 Fernandez
弗里德里克 Frédéric
弗洛伊德 Freud
浮士德 Faust
福楼拜 Flaubert
傅立叶 Fourier
富歇 Fouché

盖鲁 Gueroult
格拉贝 Grabbe
葛朗台太太 Grandet（Mme）

海德格尔 Heidegger
海蒂尔 Hytier
海顿 Haydn
黑格尔 Hegel
亨利·布吕拉 Brulard（Henry）
胡塞尔 Husserl

吉劳德 Guiraudet
纪德 Gide
加缪 Camus
杰迪 Jdey

卡拉卡拉 Caracalla
凯撒·邦贝 Bombet（Alexandre César）
柯尔蒂 Kortis
科尔伯特 Colbert
克莱莉娅·孔蒂 Conti（Clelia）
克雷希曼诺 Crescimanno
克洛代尔 Claudel
克洛德·勒福尔 Lefort（Claude）
克洛索斯基 Klossowski
库里亚 Curial

拉·布吕耶尔 La Bruyère
拉克洛 Laclos
拉罗什福科 La Rochefoucauld
拉马丹 Lamartine（Alphonsede）
拉米尔 Lamiel
拉图什 Latouch（Hyacinthe）
拉辛 Racine
勒·勃朗 Le-Blanc
勒南 Renan（Ernest）
黎塞留 Richelieu（Armand Jean du Plessis de）
列奥纳多·达·芬奇 Vinci（Léonard da）
卢卡奇 Lukács
卢斯丁诺 Rustinlor
卢梭 Rousseau
鲁瓦 Roy

路易·拉威勒 Lavelle（Louis）
路易·斯巴奇 Spach（Louis）
路易-约瑟夫-玛蒂亚·克罗泽 Crozt（Lois-Joseph-Mathias）
罗朗 Roland
罗曼·加侬 Gagnon（Romain）
吕丝忒 Lust
吕西安·娄万 Leuwen（Lucien）

马蒂诺 Martineau
马尔罗 Malraux
马基雅维里 Machiavel
马克思 Marx
马克西姆·勒鲁瓦 Leroy（Maxime）
马拉美 Mallarmé
马里-亨利·贝尔 Beyle（Marie-Henri）
马里沃 Marivaux
马齐亚尔·达吕 Daru（Martial）
玛蒂尔德·德·拉·莫尔 La Mole（Mathilde de）
玛蒂尔德·登博夫斯基 Dembowski（Matilde Viscontini）
玛格丽特·路易·维吉丽·夏尔东 Chardon（Marguerit Louise Virginie）
麦克斯韦 Maxwell
芒特 Mante
梅达斯太斯 Métastase
梅蒂尔德 Métilde
梅菲斯托 Méphisto
梅菲斯托费勒斯 Méphistophélès
梅拉妮·吉尔贝 Guilbert（Mélanie）
梅拉妮·卢瓦松 Louason（Mélanie）
梅里美 Mérimée
梅莉亚 Mélia
蒙多 Mondor
蒙田 Montaigne
米拉波 Mirabeau
米勒 Millet
米娜·德·旺格尔 Vanghel（Mina de）
米歇尔·贾雷蒂 Jarrety（Michel）
米歇尔·莱里斯 Leiris（Michel）
摩莱 Molé
莫里哀 Molière
莫奈 Monet
莫扎特 Mozart

拿破仑 Napoléon（Bonaparte）
那喀索斯 Narcisse
娜塔丽·萨洛特 Sarraute（Nathalie）
尼采 Nietzsche

帕兰 Parain（Brice）
帕斯卡尔 Pascal
佩塞万 Percevant
皮埃尔·达吕 Daru（Pierre）
皮埃尔·路易 Louÿs（Pierre）
皮-塞尔维安·科库列斯库 Coculescu（Pie-Serban）
皮斯·塞尔维安 Pius Servien
皮提亚 Pythie
坡 Poe
普拉纳 Plana
普鲁斯特 Proust
乔治·桑 Sand（George）
切拉米 Cheramy

让·巴蒂斯特·波克兰 Poquelin（Jean Baptiste）
让·普雷沃 Prévost（Jean）
让·日奈 Genet（Jean）
让·桑德伊 Santeuil（Jeans）
让-路易·沃杜瓦耶 Vaudoyer（Jean-Louys）
瑞那太太 Rênal（Mme de）
若贝尔·马凯尔 Macaire（Robert）

萨特 Sartre
塞米勒米斯 Sémiramis
塞桑 Seyssins
桑塞维利娜 Sanseverina
沙加西 Sagace
莎士比亚 Shakespeare
圣·普赫 Saint-Preux
圣西门 Saint-Simon
圣奥奈尔 Saint Aulaire
圣伯夫 Sainte-Beuve
斯汤达 Stendhal
斯特芬·克里斯滕森 Kristensen（Stefan）
斯特里奇 Strich
斯通贝克 Strombeck
苏利 Sully
索绪尔 Saussure
塔莱朗 Talleyrand（Charles Maurice de Talleyrand-Périgordt）
苔丝狄蒙娜 Desdémone

泰纳 Taine
唐·璜 don Juan
特拉西太太 Tracy（Mme de）

瓦尔蒙 Valmont
瓦格纳 Wagner（Richard）
瓦莱里 Valéry
瓦勒里-拉多 Vallery-Radot
瓦妮娜·瓦尼尼 Vanini（Vanina）
威尼荣 Vigneron
维克多·戴尔·李托 Del Litto（Victor）
维克多·雅克蒙 Jacquemont（Victor）
维克托里娜·穆尼埃 Mounier（Victorine）

西蒙娜·德·波伏瓦 Beauvoir（Simone de）
夏尔 Charles

雅努斯 Janus
于连·索黑尔 Sorel（Julien）
雨果 Hugo
约瑟夫·德斯图梅尔 Estourmel（Josephe d'）

卓丹 Jourda
左拉 Zola

译 后 记

《关于语言的文学使用研究》反映的是梅洛-庞蒂 1953 年在法兰西学院的星期一课程的授课内容，是在他去世后经人将其备课笔记整理而成的。书中充满了不确定性。本书法文版尽可能保留了备课笔记的本来面目，把即使划掉的或者不成型的句子都印了出来。不仅如此，即便一句完整的话也没有遵循通常的排版方式，可以说全书没有统一的句子或段落排列方式，看起来就像是按手写稿的图片出版的。这在法文中应该说不是什么大的问题，但译成中文就非常困难了。理解的难度已经因为不确定性大大增加，翻译成中文则因为排版方式变得难上加难。尽管如此，我们还是做了一次或许不太成功的艰难尝试。恳请专家和读者批评指正。

本书是由王礼平和我合作完成的。全书分“前言”、“编者按”、“备课目录”、“课程摘要草稿”、“备课笔记”、“附录 ‘萨特-帕兰’阅读笔记”几个部分。翻译的主体部分是“备课笔记”，王礼平翻译了其中关于瓦莱里的部分，这是全书难度最大、内容最多的部分；我翻译的则是相对容易的斯汤达部分，同时翻译了全书其它内容（王礼平还翻译了“前言”的一部分）。我对全书进行了统稿和校对，并整理出了人名对照表和术语对照表。由于整个翻译工作在内容把握、术语选择和语言风格方面最终都是由我定夺的，因此，如果出现各种错误，我理应承担主要责任。

为方便读者，译者做了一些注释，书中凡涉及哲学家、作家及政治人物的生平简介等，均为译者所加，具体注释时不再专门说明。

感谢国家社科基金提供的资助，感谢巴黎胡塞尔档案馆 Emmanuel-de-Saint-Aubert 教授和浙江大学邵奇慧博士在版权联系中提供的帮助，感谢商务印书馆陈小文先生、关群德先生提供的各种帮助。

杨大春

2024 年 8 月 28 日

图书在版编目（CIP）数据

梅洛-庞蒂文集．第 14 卷，关于语言的文学使用研究 /（法）梅洛-庞蒂著；（法）伯纳戴塔 · 扎卡里罗，（法）艾玛纽尔 · 德 · 圣 · 奥贝尔编；王礼平，杨大春译．北京：商务印书馆，2025. --ISBN 978-7-100-25229-4

Ⅰ. C53

中国国家版本馆 CIP 数据核字第2025KS5233号

梅洛-庞蒂文集

第 14 卷

关于语言的文学使用研究

〔法〕伯纳戴塔 · 扎卡里罗
艾玛纽尔 · 德 · 圣 · 奥贝尔 编

王礼平　杨大春　译

商 务 印 书 馆 出 版

（北京王府井大街 36 号　邮政编码 100710）

商 务 印 书 馆 发 行

北 京 通 州 皇 家 印 刷 厂 印 刷

ISBN 978 - 7 - 100 - 25229 - 4

2025 年 8 月第 1 版　　开本 710 × 1000　1/16

2025 年 8 月北京第 1 次印刷　　印张 22¼

定价：120.00 元